JN440201

동아시아학 연구방법론

지은이 황준걸(黃俊傑)
대만대학 역사학과, 미국 워싱턴대학(시애틀) 졸업, 문학박사. 현재 대만대학 역사학과 특임교수, 인문사회고등연구원 원장. 저서로는 『孟學思想史論』(1997), 『東亞儒學史的新視野』(2004), 『德川日本論語詮釋史論』(2006), 『臺灣意識與臺灣文化』(2007), 『東亞儒學視域中的徐復觀及其思想』(2009)외 다수.

옮긴이 정선모(鄭墡謨)
성균관대학교 한문교육과 졸업, 일본 교토대학 대학원 석·박사 과정 수료, 문학박사. 대만대학 인문사회고등연구원 방문학자, 성균관대학 동아시아학술원 선임연구원을 역임하고, 현재 중국해양대학 한국어과 부교수.

동아시아학 연구방법론
동아시아에서 문화교류와 유가경전의 이념

초판 1쇄 발행일 2012년 02월 29일

지은이 | 황준걸
옮긴이 | 정선모
발행인 | 최원필
발행처 | 심산출판사
주　소 | 서울시 은평구 불광동 219-7 예은 101호
전　화 | 02-357-0633
팩시밀리 | 02-357-0631
E-mail | simsan@korea.com
등록번호 | 제1-2114호(1996년 11월 28일)

ISBN 978-89-94844-14-5 93150

* 책값은 뒤표지에 표시되어 있습니다.

이 책의 한국어판 저작권은 저작권자와 독점 계약한 심산출판사에 있습니다.
저작권법에 의해 한국 내에서 보호를 받는 저작물이므로
무단전재나 복제, 광전자 매체 수록 등을 금합니다.

동아시아학 연구방법론

동아시아에서 문화교류와 유가경전의 이념

황쥔제(黃俊傑) 지음

정선모(鄭墡謨) 옮김

심산

차◆례

결론

■저자 서문

이 책에서는 동아시아 문화교류 역사에서 유가경전의 가치와 이념이 한국·일본의 지역적 특성 속에서 상호작용하면서 충돌하고 융합하는 문제를 다루었다. 특히 유가경전을 읽는 사람의 '자아'와 '타자'의 상호작용, 경전 지식과 동아시아 각국의 권력 구조와의 상호작용에 초점을 맞추어 살펴보았다. 그럼 먼저 이 책에서 제기한 문제의식 및 전체 구상에 대해서 설명한다.

이 책에서 제기한 문제의식은 동아시아로부터 출발하여 사고하는 것이다. 그리고 이러한 사고는 실제로 21세기 세계화 시대 인문학 연구에 나타난 새로운 동향으로서 폭넓은 시야를 그 학술적 배경으로 하고 있다.

21세기에 들어서면서 국제 인문사회과학 연구의 새로운 동향이 조금씩 형성되고 있다. 이러한 새로운 동향은 주로 '세계화'라는 시대적 조류와 '아시아의 도약'에 의한 것으로, 이 두 역량의 상호작용으로 조성되고 있다. 세계화는 이미 누구나 익히 들어 알고 있으며, 또한 우리들은 지금 그 시대적 조류 속에서 살고 있다. 아시아의 도약은 아시아의 과거 역사에 출현한 유학(儒學)·불교(佛教)·도가(道家)·신도(神道) 등과 같은 위대한 정신적 전통과 종교적 신앙뿐만 아니라, 유구한 역사를 지닌 한자문화 및 중국의 전통 의학 등 문화유산, 그리고 지대한 영향을 끼쳤던 율령제 등 정치제도에 기인하는 것이다. 이와 같은 현상은 특히 최근 십여 년 사이에 아시아 지역이 급성장하면서 두드러지게 나타나고 있다. 『동양경제주간(東洋經濟週刊)』의 통계에 의하면, 1996년부터 2005년까지 10년 사이에 아시아 각국을 왕래하는 항공 여객의 성장률은 109%였다. 이러한 성장률은 세계 평균 60%, 아시아와 북미 사이 67%, 아시아와 유럽 사이 59%, 그리고 유럽 각국 사이 36%라는 성장률을 훨씬 초과하는 것이다.[1] 또한, 세계 각지에서 인구 천만 명을 초과하는 19개 대도시 가운데 11개 도시가 아시아에 있다. 아시아의 도약은 반드시 21세기 세계화 시대에 새로운 세력으로 대두될 것이다. 이처럼 아시아 지역이 눈부시게 발전함에 따라 동아시아 지역의 인문학 연구에서도 새로운 움직임이 일어나고 있으며, 이에 따라 새로운 시야가 절박하게 요청되고 있다.

20세기 동아시아 각국에서 진행된 인문학 연구 동향을 살펴보면, 몇몇 학자들이나 연구기관에서 심도 있는 연구를 바탕으로 어느 정도 학술적 성과를 이루었다. 하지만 연구 동향에서는 대체로 다음과 같은 두 가지 편향된 경향을 뚜렷하게 나타내고 있다.

첫째, 20세기 동아시아 인문학계의 수많은 저작물들은 연구에 임할 때 항상 서구의 경험을 참고 모델로 삼았으며, 동아시아의 경험을 가지고 서구의 학술이론을 확인하고자 했다. 그 일례로, 20세기 중국의 저명한 사상사 학자 허우와이뤼(侯外廬, 1903~1987)를 들 수 있는데, 그는 다음과 같이 선언했다. "중국 고대의 산재한 자료와 역사학의 고대 발전 법칙을 가지고 정확하고 통일된 연구를 해야 한다. 일반적인 의의에서 말하자면 이

1) 張漢宜 · 辜樹仁, 「全球航空爭霸戰: 亞洲佔鰲頭」, 『天下雜誌』, 第378期(2007年 8月 15日), 108-109면에서 인용.

러한 새로운 역사학은 고대 법칙의 중국화(中國化)이며, 발전적 측면에서 말하자면 이는 씨족·재산·국가 등의 모든 문제에서 중국판(中國版)의 연장이다."[2] 허우와이뤼의 『중국고대사회사(中國古代社會史)』는 확실히 중국의 역사 경험을 가지고 마르크스(Karl Marx, 1818~1883)·엥겔스(Friedrich Engels, 1820~1895) 이론에 대한 아시아판의 각주를 만들고자 했다.

둘째, 20세기 동아시아 각국의 인문학 연구자들은 항상 자국을 중심으로 연구했으며, 국가나 지역을 넘어서는 시야를 갖추고 있는 경우는 비교적 적었다. 따라서 보편적 의의에 대한 명제를 구체적으로 제시하기가 쉽지 않았다. 20세기 한·중·일 각국의 문·사·철 연구 논저는 자국을 중심으로 서술하는 연구 경향을 매우 선명하게 드러내고 있다.

이상에서 제시한 두 가지 큰 문제는 항상 상호작용하며 또한 서로 인과관계가 있다. 그리고 이러한 문제점은 동아시아 학술계의 잠재력을 발휘하는데 많은 지장을 초래했다. 이점에 대해서 장광즈(張光直, 1931~2001)는 1994년에 다음과 같은 문제를 제기하고 있다. "중국인은 개인마다 모두 인문사회과학 연구의 자본금을 가지고 있으며, 그 연구 자료가 곧 이십사사(二十四史)이다. (……) 그런데 중국인은 어째서 20세기 인문사회과학 분야의 학술연구에서 공헌 가능한 잠재력을 완전하게 발휘하지 못했던 것일까?"[3] 실제로 장광즈가 제기한 문제의식은 주의 깊게 생각해볼 문제이다.

이상에서 제기한 바와 같이, 20세기에 나타난 문제점으로 인해 동아시아 인문학 연구는 21세기 세계화라는 새로운 시대에 발맞추어 다음과 같은 세 가지 연구 방향을 취해야 할 것이다.

---

2) 侯外廬, 「自序」, 『中國古代社會史』(上海, 中國學術硏究所, 1948年).

3) 張光直, 「中國人文社會科學該躋身世界主流」, 『亞洲週刊』(香港), 第8卷 第27期(1994年 7月 10日), 64면.

첫째, 동아시아 경험에 초점을 맞추고 동아시아로부터 출발하여 사고해야 한다. 실제로 국가와 지역을 넘어서서 동아시아를 연구 범위로 하는 것이 곧 21세기 인문학 연구의 새로운 동향이다. 21세기에 들어서면서 아시아, 특히 동아시아의 부흥 및 세계화 추세가 가속화되면서, 동아시아 인문학계에서도 20세기에 항상 보이던 '국가중심주의'의 연구 한계에서 벗어나 점차로 동아시아를 연구 시야에 두는 방향으로 전환하기 시작했다. 예를 들면, 일본 도쿄(東京)대학에 일찍부터 개설하였던 '중국철학'이라는 강좌의 이름이 '동아시아 사상문화학(思想文化學)'으로 변경하였다. 또한, 일본의 몇몇 대학이 획득한 '일본교육부지원 우수연구중심대학(Center of Excellence, 약칭 COE)' 프로젝트도 대부분 동아시아를 시야에 두고 있다. 그리고 한국정부가 추진하는 '21세기 두뇌 한국(Brain Korea 21st Century, 약칭 BK21)'의 우수프로젝트 또한, 인문학 방면에서는 역시 동아시아를 연구 영역으로 하고 있다. 또한, 대만에서 2000년부터 추진하고 있는 제2차 우수연구 프로젝트도 모두 동아시아 문화 범위를 그 연구영역으로 하고 있다. 예를 들면, '동아시아의 유학'·'동아시아의 민주'·'중국인의 심리학' 등과 같은 프로젝트가 그것이다. 대만대학 인문사회고등연구원에서 처음으로 시작한 '동아시아의 경전(經典)'·'동아시아의 민주'·'동아시아의 법치'·'세계화' 연구 프로젝트, 그리고 '중국인의 인관(人觀)과 아관(我觀)' 및 '생산력과 효율 – 동아시아로부터 세계화로' 등과 같은 연구 프로젝트(2006~2010년 집행)는 모두 21세기 인문사회과학 학술연구 분야에서 다양하게 나타나는 새로운 동향을 설명해 주고 있다. 이러한 새로운 연구 동향은 필연적으로 문화 및 국경을 넘어서고 학문 분과를 넘어서서 다중의 언어와 다양한 시야를 구비하고 있다. 이러한 학술 단체의 모임은 마치 관현악기의 잡다한 소리 및 대중들의 떠드는 소리가 한 곳에 모인 것 같고, 수많은 산에서 흘러내리는 물이 하나의 계곡으로 나아갈 수 없는 것처럼 보인다. 그러하기 때문에 여기서 특별히 강조하고자 하는 것은, 앞에서 언급한 바와 같이 '동아시아의 경험에 초점을 맞추어'야 한다는 것이다. 실제로 우리는 동아시아 역사와 문화 경험에 더욱 더 깊이 침잠해야만 좀 더 세계적인 성질의 함의를 개발해낼 수 있을 것이다. 따라서 '동아시아로부터 출발한 사고'가 바로 구체적이고 보편적인 학술 명제를 세우는 중요한 기점이 된다.

둘째, 경전(經典)이나 가치와 이념을 연구의 핵심으로 삼아야 한다. 20세기 중국의 인문학 연구에서는 실증주의를 그 방법론의 기초로 삼았다. 이러한 현상은 청대(淸代) 박학(樸學)의 학술 전통과 관계가 있으며, 또한 20세기 초기 유럽의 실증주의 사조에 자극을 받기도 했던 것이다. 실증주의적 연구 풍조에서 20세기 중국의 인문학 연구 논저는 '가치'의 문제에 관한 관심보다는 '사실'의 문제에 관한 관심이 훨씬 높았다. 그런데 문제는, 만약 '사실'이 '가치'의 맥락 속에서 평가되지 않는다면 '사실'의 의의는 대부분 제대로 밝힐 수 없다는 것이다. 21세기 인문학 연구를 전망해보면, 과거에 주목했던 '사실'의 문제뿐만 아니라 '가치'의 문제에 관한 연구가 더욱 강조될 필요가 있다. 특히 가치와 이념을 담고 있는 경전은 더욱 더 인문학 연구의 핵심이 되어야 할 것이다.

셋째, 문화를 연구의 맥락으로 삼아야 한다. 필자가 비록 '동아시아로부터 출발한 사고'를 새로운 시대의 인문학 연구 전략으로 삼아야 한다고 강조했지만, 우리들은 반드시 동아시아 각국의 역사 경험과 인문 전통에 보이는 '같은 점' 속의 '차이점'에 대해서도 주의해야 한다. 우리들은 보다 구체적이고 특수성을 띠며, 또한 지역적 특색을 구비하고 있는 개별 문화의 맥락에 심도 있게 침잠해야만 세계적인 시야를 개발하고 발전시킬 수 있을 것이다. 문화인류학자 클리포드 기어츠(Clifford Geertz, 1923~2006)가 말한 '세계적인 의의를 구비한 지역 지식'은 바로 이점을 가리켜서 한 말이다.

동아시아 각국은 모두 한자문화, 유가의 가치이념, 불교신앙, 중국의 전통 의학 등과 같은 문화적 요소를 향유해 왔다. 그렇지만 우리들은 한·중·일·월남 각국의 사회·정치·경제적 배경의 차이 또한 가볍게 볼 수 없다. 예를 들면, 유가의 가치를 실천하는 유학자들을 송대(宋代, 960~1279) 이후 중국에서는 '사대부' 계급이라고 부르는데, 이들은 조선시대(1392~1910)의 '양반' 계급과는 같지 않다. 그리고 도쿠가와막부(德川幕府, 1603~1868)시대 일본의 유학자들은 다만 일반 지식인이었을 뿐이다. 이처럼 유학자라도 각자의 사회에서 맡은 역할이 모두 같지 않았던 것이다.

따라서, 만약 우리들이 동아시아 문화의 공통된 요소를 가지고 각국의 구체적이고 특수한 문화 맥락 속에 놓고서 더 분석해 들어간다면, 그저 '맥락화' 해가는 폐해를 면할 수 있을 것이다. 그리고 연구 대상의 발전과정에 대해서 좀 더 실체감이 드러나게 하고 또한 더욱 무게감을 가지게 할 수 있을 것이다.

21세기 세계화 추세에서 민족국가(nation state)라는 '경계의 해체'가 계속되고, 유럽연합, 북미자유무역구, 동남아국가연맹과 중국(東協10+1), 대중화(大中華) 경제권 등과 같은 '구역경제'가 홍기함에 따라 인문학 연구 추세도 반드시 새로운 경향을 띠어야 한다. 21세기 인문학 연구 전략, 곧 '동아시아로부터 출발한 사고', '경전이나 가치와 이념을 연구의 핵심으로', '문화를 연구의 맥락으로' 등의 연구 전략으로 많은 새로운 연구 가능성을 전개해갈 수 있을 것이다.

이상과 같은 21세기의 새로운 학술 시야로서 이 책의 각 장에서 제시하고 있는 '동아시아 유학'은, 그 연구 영역이 중국·한국·일본 등의 유학 전통을 포괄하고 있다. 그렇다고 동아시아 각지에서 나타난 다른 판본(板本)의 유학을 주워 모아서 만든 '모자이크(mosaic)'는 아니다. '동아시아 유학'의 시야는 국가적 경계를 초월하여 이미 하나의 공간적 개념이 되었으며, 또한 하나의 시간적 개념이 되었다. 공간 개념으로서의 '동아시아 유학'은 유학 사상과 가치이념이 동아시아 지역에서의 발전 및 그 함의를 말한다. 시간 개념으로서의 '동아시아 유학'은 동아시아 각국 유학자들의 사상이 상호작용 속에서 시대의 흐름에 따라서 변화하거나 시대와 함께 나아가는 것을 말하는 것으로, 각국 유학의 전통에서 떨어져 나와 한 덩어리로 굳어져서 불변하는 이데올로기가 아니다.

이 책에서는 동아시아 유가경전 및 그 가치와 이념을 한·중·일 각지의 문화적 맥락 속에서 고찰하고, 중국의 유가경전 및 그 핵심 가치와 각 지역 특성과의 상호작용에 대해서 분석하였다.

이 책에서는 이미 동아시아를 시야에 두고 '동아시아로부터 출발한 사고'를 주장하였으므로, 가장 먼저 '동아시아 문화교류사'라는 새로운 학술 영역을 고찰하였다. 이 책의 제1장 「지역사로서의 동아시아 문화교류사-문제의식과 연구 주제」에서는 '동아시아 문화교류사' 영역 중의 문제의식 및 그 연구 주제에 대해서 분석했는데, 이 책의 〈서론〉 부분에 해당한다.

이 책의 제2부 〈'자아'와 '타자'의 상호작용〉은 제2장, 제3장, 제4장을 포괄한다. 여기서는 동아시아 주변 지역 곧 한국과 일본 등의 유학자들이 중국의 유가경전을 해석할 때 종종 체험하는 중국 유가경전 중의 '보편적 가치'와 '지역적 특성'과의 긴장관계 및 '정치적 정체성'과 '문화적 정체성'과의 긴장관계에 대해서 고찰했다. 이 책의 제3장은 18세기 한·중·일 유학 사조의 같은 점과 다른 점을 비교했으며, 제4장은 중국 경전 중에 자주 보이는 '중국(中國)'이라는 특수한 용어의 개념을 중심으로, '중국'이라는 개념이 근세 일본과 현대 대만에서 변모하는 양상에 대해 분석했다.

이어서 이 책의 제3부 〈지식과 권력의 상호작용〉은 제5장, 제6장을 포괄하고 있다. 제5장은 동아시아 유학자가 경전을 해석하는 방법 및 그 문제점에 대해서 연구했다. 동아시아 유학 경전 해석의 전통 속에서는 '체지(體知)'는 일종의 수단이며 '체현(體現)'이 곧 경전을 읽는 목적이었음을 제기했다. 즉 동아시아 유학에서 경전을 읽는 근본 목적은 경전에 대한 지식론적인 의미의 이해를 위한 것이 아니며, 경전 중의 가치와 이념을 자신의 몸과 마음에 받아들여 자신의 생명이 경전의 가치와 이념에 젖어들고 바뀌어 가게 하는 것에 있었던 것이다. 따라서 동아시아 경전 해석 전통에서의 '체지'라는 과제는 동아시아 유가 해석학에서 매우 중요한 연구 과제이다. 이는 현대의 문화인류학과 희극학(戱劇學) 중의 '구체화(embodiment)'라는 과제와 서로 관련지어 생각할 수 있는데, 동아시아 연구의 새로운 시야로 개발할 수 있을 것이다.

이 책의 제6장은 특별히 경전 해석과 정치권력 사이의 복잡한 관계에 대해서 주목했다. 이 양자 사이는 한편으로는 서로 불가분의 관계에 있으면서, 다른 한편으로는 서로 긴장관계에 놓여 있었다. 양자는 경쟁하면서 서로 영향을 미칠 뿐만 아니라 또한 서로 변화 발전하면서 동아시아 문화의 특색을 갖춘 경전 해석학을 이루었던 것이다.

이상을 종합하면, 21세기 세계적인 변화에 동반하여, 유가 전통을 동아시아 문화교류라는 맥락 속에 놓고서 고찰하고 그 가치를 평가하는 것이 새로운 시대 인문학 연구의 새로운 방향이며, 또한 우리가 노력해 나아갈 가치가 있다. 이 책은 이러한 새로운 영역에 대해서 고찰한 초보적 성과물이다. 이 책을 '동아시아 유학' 연구에 종사하는 학자들에게 삼가 바치며, 또한 많은 선생님의 질정을 기대하는 바이다.

황쥔제(黃俊傑)

대만대학 인문사회고등연구원

2010년 2월 4일 입춘

서론

제1장

지역사로서의 동아시아 문화교류사
– 문제의식과 연구 주제

1. 머리말

이 책은 유가경전(儒家經典) 및 그 이념의 동아시아적 발전에 대해서 검토한 것이다. 먼저 '동아시아 문화교류사'라고 하는 역사 연구 영역에 대해서 폭넓은 시야의 고찰을 통해 이 책 전반에 대한 배경 지식을 제공할 필요가 있겠다. 역사학자가 역사적 자료를 수집하여 역사 논문을 작성하는 과정에서 가장 먼저 고려하는 문제가 하나 있다. 이것은 곧 역사 연구의 범위와 시야의 기준을 국가나 지역 또는 세계 중에서 어디에 두어야 할 것인가라는 문제이다. 이러한 문제의식을 바탕으로 고찰해 보면, '국사(國別史, national history)'는 1789년 프랑스 대혁명 이후부터 역사 연구의 주류가 되었다. 그리고 19세기를 거쳐 20세기, 특히 20세기 전반기까지는 각국 역사학자의 대부분이 국가–특히 자국–를 연구 단위로 설정해 왔다. 따라서 '국사' 연구는 20세기 역사학 연구의 중요한 사조로 국가와 민족을 논하는 주제가 되었으며, 정치나 문화적 민족주의가 가치론의 기초

가 되었다.[1)]

20세기 중국의 역사학 연구를 예로 들면, 첸무(錢穆, 1895~1990)의 『국사대강(國史大綱)』은 대표적인 '국사' 연구의 저작물이라고 할 수 있다.[2)] 그러나 바라크라프(Geoffrey Barraclough, 1908~1984)가 1979년에 말한 바와 같이, 제2차 세계대전이 종결된 후 각국 역사학자는 세계대전 이전에 성행한 민족주의 역사학에 대해서 점차 염증을 내기 시작했으며, 유럽의 역사학자들 또한 일반적으로 민족주의 역사학이 제2차 세계대전을 일으킨 사상적 근원의 하나였다고 인식하게 되었다.[3)] 이와 같은 사상사적 분위기 속에서 점차로 '국사' 연구의 합리성에 대한 의구심이 들게 되었다. 그렇지만 아시아 각국은 거의 백여 년 이래로 외침과 식민지 지배라는

---

1) 유럽과학기금회(European Science Foundation)는 Chris Lorenz 및 Stefan Berger 등과 같은 사람들을 위시한 단체를 도와서 2003년에서 2008년까지 다음과 같은 대형 연구 프로젝트를 집행했다. "Representations of the Past: The Writing of National Histories in Nineteenth and Twentieth Century Europe," (NHIST-www.uni-leizig.de/zhsesf). 이 연구는 19세기와 20세기 유럽의 국가별 역사를 작성하는 것을 목표로 하는 프로젝트로 그 성과물을 2010년 암스테르담에서 거행한 International Congress of Historical Sciences라는 토론회에서 "Religion, Nation, Europe and Empire: Historians and Spatial Identities"라고 발표하고, 이것을 이후에 Palgrave MacMillan 출판사가 6권의 총서 및 10권의 전문서적으로 출판했다.

2) 黃俊傑, 「錢賓四史學中的'國史'觀: 內涵·方法與意義」, 『臺大歷史學報』, 第26期(2002年12月), 1-37면; Chun-chieh Huang, "Historical Thinking as a Form of New Humanism for the Twentieth-century China: Qian Mu's View of History," paper presented at International Conference on "New Orientations in Historiography: Regional History and Global History" (Shanghai: East China Normal University, 3-5, Nov., 2007).

3) Geoffrey Barraclough, *Main Trends in History* (New York and London: Holmes & Meier Publishers, Inc., 1979), 149면. 20세기 역사학 연구의 회고에 관해서는, Georg G. Iggers, *Historiography in the Twentieth Century: From Scientific Objectivity to the Postmodern Challenge* (Middletown, CT.:Wesleyan University Press, 2005) 及 Daedalus (Spring, 1971): "The Historians and the World of the Twentieth Century." 를 참조.

역사적 고난을 겪으면서 항상 자국의 역사 연구를 통해 나라의 혼을 일깨워서 외적에 대항하고자 하였다. 이 때문에 아시아 역사학계에서는 '국사' 연구가 여전히 주류를 점하고 있었던 것이다.[4] 다만 일본은 제2차 세계대전 이후, 국가와 민족을 논하고 애국의 정조를 의식했던 1945년 이전의 역사 연구와 역사 교육에 대해서 분명하게 반성하는 경향이 있다. 종전 이후 일본의 역사학계는 기본적으로 민족주의 역사학에서 시민 중심의 역사학 연구로 전환했다고 말할 수 있다.[5]

20세기에 성행한 '국사(國別史, national history)' 연구와 상대적으로 '세계사(全球史, global history)' 연구는 21세기에 들어서면서 많은 역사학자들의 주목을 받고 있다. 최근 이거스(Georg G. Iggers, 1926～)와 왕칭자(王晴佳, 1957～)는 1990년대부터 지금에 이르는 역사학 연구의 추세에 대해 회고하면서 다음과 같은 다섯 가지 새로운 동향에 대해서 지적했다.[6] (1) 문화 전향(轉向)과 언어 전향으로 '새로운 문화사'의 융성, (2) 여성사(女性史)와 성별사(性別史)의 확대, (3) 포스트모더니즘에 대한 비평으로 역사 연구와 사회과학의 재결합, (4) 제2차 세계대전 종결 후 '식민지주의(植民地主義) 국사'에 대한 비판, (5) 세계사와 전 세계화 역사 연구의 홍기.

1990년 이후 역사학의 조류에서 '세계사' 연구가 일어난 것은 매우 주목할 만한 새로운 추세이다. 또한, 이러한 '세계사' 연구 추세에 대해서 최

---

4) 최근 아시아 역사학계의 전체적인 회고에 대해서는, Masayuki Sato(佐藤正幸, 1947～), "East Asian Historiography and Historical Thought," in the *International Encyclopedia of the Social and Behavioral Sciences* (Pergamon Press, 2002), 6776-6782면 참조.

5) 遠山茂樹, 『戰後の歴史學と歴史意識』(東京, 岩波書店, 1968年) 참조.

6) Georg G. Iggers and Q. Edward Wang, "The Globalization of History and Historiography: Characteristics and Challenges, from the 1990s to the Present," paper presented at International Conference on "New Orientations in Historiography: Regional History and Global History."

근 많은 학자의 열띤 토론이 벌어지고 있다. '세계사' 연구에 대한 주목과 함께, 화이트(Hayden White, 1928~)가 지적한 이른바 '세계사' 시야에서의 '세계사적 사건(global event)'은 일종의 세계사적 시야 속에서의 참신한 사건으로, 이는 근대 서구과학 연구 영역의 역사학으로서의 '시간'·'공간'·'인과관계' 등의 기존 개념을 해체시킬 수 있을 것이다.[7] 안케르스미트(Frank Ankersmit, 1945~)는 '국제적 이해관계(cosmopoliti-cal)'라는 관점에서, '세계사' 서술에서 항상 사람의 외적 요인－예를 들면 급성 전염병－이 인류 역사에 미친 영향을 중시하는 것은 일종의 '비인문화의 역사(de-humanized history)'에 빠질 수 있다는 의문을 제기했다.[8] 토르타로로(Edoardo Tortarolo, 1956~) 또한 '세계사'에서 서술하는 과거와 현재 그리고 미래에 대해서 검토하고, '세계사'의 서술은 그 의식구조의 기초에서부터 연구의 합법성까지 도전에 직면하고 있다고 지적했다.[9] 이러한 상황 속에서 '세계사'라는 새로운 시야는, 당면한 역사학 연구에서의 '주류적인 논술(master narratives)'에 지속적으로 도전하는 것으로, 앞으로 홀시할 수 없는 연구 동향이 될 것이다.[10]

20세기에 성행한 '국사' 연구와 새롭게 일어나는 '세계사' 연구 사이에,

---

7) Hayden White, "Topics for Discussion of Global History," paper presented at International Conference on "New Orientations in Historiography: Regional History and Global History."

8) Frank Ankersmit, "What is Wrong with World History from a Cosmopolitical Point of View?" paper presented at International Conference on "New Orientations in Historiography: Regional History and Global History."

9) Edoardo Tortarolo, "Universal/World History: Its Past, Present and Future," paper presented at International Conference on "New Orientations in Historiography: Regional History and Global History."

10) 2010년에 개최된 International Congress of Historical Sciences에서는 "Global History - An Inter-Regional Dialogue"라는 전문적인 주제를 가지고 토론했는데 Chris Lorenz, Dominic Sachsenmaier, Sven Beckert 등에 의해서 진행되었다.

동아시아 · 유럽 혹은 북미 등의 서로 다른 지역을 연구 범위로 하는 '지역사(區域史, regional history)' 연구는 매우 신중하게 고려돼야 할 역사학 연구의 새로운 영역이다. 본 장에서는 '지역사' 연구 영역으로서 동아시아 문화교류사의 방법론적인 기초를 분석하고, 동아시아 문화교류사 연구의 문제의식을 제시하면서 아울러 약간의 가능성 있는 연구 주제를 제안하고자 한다.

'지역사'가 역사학 연구 영역이 되는 것은 두 종류의 다른 유형으로 구분할 수 있겠다. 하나는 '지역사'가 '국사'와 '지방사(local history)' 사이에 존재하는 것이요, 다른 하나는 '지역사'가 '국사'와 '세계사' 사이에 존재하는 것이다.[11] 전자는 국가 내에 다른 지역적 역사, 예를 들면 남대만사(南臺灣史) · 화남사(華南史) 등이고, 후자는 국가의 경계 구역을 넘어서는 역사로, 예를 들면 동아시아사 · 서구 유럽사 등이다. 우리들이 여기에서 말하는 '지역사'는 곧 후자를 가리키는 것이다.

2. 방법론적 사고

1) '접촉공간'으로서의 동아시아

동아시아 문화교류사의 연구 방법론 문제를 토론하기에 앞서, 먼저 전체적으로 동아시아라는 이 지역의 특성에 대해서 설명할 필요가 있다. '동아시아' 지역은 중국대륙 · 한반도 · 일본 · 대만 · 중남반도(中南半島) 등의

11) 이 두 가지 '지역사'의 정의에 대해서는 Allan Megill, "Regional History and the Future of Historical Writing," paper presented at International Conference on "New Orientations in Historiography: Regional History and Global History." 참조.

지역을 포함하며, 이 지역의 기후·온도 등의 '풍토'는 특수성이 있다. 이는 20세기 일본의 철학자 와쓰지 데쓰로(和辻哲郎, 1889~1960)가 구분한 3종의 '풍토' 유형—계절풍형·사막형·목장형—중의 '계절풍형' 지역으로, 특수한 '인문적 풍토'를 구비하고 있다. 계절풍형 지역의 사람은 한편으로는 감정이 섬세하고 풍부하며, 다른 한편으로는 치욕과 중압에도 잘 적응하며 역사관이 비교적 강렬하다.[12] 와쓰지 데쓰로의 학설이 지리결정론(地理決定論)이라는 우려를 면할 수는 없다고 하겠지만, 이곳 동아시아 지역은 분명하게 기후와 환경의 공통성을 가지고 있다.

'동아시아' 지역은 각각의 국가·민족·문화의 '접촉공간(contact zone)'으로,[13] 2천 년간 서로 대등하지 않은 지배와 복종의 관계에서 각종 교류 활동이 진행되었다. 20세기 이전에 동아시아에서 강력한 권력을 지배한 것은 중화제국(中華帝國)이었다. 20세기 상반기에는 일본제국이 동아시아의 패권을 잡으면서 동아시아 각국의 인민들에게 침략 및 식민지 지배라는 고난과 고통을 주었다. 제2차 세계대전 종결 후의 20세기 후반기에는 미국이 동아시아의 새로운 패권을 차지하면서 동아시아는 냉전이라는 새로운 질서에 편입되었다. 21세기로 들어선 이후 중국이 급성장하면서 동아시아는 정치·경제 질서의 또 다른 재구성에 직면하게 되었다.

동아시아라는 이러한 접촉공간에서 중화제국의 광대한 토지와 민중 및 유구한 역사는, 역사적으로 조선, 일본, 월남 등의 정치·경제·문화에 영향력을 발휘해왔을 뿐만 아니라 상당한 정도로 동아시아 지역의 '중심' 역할을 수행해 왔다. 동아시아 주변 국가들의 처지에서 보면, 중국은 한자문

12) 和辻哲郎, 『風土: 人間學的考察』(東京, 岩波書店, 1935年, 1960年, 1979年).

13) 이른바 '접촉공간(接觸空間)'이라고 하는 것은 다양한 문화가 만나 충돌하거나 투쟁하는 사회 공간을 말한다. Mary L. Pratt, *Imperial Eyes: Travel Writing and Transculturation* (London: Routledge, 2000, c1992), 6면 참조.

화, 유학, 한의학 등 동아시아 문화의 공통요소의 발원지로, 분명히 하나의 거대한 '피할 수 없는 타자(不可避的他者)' 였던 것이다.[14]

이처럼 중국이 동아시아 지역에서 중요한 역할을 해왔기 때문에 동아시아 문화교류사 연구가 더욱 복잡하고 도전적인 면을 갖추게 되었던 것이다. 동아시아 역사에서 '중국'은 현대사의 의미로 보면 하나의 '국가'라기보다는, '국가'를 넘어선 정치·사회·문화의 공동체였다고 말할 수 있다. 이 때문에 동아시아 문화교류사 연구에서는 중국과 조선 또는 일본의 교류 활동을, 한·중 교류 활동이나 중·일 교류 활동이라고 하기보다는 오히려 강남지역과 일본의 교류, 또는 산동반도(山東半島)와 조선의 교류라고 말하는 것이 더욱 역사적 사실에 부합된다.

2) '지역사' 연구의 새로운 시야
–'결과(結果)'에서 '과정(過程)'으로의 전환

앞 절에서 살펴본 내용을 기초로 여기서는 동아시아 문화교류사 연구의 방법론 문제에 대해 검토해 보고자 한다. '지역사'로서의 동아시아 문화교류사 연구에서 제일 먼저 검토돼야 할 방법론 과제는, 곧 우리들이 과거 문화교류 활동의 '결과'에 대한 연구에 초점을 맞추어 왔던 것을 전환하여 문화교류 활동의 '과정'에 대한 연구에 초점을 맞추어, 일종의 동아시아 문화교류사 연구에서 '전범(典範)의 전이(轉移)'를 실행할 수 있도록 하는 것이다.

이와 같은 방법론에 대한 문제의식을 규명하기 위해서, 1970년부터 일

---

14) 子安宣邦, 『漢字論: 不可避の他者』(東京, 岩波書店, 2003년). 저자는 이 책에서 한자(漢字)는 동아시아 각국의 '피할 수 없는 타자(他者)'라고 강조했다.

본의 사학계가 역량을 모아 출판한 『이와나미강좌세계역사(岩波講座世界歷史)』 총서를 예로 들어서 검토해 보고자 한다.[15] 이 총서는 모두 31권으로 되어 있는데, 시야가 광활하고 패기가 넘친다. 편집위원회는 이 총서 서문에서, 먼저 메이지시대(明治時代, 1868~1911) 이후의 일본 사학계가 말하는 '세계사'는 거의 '서양사(西洋史)'와 동의어처럼 사용됐을 뿐이라고 비평하고 있다.[16] 그리고 쇼와시대(昭和時代, 1926~1989)에는 마르크스주의의 영향으로 역사학계의 역사의식에 중대한 변화를 가져오게 되었는데, 이와 함께 새로운 '세계사' 이론이 등장하면서 서유럽 중심주의적인 역사관에 대한 비판에 주력했다. 그러나 태평양 전쟁이 일본의 '세계사

---

15) 제2차 세계대전 이후의 일본 사학계는 '세계사' 시야를 제창할 여력이 남아있지 않았다. 2차 대전의 종결로부터 1970년에 이르는 25년간 일본에서 출판된 '세계역사'라는 이름이 붙은 총서는 14종에 이른다. 高明士, 『戰後日本的中國史硏究』(臺北, 明文書局, 1996年 修訂版) 48면, 주1을 참조. 『岩波講座世界歷史』 총31권이 가장 대표적인 것으로, 1970~1971년에 초판을 발행했고 1974~1975년에 다시 제2쇄를 출판했다.

16) 보충하자면, 계몽식의 서양사 연구의 발전은 메이지(明治) 말년 및 다이쇼(大正) 초기에 이르러서 이미 종결되었다. 19세기 말엽 도쿄(東京)제국대학 문학부 사학과가 점차 기틀을 잡아가면서 인재를 배출하기 시작했다. 1877년 독일 사학자 리스(Ludwig Riess, 1861~1928)가 도쿄대학에 부임하여 강의를 시작하면서 이러한 풍조가 시작되었다. 이어서 쓰보이 쿠제조(坪井九馬三, 1858~1936)도 1891년 유럽 유학을 마치고 귀국하여 도쿄대 강사로 출강하게 되었다. 메이지 30년(1897) 이후로 도쿄대학 사학과는 서양사 영역에서 적지 않은 인재를 배출했는데, 사카쿠치 타카시(坂口昻, 1872~1928), 무라카와 켄고(村川堅固, 1875~1946), 우치다 긴조(內田銀藏, 1872~1919) 등은 모두 매우 우수한 인재들이다. 교토(京都)제국대학 또한 1906년에 문학원을 설립했으며, 1907년부터 도쿄대 출신의 사카쿠치 타카시가 서양사 교수로 부임했다. 그리고 사카쿠치 타카시와 그 동료인 하라 카즈로(原勝郎, 1871~1924)가 공동으로 교토대학의 서양사 연구의 새로운 학풍을 열었다. 1889년 11월 1일, 도쿄대학 객좌교수인 리스의 학생들이 『史學會雜誌』(뒤에 이름을 『史學雜誌』로 고쳤다)를 창간했는데, 그 초기 편집 방침에서 리스의 지도를 많이 받았다. 사카쿠치 타카시도 1908년 교토대학에서 '史學硏究會'를 발족시키고, 또한 1916년에 『史林』이라는 잡지를 창간하면서 학자들에게 세계적인 시야로 중·서의 역사를 연구하도록 독려했다. 酒井三郞, 『日本西洋史學發達史』(東京, 吉川弘文館, 1969年) 참조.

적 사명'을 합리화하는 기초가 되었으며, 일본에서 말하는 '세계사적 사명'은 제2차 세계대전이 종결됨에 따라 역사 속으로 사라져 갔다. 제2차 세계대전 이후의 '세계사' 문제는 연구와 교육에서 괴리되었다. 이 총서에서는 이러한 시대적 사조(思潮)를 비판하는데 심혈을 기울이면서도, 또한 각종 '세계사' 이론을 섭취하고 계승하여 일본 국민의 주체적인 문제의식을 기초로 하고 구체적인 연구 성과 위에서 '세계사'를 편찬했다. 따라서 이 총서의 편집위원회는 '세계사'를 고대부터 현대까지 8가지의 역사 세계로 나누었는데 다음과 같다. (1)고대 근동(近東) 세계, (2)지중해 세계, (3)동아시아 역사 세계, (4)동아시아 세계, (5)내륙 아시아 세계, (6)서아시아 세계, (7) 중고(中古) 유럽 세계, (8) 근대 세계.[17)]

『이와나미강좌세계역사』 총서는 비록 '세계사'의 시야를 선언했지만, 각 권 각 장의 논술은 기본적으로 여전히 '국사(國別史)'의 구상에서 진행되고 있다. 여기서는 총서의 제4권 고대(古代) 4, 『동아시아 세계의 형성(1)』을 예로 들어, 이 총서의 문제점에 대해서 심층적으로 토론해 보고자 한다. 제4권은 모두 12장으로 구성되었는데, 각 장의 제목은 다음과 같다.

1. 황하(黃河)문명의 성립
2. 은(殷)·주(周) 국가의 구조
3. 고전(古典)의 형성
4. 춘추전국(春秋戰國)시대의 사회와 국가
5. 제자백가(諸子百家)론
6. 황제(皇帝)지배의 성립
7. 한(漢)왕조의 지배기구

17) 「序言」, 『岩波講座世界歷史』(東京, 岩波書店, 1969～1980年), 古代1, 1-9면.

8. 균수(均輸) · 평준(平準)과 염철(鹽鐵)의 전매(專賣)

9. 유교의 성립

10. 왕망(王莽)정권의 출현

11. 후한(後漢)왕조와 호족(豪族)

12. 한(漢)제국과 주변의 여러 민족

이상과 같이 12장의 편폭에서 논술한 내용은 모두 중국사(中國史) 시야 중의 역사적 사건이나 사상 또는 인물에 관한 것이다. 따라서 만약 이 권의 표제 '동아시아 세계의 형성'을 '중화(中華) 세계의 형성'이라고 고쳐도 아무런 문제가 되지 않을 것이다.

『이와나미강좌세계역사』 총서의 내용은 적어도 두 가지 문제점을 드러내고 있다.

첫째, 이 총서 각 권은 각 장이 기계식으로 조성된 '모자이크'이지 전체가 유기적인 한 폭의 수묵산수화가 아니다. 따라서 각 권의 논술은 '국사'이며 '세계사'의 맥락에서 서술된 것이 아니었다. 이 때문에, 유럽의 사상사 학자 헤크스터(Jack H. Hexter, 1910~1996)가 말한 역사 연구에서의 '터널 효과(tunnel effect)'[18]라는 지적을 면할 수 없다. 만약 이 책이 『동아시아 세계의 형성』이라면 각 장에서의 논술 주제는 중국사의 맥락에서도 분명히 그 중요성이 있을 것이다. 그러나 세계사의 틀에서 본다면, 그 중요성과 역사적 의의는 마땅히 이와 다른 위상이 부여되어야 한다.

둘째, 세계사의 맥락에서 '맥락화 탈피(de-contextualization)'로 인해서 각 장의 논술은 주로 문화발전의 '과정'보다도 '결과'에 훨씬 치중하고 있

---

18) Jack H. Hexter, *Reappraisals in History* (Evanston, Ill.: Northwestern University Press,1961), 194-195면; David H. Fischer, *Historians' Fallacies: Towards a Logic of Historical Thought* (New York: Harper Colophon Books, 1970), 142-144면 참조.

다. 『동아시아 세계의 형성』을 예로 들어 보면, 각 장은 은(殷)·주(周) 국가의 구조, 한(漢)왕조의 지배기구, 균수(均輸)·평준(平準)과 염철(鹽鐵)의 전매(專賣) 등의 항목에 대해서 논하고 있는데, 하나같이 정치제도나 경제적 조치의 발전과 완성된 형태에 대해서만 논하고 있다. 오직 니시지마 사다오(西嶋定生, 1919~1998)가 편찬한 제6장 「황제(皇帝)지배의 성립」에서만 중국의 황제제도 및 동아시아 세계의 형성과의 관계까지 다루고 있다.

이상에서 논술한 기초 위에서 출발하면, 우리는 동아시아 문화교류사의 연구 방법이 '결과'를 중시하던 것에서 '과정'을 중시하는 것으로 전향하고 있다는 중대한 의의를 발견할 수 있을 것이다. '결과'에서 '과정'으로의 연구 방법의 전환은 다음과 같은 세 가지 새로운 연구 방향으로 나타날 수 있다.

(1) 결과론적 관점에서 발전론적 관점으로 이동

'결과'에 치중한 문화사 연구는 대부분 고정적인 연구 경향을 띠므로, 문화에서 결과라는 공통 요소를 분석하는 데 힘을 기울이게 된다. 예를 들면 니시지마 사다오가 작성한 『이와나미강좌세계역사』 제4권 『동아시아 세계의 형성』의 「총설」에서는 역사적 문명권으로서 동아시아 세계에 네 가지 지표가 있음을 지적하고 있다. 즉 (1) 한자문화, (2) 유교, (3) 율령제, (4) 불교가 그것이다.[19] 니시지마 사다오가 지적한 이 네 가지 지표는 기본적으로 결과론적 관점에서 동아시아 역사세계의 공통성을 본 것이다. 그러나 만약 우리가 동아시아 문화사의 역동적인 과정에 초점을 맞춘다면, 한자문화·유교·율령제·불교 등의 네 가지 지표가 한·중·일 각국의 발

19) 西嶋定生, 「總說」, 『岩波講座世界歷史』 수록, 第4册, 古代4, 5면. 西嶋定生의 학설에 관해서는 高明士, 『戰後日本的中國史研究』(修訂版), 40·70-72면 참조.

전 및 '토착화' 또는 '풍토화'의 현상에서 다른 양상으로 전개된다는 점에 특별히 주목하게 될 것이다.

(2) '중심'에서 '주변'으로 이동

앞에서 서술한 '결과'에서 '과정'으로의 이동은 역사학 연구자의 눈을 '중심'에서 '주변'으로 이동하도록 유도할 것이다. 만약 동아시아 문화발전의 '결과'에만 착안한다면, 우리는 곧바로 니시지마 사다오와 같이 한자·유교·율령·불교를 동아시아 문화의 네 가지 지표로 삼을 것이다. 왜냐하면 이러한 네 가지 요소는 동아시아 문화발전에서 가장 성숙된 '표현(manifestation)'이 되기 때문이다. 따라서 니시지마 사다오가 말한 역사상의 동아시아 세계는 근대 이전의 세계 역사에서 수없이 병존해오던 역사세계의 하나로, 이것은 '자율적이며 완결적인 역사의 세계'이다.[20] 그러나 최근의 연구 자료에 의하면, 아주 오랜 옛날부터 각 민족 사이에는 이미 문화를 넘어선 교류가 행해졌던 사실을 알 수 있다. 고대의 동방과 서방은 일찍이 기원전 2천 년부터 기원전 천 년 사이에 야금술(冶金術)에서 교류가 있었으며, 이것이 곧 '실크로드'의 기초가 되었던 것이다.[21] 따라서 역사상 동아시아는 원래부터 '자율적'이며 '완결적'인 역사의 세계가 아니었다고 말할 수 있겠다.

니시지마 사다오의 학설은 방법론에서 일종의 가설 위에 세워졌다. 그는 동아시아 각국은 구체적이고 특수한 교류관계에서 어떤 하나의 추상적이고 보편적인 '중심'이 존재하는데, 이 '중심'은 문화적인 요소를 갖추고 있으며 이것이 '주변' 지역으로 점차 '전개(unfolding)'되어 간다고 여겼

20) 西嶋定生, 앞의 책 「總說」, 7면.

21) Victor H. Mair ed., *Contact and Exchange in the Ancient World* (Honolulu: University of Hawaii Press, 2006).

다. 이와 같은 문화교류사관은 무의식중에 모든 '주변' 지역 문화의 형성과 발전이 모두 '중심'의 발전 과정을 따라가든지, 아니면 멀리 벗어나는 어느 하나에 해당한다고 보고 있다. 이러한 동아시아 문화교류사관은 잠재적으로 일종의 '문화일원론(cultural monism)'과 '정치일원론(political monism)'을 띠고 있으며, '중심'과 '주변' 사이에 존재하는 '종속원칙(principle of subordination)'을 강조하는 것이지, '병립원칙(principle of coordination)'을 강조하는 것은 아니다.[22]

그러나 우리가 한 번 '결과'가 아니라 '과정'에 주목하여 동아시아 문화교류사를 관찰하게 되면, 우리의 시야는 곧 '중심'에서 '주변'으로 이동하게 된다.[23] 그리고 동아시아 지역에서의 각 문화교류 상호작용 과정에는 각 지역 사람들의 '자아(self)'와 '타자(others)'가 상호작용, 충돌, 재구축, 변화 및 융합하는 현상을 볼 수 있다. 따라서 동아시아 문화의 공동 명제나 가치이념은, 동아시아 각국의 유일한 '중심' 또는 통제성을 가진 단일한 핵심 가치를 벗어나 있는 것이 아니다. 이와는 정반대로, 동아시아 문화의 공동 명제는 오직 각국의 구체적인 상호작용 과정에서만 형성될 수 있으며, 동아시아 문화교류사 또한 동아시아 각국이 각자의 문화 주체성을 세워가는 과정으로 볼 수 있을 것이다. 이것은 곧 최근에 천후이홍(陳慧宏, 1968～)이 벨기에 학자 니콜라스 스탠다트(Nicolas Standaert, 1959～)의 학설을 소개할 때 한 다음과 같은 말과 같다.

---

22) '종속원칙'과 '병립원칙'은 牟宗三(1909～1995) 선생이 만들어낸 말이다. 牟宗三, 『中國文化的省察』(臺北, 聯經出版事業公司, 1983年), 68면 참조.

23) 이것은 또한 역사상에서 '중심'으로서의 중국이 중요하지 않다고 말하는 것은 결코 아니다. 실제로 중국은 '피할 수 없는 타자(不可避的他者)'로서 여전히 동아시아 각국에 대해서 지대한 영향력을 끼치고 있다.

상호교류 활동의 '과정(process)' 및 소통에서 다원적인 관점의 교차나 다양성(multiplicity)은 연구자가 마땅히 주목해야 하는 시각이다. 오로지 선교사나 중국인과 같은 단일한 주체(subject)와 기독교나 서방문화와 같은 객체(object)에만 몰입해서는 안 된다.[24)]

여기서 말하는 것처럼 '결과'에서 '과정'으로의 전환, 이에 유도된 '중심'에서 '주변'으로의 이동을 통해 우리는 동아시아 문화의 다원성 및 다양성을 더욱 분명하게 볼 수 있다. 각 지역 문화는 니시지마 사다오가 말한 바와 같은 공통성을 갖추고 있을 뿐만 아니라, 또한 그 특수성도 가지고 있다는 사실이 자연스럽게 드러난다.

(3) 텍스트에서 분위기로

우리들은 동아시아 문화교류사 연구의 중심을 '결과'에서 '과정'으로 전향한 이후, 연구 대상 또한 '텍스트'에서 '분위기'로 전환하거나, 적어도 '텍스트'와 '분위기' 및 '환경'을 모두 중시해야 한다. 여기서는 동아시아 문화교류사에서 경전 해석과 정치권력 사이의 상호관계를 예로 들어 분석해 보고자 한다.

20세기 이전의 동아시아 각국 역사에서 지식인들은 모두 유가경전을 숙독했다. 그들은 동아시아 왕권이 팽배하던 현실에서 경전을 해석하고 경전 텍스트를 인용했는데, 유가경전이 동아시아의 역사 진행과정에서 정치권력과 복잡한 관계를 형성하도록 했던 것이다. 필자는 이 책의 제6장에서 동아시아 유학자들이 『논어』·『맹자』 등의 경전을 해석한 자료, 명대

24) 陳慧宏, 「文化相遇的方法論-評析中歐文化交流研究的新視野」, 『臺大歷史學報』, 第40期(2007年 12月), 239-278면, 인용문은 253면.

(1368~1644) 과거시험에서의 시험 문제, 도쿠가와시대(1603~1868) 일본 궁정에서의 강독관이 『맹자』를 진강할 때 주석을 달았던 '어독금기(御讀禁忌)' 자료, 그리고 중국 한대(206 B.C~A.D. 220)와 당대(618~907)에 군주와 신하 사이의 대화 중에 인용된 경전 자료를 가지고 이 문제를 검토했다. 그리고 동아시아 유가경전 해석자가 유학자이면서 관료라는 이중적인 신분을 겸하고 있었기 때문에 그들의 경전 해석 작업과 정치권력의 관계가 밀접했다는 사실을 발견했다. 이를 요약하면, 양자의 관계는 세 가지 유형이 있는데, 첫 번째는 경전 해석과 정치권력은 분리할 수 없는 관계라는 점이고, 두 번째는 양자 사이에는 경쟁성이 있다는 점이며, 세 번째는 해석자가 양자 사이의 형평성을 유지하기 위하여 많은 노력을 기울인 점을 들 수 있다.[25]

만약 전통적인 문화사 연구 관점을 취했다면, 이 문제의 연구는 마땅히 경전 텍스트에 초점을 맞추어서 각국의 뛰어난 사상사적 인물들이 텍스트를 어떻게 해석했는가에 대해서 분석해야 할 것이다. 그러나 만약 새로운 문화사 연구 관점을 취하게 되면, 우리들은 각국 학자들이 경전을 해석할 때, 그 시대 환경과 분위기에 의해서 경전 텍스트가 결정된다는 사실에 주의해야 한다. 이와 동시에 텍스트가 어떠한 영향을 끼쳤으며, 또한 어떻게 분위기를 변화시켰는지 등의 문제에 대해서도 주의해야 한다. 만약 텍스트 분석에 초점을 맞춘 연구를 일종의 '그 안으로 들어가는(入乎其內)' 연구 방법이라고 한다면, 우리는 후자의 연구를 일종의 '그 밖으로 나오는

25) 黃俊傑, 「論東亞儒家經典詮釋與政治權力之關係: 以『論語』·『孟子』爲例」, 『臺大歷史學報』, 第40期(2007年 12月), 1-18면. 이 논문은 수정 후에 이 책의 제6장에 수록; Chun-chieh Huang, "On the Relationship between Interpretations of the Confucian Classics and Political Power in East Asia: An Inquiry Focusing upon the Analects and Mencius," *The Medieval History Journal*, Vol. 11, No. 1 (Jan.-June, 2008), pp. 101, 122.

(出乎其外)' 연구 방법이라고 말할 수 있을 것이다. 양자는 서로 협력하는 관계로 두 가지 관점의 연구 방법을 다 가져야 만이 진정한 가치를 찾아낼 수 있을 것이다.

3) '지역사(區域史)'와 '국사(國別史)' 및 '세계사(全球史)'의 관계

'지역사'로서의 동아시아 문화교류사 연구의 두 번째 방법론의 문제는 곧 '지역사'와 '국사' 및 '세계사'가 어떤 관계에 있는가에 대한 것이다.

우선 무엇보다도 이러한 문제는 우리들의 사고를 '지역사' 연구 범주의 본질로 인도할 수 있다. 필자가 생각하기에 '지역사'로서의 동아시아 문화교류사는 결코 공간·시간을 점하고 있지 않은 추상적인 개념이 아니다. 이와 반대로 그것은 하나의 구체적이고 특수한 시간과 공간이 서로 교차하고 상호작용하는 연구 영역이다. 이러한 문화교류사 영역 속에는 여전히 각국 인민의 걱정과 고뇌 및 피눈물이, 그리고 유가 지식인들에게는 현실의 정치 환경에서의 좌절로 가득 차 있다. 우리는 각국 사절단원이 국경을 넘어 왕래하는 길목에서 교류하고, 상인들이 국경을 넘어 서로 부족한 것을 유통하고, 각국 지식인들이 자국의 맥락에서 출발하여 각종 경전 텍스트를 새롭게 재해석한 사실을 접할 수 있다. 또한, 각자의 저작에서 다른 나라 학자들과 원거리에서 서신을 통해 대화하면서 마음을 주고받는 우정과 세대를 초월해서 지음(知音)이 된 사실도 찾아볼 수 있다. 따라서 '지역사'라고 하는 개념은 곧 각국 '국사'의 상호관계 속에서 출현한 것이며, 각국의 '국사' 위에 존재하는 추상적인 범주가 아니다.

'세계사'와 '지역사' 또한 서로 관련되어 있는 두 가지 연구 범주이다. 최근 세계사학계에서 제창하는 '세계사'의 연구 영역은 곧 전 세계를 연구의 시야로 하고 있다. 이점에서 본다면, 사실 제2차 세계대전 이후의 '세계사(world history)'라는 것과 근본적인 차이는 없다. 일찍이 전후 1953년에 『세계사학보(*Journal of World History*)』가 창간되었고, 또한 1963년부터는 『인류사(*History of Mankind*)』총서가 출판되었다.[26] 전후의 '세계사' 저작들은 모두 역사 연구가 반드시 세계적인 의의가 있는 각 지역의 특수한 역사 사건에 초점을 맞추어야 한다고 강조하였다.[27] 각국 또는 각 지역의 구체적인 역사 인물이나 사건들은 전 세계의 맥락이나 배경 속에서 평가되었다. 이와 같은 의미에서 '지역사'는 곧 '세계사'를 구성하는 일부분의 지역적인 경험이라고 말할 수 있을 것이다. 만약 각 지역사람들의 구체적이고 특수한 역사 경험을 빼내어버린다면, '세계사'는 곧 텅 비게 되어 구체적 내용이 결핍된 추상 개념이 되고 만다. 이처럼 부분의 '지역사'로 전체의 '세계사'를 구성한다는 의미에서 우리는 한 발 더 나가, '세계사'는 '지역을 초월한 역사(跨區域史)'나 또는 이리에 아키라(入江昭, 1934~)가 말하는 '과국사(跨國史, transnational history)'로도 이해될 수 있다고 말할 수 있겠다.[28]

---

26) International Commission for a History of the Scientific and Cultural Development of Mankind, *History of Mankind: Cultural and Scientific Development* (New York: Harper & Row, 1963).

27) 예를 들면 Leften S. Stavrianos, *The World to 1500: A Global History* (Englewood Cliffs, N.J.: Prentice-Hall, 1975), pp. 4-5.

28) 이리에 아키라(入江 昭)의 초창기 연구 영역은 미국외교사와 국제관계사이며, 특히 미국과 동아시아의 관계사를 위주로 연구했는데, 그의 저서는 역사학계로부터 대단한 찬사를 받았다. 1980년대 이후부터 이리에 아키라는 특히 '과국사(跨國史)' 연구를 제창하고 있다. 그가 1988년 미국 역사학회의 회장으로 취임할 때 취임 연설에서, 국제화의 조류에서 역사 연구에 있어서의 국제적 시야의 중요성을 강조했다. Akira Iriye, "The Internationalization of History," American Historical Association Presidential Address, 1988(2) (http://www.historians.org/info/AHA_History/airiye.htm) 참조. 또한 이리에 아키라는 역사 연구를 국사(national history), 지역사(regional history), 국제관계사(international history), 세계사(global history), 과국사(transnational history)로 나눌 수 있다고 보았다. 그리고 '과국사' 연구가 중요한 이유는,

4) '지역사' 연구에서 '맥락성 전향(脈絡性轉向)'의 문제

세 번째 방법론 과제는 곧 '지역사' 연구 중의 '맥락성의 전향(Contextual turn)'의 문제이다. 이 방법론 문제는 동아시아 문화교류사에서 서적이나 가치이념 등을 포괄하는 '문화산품(文化產品)'[29]이 모두 다 구체적이고 특수한 문화적 맥락에서 나온 것으로, 이들 모두가 그 나름의 시간성과 공간성을 가지고 있다는 점에 그 중요성이 있다. 따라서 동아시아 문화교류사에서는 어떤 문화적인 부산품—특히 경전 텍스트—이 다른 나라에 전파되면, 필연적으로 서로 다른 정도의 '맥락성의 전향'을 겪은 뒤에야 비로소 그 지역에 토착화될 수 있었던 것이다. 16세기 조선의 주자학자 퇴계(退

'과국사' 연구가 다문화 사이의 이해와 대화를 촉진하고 각국 사이의 충돌을 완화할 수 있기 때문이라고 하였다. 즉 문화간의 교류를 통해 평화와 협조라는 국제질서를 달성할 수 있고, 문화국제주의(cultural internationalism)를 건설할 수 있다고 본 것이다. Akira Iriye, *Cultural Internationalism and World Order* (Baltimore, Md.: Johns Hopkins University Press, 1997) 참조. 이리에 아키라는 2007년11월 18일, 대만대학 인문사회고등연구원의 초빙을 받아 대만대학에서 발표 강연을 했다. 여기서 그는 '과국사' 연구는 국경의 제한을 받지 않고 전 세계적인 의제를 연구 대상으로 발전시킬 수 있으며, 또한 특정 국가나 특정 지역으로 제한받지도 않는다고 강조했다. 세계화는 수많은 역사학자들에게 어느 한 국가 또는 어느 한 지역의 역사를 전 세계적인 역사의 일부분으로 인식하도록 했던 것이다. 『臺大校訊』, 第899號(2007年 11月 28日), 第4版에 보임.

29) 로제 샤르티에(Roger Chartier)가 사용한 말이다. Roger Chartier, *On the Edge of the Cliff: History, Language, and Practices*, Lydia G. Cochrane trans.(Baltimore: Johns Hopkins University Press, 1997)를 참조. 로제 샤르티에가 '문화산품' 연구에서 강조하는 것은 서적 또는 텍스트의 제작이나 유통 또는 '독자'의 신분이나 독서 내용 및 독서 장소 등의 사회사 문제가 아니다. 그는 독자가 특수한 문화적 활동 아래서 자신의 사회 속의 관념·신앙·텍스트나 서적 등의 문제를 어떻게 이해하는가에 주목하고 있다. Roger Chartier 著, 楊尹瑄 譯, 「'新文化史'存在嗎?」, 『臺灣東亞文明研究學刊』, 第5卷 第1期(總第9期, 2008年 6月) 참조. 로제 샤르티에의 '문화산품' 개념에 대해서는 필자의 동료 秦曼儀 교수와 토론하는 과정에서 많은 도움을 받았다. 이 자리를 빌려서 감사를 표한다.

溪) 이황(李滉, 1502~1571)은 반평생을 들여 1556년에 『주자서절요(朱子書節要)』를 편찬했다. 그는 중국과 조선은 역사와 공간적 배경이 같지 않기 때문에 반드시 주자(朱熹, 1130~1200)의 저작을 '줄이고 요약'해야 만이 비로소 조선 유학자들이 읽기에 적합하다고 강조했다.[30] 퇴계가 제기한 '줄이고 요약'하는 것은 비록 원래의 뜻을 잘라낸다는 것을 의미하지만, 또한 여기에는 우리가 말하는 '맥락성의 전향'을 포괄하고 있다. 이점에 대해서 필자는 최근에 일본 도쿠가와시대(1603~1868) 유학자들의 『논어』 해석을 예로 들어 설명한 바 있다. '맥락성의 전향'이라는 것은, 원래 중국의 문화적 맥락에서 파생한 수많은 유학 경전의 개념이나 가치관으로부터 먼저 '맥락화의 이탈(de-contextualization)'을 하고 난 것을, 다시 한 번 일본의 문화나 사상가의 사상체계의 맥락에 놓고서 새로운 해석을 시도하는 것을 가리키는 것이다. 이처럼 문화를 넘어선 맥락성의 전환 작업은 동아시아 세계의 정치질서—특히 화이질서(華夷秩序)—와 정치사상—특히 군신(君臣)관계—의 두 가지 서로 다른 차원의 맥락에서 진행되며, 또한 다양한 문화를 넘나드는 경전의 해석 문제를 불러일으킨다.[31]

동아시아 문화교류사 중의 '문화산품'인 유가경전이 '맥락성의 전향'을 통과하는데 가장 중요한 인물은 곧 유학자들이다. 그런데 이들 유학자들은 한·중·일 삼국 사회에서 오히려 각각 다른 역할과 기능을 해왔다. 중국의 유학자들은 송대 이후 사회 및 정치상에서 중요한 역할을 하는데, 과거시험을 통과한 후에 조정의 관리로 등용되어 사대부가 되며, 물러나

---

30) 李滉, 「朱子書節要序」, 『陶山全書』(서울, 退溪學硏究院, 1988年, 『退溪學叢書』), 第3册, 卷59, 259면.

31) 黃俊傑, 『德川日本論語詮釋史論』(臺北, 臺大出版中心, 2006年 初版, 2007年 修訂新版), 43면; Chun-chieh Huang, "On the Contextual Turn in the Tokugawa Japanese Interpretation of the Confucian Classics: Types and Problems," *Dao: A Journal of Comparative Philosophy*, Vol. 9, No. 2 (June, 2010).

서는 곧 고향으로 돌아와 그 지방의 유력 인사가 된다. 조선시대의 유학적 지식계층은 점차로 성장하여 세습적으로 '양반' 계급이 되었다. 그러나 일본 에도시대의 '유학자'라고 불리는 사람들은 곧 사회적으로 일반 지식인에 불과했으며, 또한 그들은 정치권력에 참여할 수가 없었다.[32)]

이러한 '맥락성의 전향' 중에서 가장 대표성을 띠는 것이 곧 중국의 경전(經典)에서 자주 보이는 '중국(中國)'이라는 용어이다. 중국의 문화적 맥락에서 경전 속의 '중국'이라는 단어는 '문화적 정체성'과 '정치적 정체성'을 아울러 지칭하는 것으로 이 둘이 잘 융해되어 하나로 된 것이다. 그러나 일본 에도시대 유학자들이 중국의 경전을 읽고 연구하면서 '중국'이라는 용어를 접할 때, 그들은 자신들의 '정치적 정체성'과 '문화적 정체성' 사이에서 심한 갈등을 겪게 된다. '중국'은 일본의 유학자들에게 있어서 이미 그들의 정신적·문화적인 고향일 뿐만 아니라, 또한 그들에게 정치적·현실적으로는 다른 나라이기 때문이다. 따라서 그들은 종종 '중국'이라는 단어를 일본을 지칭하는 말로 해석하고, 일본이 공자(孔子, 551~479 B.C.)의 도를 얻었기 때문에 '중국'이라 지칭할 수 있다고 주장한다. 그리고 '중국'이라는 단어가 근대 대만에서는 두 가지 의미로 분화하는데, 어느 때는 '문화중국'을 지칭하고 어느 때는 '정치중국'을 지칭한다.[33)]

---

32) Hiroshi Watababe, "Jusha, Literati and Yangban: Confucianists in Japan, China and Korea," in Tadao Umesao, Catherine C. Lewis and YasuyukiKurita eds., *Japanese Civilization in the Modern World V: Culturedness* (Senri Ethnological Studies 28) (Osaka: National Museum of Ethnology, 1990), pp. 13-30; 渡邊浩, 「儒者·讀書人·兩班-儒學的「教養人」の存在形態」, 渡邊浩 著, 『東アヅアの王權と思想』(東京, 東京大學出版會, 1997年), 115-141면에 수록.

33) 졸저 Chun-chieh Huang, "The Idea of 'Zhongguo' and Its Transformation in Early Modern Japan and Contemporary Taiwan", 『日本漢文學研究』, 第2號(東京, 二松學舍大學21世紀COEプログラム, 2007年 3月), 398-408면; 黃俊傑, 「論中國經典中 '中國' 概念的涵義及其在近世日本與現代臺灣的轉化」, 『臺灣東亞文明研究學刊』, 第3卷第2期(總

이러한 종류의 '맥락성의 전향'은 실제로 동아시아 문화교류사 연구에서 중요한 현상이다. 또한 많은 연구 방법론 과제와도 관련되어 있으므로 앞으로도 진일보한 발굴이 기대된다.

우리가 '맥락성의 전향'이라는 시각에서 동아시아 문화교류사를 바라보게 되면, 우리는 이미 고인이 된 문화인류학자 클리포드 기어츠가 말한 일종의 '심도 있는 묘사(thick description)'와 비교해 볼 수 있을 것이다.[34] 일찍이 1980년대부터 역사학계에서는 문화사 문제에 주의하기 시작했다.[35] 그러나 여기서 필자가 강조하고자 하는 이른바 '문화사' 특히 '문화

第6期, 2006年 12月), 91-100면에 자세하다. 위 논문은 수정을 가하여 이 책의 제4장에 수록했다.

34) Clifford Geertz, *The Interpretation of Cultures: Selected Essays* (New York: Basic Books, Inc., 1973), pp. 3-32. 기어츠가 말하는 '심도 있는 묘사'는 문화를 상징(象徵)과 의의(意義)라는 계통에서 바라보았는데, 이 또한 수많은 학자들의 비평을 불러일으켰다. 이에 대한 비교적 이른 시기의 평론은, Aletta Biersack, "Local Knowledge, Local History: Geertz and Beyond," in *The New Cultural History*, ed. by Lynn Hunt (Berkeley: University of California Press, 1989), 72-96면에 보인다. 로제 샤르티에도 기어츠의 학설을 비평했는데, 그는 기어츠가 강조하는 문화 계통의 '의의(意義)'설이 결코 사회의 실체를 포괄할 수 없다고 여겼다. Jonathan Dewald, "Roger Chartier and the Fate of Cultural History," *French Historical Studies*, Vol. 21, No.2 (Spring,1998), pp. 211-240, 특히 pp. 223, 225 참조. 어떤 학자는 기어츠가 '문화계통'과 '사회계통'을 분리시킨 것이 너무 분명하며, 인류의 행위를 너무 과도하게 추상화한 점이 있다고 비평하고 있다. William H. Sewell, Jr., "The Concept(s) of Culture," in *Beyond the Cultural Turn*, Victoria E. Bonnell and Lynn Hunt eds. (Berkeley: University of California Press, 1999) 참조. 또한 어떤 학자는 기어츠의 입장이 일종의 포스트모더니즘을 주창한 미셸 푸코(Michel Foucault, 1926～1984) 및 자크 데리다(Jacques Derrida, 1930～2004) 등과도 매우 접근하고 있다고 지적하고 있다. Joyce Appleby, Lynn Hunt, Margaret Jacob, *Telling the Truth about History* (New York: W. W. Norton & Company, 1994), 219면 참조. 위에 인용한 논문은 陳慧宏 교수의 도움을 받았으며, 이에 사의를 표한다.

35) Georg G. Iggers, *New Directions in European Historiography* (Middletown, C.T.: Wesleyan University Press, 1984), 200면.

교류사'에서의 연구 대상은 구체적으로 사람·사건·지역·인물들이 교류한 사적(史蹟)의 고증과 정리에만 머무르지 않고, 이러한 사람·사건·지역·인물들에 대해서 모두 의미를 탐구해야 하는 '사건'으로 보아야 한다는 것이다. 이것은 사실 기어츠가 말한, "사람은 자기가 짜놓은 '의의(意義)'라는 그물에 걸린 동물로, 문화는 그러한 의의라는 그물망을 펼쳐(……) 문화 연구는 (……) 곧 일종의 의의를 탐구하는 해석성의 학문이다."[36]와도 같은 것이다. 문화교류사 연구는 그것이 '의의'라는 그물에 깊이 빠져들었기 때문에, 각국 사이의 교류 활동에 대하여 그 의의를 탐구하는 활동으로 봐야 비로소 그것으로부터 고도하고 심도 있는 것을 얻을 수 있다.

3. 문제의식

'지역사'로서의 동아시아 문화교류사 연구의 문제의식은 적지 않은데, 특히 다음과 같은 두 가지 문제의식이 가장 중요하다.

1) 동아시아 문화교류사 중의 '자아'와 '타자'의 상호작용

1장의 제2절에서 동아시아 문화사 연구의 초점이 교류의 '결과'를 중시하던 것으로부터 교류의 '과정'을 중시하는 쪽으로 옮겨가고 있다는 사실을 지적했다. 이러한 연구 초점의 전환을 통해 우리는 동아시아 문화교류 상호작용 과정에서 각국 사람들의 '자아(self)'와 '타자(others)'의 상호작

36) Clifford Geertz, *op. cit.*, 5면.

용과 융합이라는 복잡한 문제에 더욱 주의하게 되었다.

최근 들어서 '자아'와 '타자'의 문제에 관한 약간의 연구 논저가 출판되었다. 당대 학계에서 그리스철학 연구의 대가로 불리는 소라브지(Richard Sorabji, 1934~)는 2006년에 새로 쓴 저서에서, 먼저 '자아'의 본질은 비록 탐구하기 어렵지만, 사람은 모두 '자아'를 통해서 세계와 연락하고자 한다는 사실을 지적하고 있다. 그리고 이러한 욕구에 관해서는 이미 심리학 실험을 통해 거듭 증명되었다. 여기서 말하는 '자아'의 의미를 명확하게 지적할 수는 없지만, 일종의 광범한 활동을 포함하고 있는 의미이다. 따라서 소라브지가 주장하는 '자아'는 일종의 '체현(體現)'이며, 이러한 '체현'은 곧 사람과 세계와의 관계에 대해서 말하는 것이다.[37] '자아'라는 개념은 서구의 사상사 맥락에서는 종종 '자주(autonomy)'나 '권리(rights)' 등의 개념과 관련되어 있다. 이 때문에 일반적으로 비교윤리학자들은 유가철학에서의 '자아'와 서구의 '자아' 개념은 결코 서로 통하지 않는다고 강조한다. 실제로 최근 중(中)·서(西) 사상사에서 나타난 '인관(人觀)'이 적용되는 상황을 폭넓게 검토하면서 특히 유가사상 중의 심(心)·지(志)·기(氣) 등의 개념을 분석했는데, 서구에서 주장하는 '자주'나 '권리'가 유가에서 받아들여질 수 없는 것은 아니지만, 이들보다는 중국사상 중의 '인관(人觀)'이 인류의 사회적 성격을 더욱 강조하고 있다.[38] 동아시아 문화교류사의 맥락에서 보면, '자아'와 '타자'의 존재는 구체적인 역사 경험에서

---

37) Richard Sorabji, "The Self: Is There Such A Thing?" in his *Self: Ancient and Modern Insights About Individuality, Life and Death* (Chicago: University of Chicago Press, 2006), pp. 17-31.

38) Kwong-loi Shun, "Conception of the Person in Early Confucian Thought," in Kwong-loi Shun and David B. Wong eds., *Confucian Ethics: A Comparative Study of Self, Autonomy, and Community* (Cambridge: Cambridge University Press, 2004), pp. 183-199.

실제로 다양한 방면—예를 들면 정치적·사회적·문화적·성별적 '자아'와 '타자'—을 포괄하고 있다. 특히 '문화적 정체성(cultural identity)'과 '정치적 정체성(political identity)'에 집중되어 있다고 여겨지는데, 그중에서도 '문화적 자아'가 가장 핵심적이다. 이점에 대해서는 이 책의 제2장에서 상세하게 검토하였으므로,[39] 여기서는 더 이상의 부연 설명을 생략한다.

'자아'와 '타자'의 상호작용이라는 문제의식에서 출발하면, 동아시아 문화교류사에서 '자아'와 '타자'의 '문화적 정체성'과 '정치적 정체성'을 파악하고, 사회적 문화 배경과 언어 경계에서의 충돌과 협조 및 그 융합에 매진하는 과정에서 또한 그 이론의 함의를 논증할 수 있을 것이다. 동아시아 문화교류사에서 '자아'의 각성과 구상은 항상 '타자'와의 상호작용으로 완성된다. 동진(東晉, 317~420) 때 곽박(郭璞, 276~324)이 편찬한 『산해경(山海經)』의 서문에 "세상에서 서로 다르다고 말하는 것은 그 다른 이유를 모르는 것이다. (……) 왜냐하면 사물은 본래 서로 다른 것이 아니라 나를 대하면서 달라지기 때문이다. 다르다는 것은 실은 나에게 있는 것이요 사물이 서로 다른 것이 아니다.(世之所謂異者, 未知其所以異. (……) 何者? 物不自異, 待我而後異. 異果在我, 非物異也.)"라고 했으며,[40] 명말(明末)의 황종희(黃宗羲, 1610~1695)는 "천지 간에 가득 찬 것을 만물이라고 하는 것이 아니다. 만물은 모두 나의 존재로 인해서 명명된 것이다.(盈天地間無所謂萬物, 萬物皆因我而名.)"라고 했다.[41] 위의 두 인용문은 모두 '자아'

---

39) 黃俊傑, 「中日文化交流史中「自我」與「他者」的互動,類型及其涵義」, 『臺灣東亞文明研究學刊』, 第4卷第2期(總第8期, 2007年 12月), 85-105면, 본서 제2장에 수록; 黃俊傑, 「中日文化交流史に見られる「自我」と「他者」—相互作用の4種の類型とその含意」, 『東アジア文化環流』(大阪, 關西大學アジア文化交流研究センター與浙江工商大學合作出版), 第1編 第1號(2007年 12月), 1-16면.

40) 郭璞注, 『山海經』(『四部叢刊·初編』縮本), 1면.

의 구상이 '타자'의 인식을 전제로 하고 있으며, 동아시아 문화교류사의 역사적 경험과 완전히 부합한다. 구체적인 예를 들면, 조선시대 약 오백 년 동안의 한·중 문화교류사에서 중국을 다녀온 수많은 지식인들이 중화 문화와 사상에 대해서 평론한 바가 있는데, 여기에는 조선 지식인들의 중국사회·정치 및 사상에 대한 관찰이 반영되어 있다. 그리고 한·중 문화교류사에서 '자아'와 '타자'의 상호작용이 분명하게 나타나며, 또한 조선 지식인들의 '자아'의 각성이 그들의 중국에 대한 인식을 전제로 하여 이루어지고 있음이 분명하게 나타난다.

다양한 상황에서 '타자'와의 접촉과 교류가 때로는 '자아'를 각성시키는 중요한 요소가 된다. 그렇기 때문에 20세기 초에 일본의 한학자 나이토 코난(內藤湖南, 1866~1934), 요시카와 코지로(吉川幸次郞, 1904~1980), 아오키 마사루(青木正兒, 1887~1964), 우노 테쓰토(宇野哲人, 1875~1974) 등이 중국에 건너가 유학하고 유람할 때, 그들은 일본인의 '정치 자아'와 '문화 자아'로서 중국의 정치와 문화를 대조하게 되는데, 모두 안에서 밖으로의 각성 과정을 거치게 된다.[42] 예를 들면, 공자를 매우 존중했던 도쿄제국대학 중국철학과 교수 우노 테쓰토는, 심지어는 1906년 만리장성(萬里長城)의 팔달령(八達嶺)을 유람할 때 만리장성 위에서 일본의 국가인 '기미가요(君が代)'를 불렀는데, 이것이 그 대표적인 예라고 할 수 있다.[43]

---

41) 黃宗羲, 『孟子師說』, 卷7, 「萬物皆備」章, 『黃宗羲全集』(杭州, 浙江古籍出版社, 1985年), 第1冊, 149면.

42) 黃俊傑, 「二十世紀初期日本漢學家眼中的文化中國與現實中國」, 黃俊傑, 『東亞儒學史的新視野』(臺北, 臺大出版中心, 2004年), 265-312면에 수록; 黃俊傑 著, 森岡ゆかり 譯, 「20世紀初頭の日本人漢學者の目に映った文化の中國と現實の中國」, 楊儒賓·張寶三 合編, 『日本漢學研究初探』(東京, 勉誠出版, 2002年), 329-378면에 수록.

43) 宇野哲人, 『支那文明記』(東京, 大同館, 1912年), 小島晉治 編, 『幕末明治中國見聞錄集成』(東京, ゆまに書房, 1997年)에 수록; 중국어 번역본은 張學鋒 譯, 『中國文明記』(北京, 光明日報出版社, 1999年). 우노 테쓰토(宇野哲人)가 일본의 애국가를 부른 사실은

동아시아 문화교류사에서 '자아'와 '타자'의 상호작용, 특히 '자아'가 '타자'에 대한 '재현(representation)'이나 심지어는 일종의 '상상의 지리(imaginative geographies)'[44]에 대한 묘사는, 주로 동아시아 각국 지식인들이 남긴 유기(遊記)나 필담록(筆談錄) 또는 지방지 등에서 다른 지역에 관해서 서술하는 과정에서 나타나고 있다. 예를 들면, 1895년에 대만의 할양(割讓)을 전후하여 중국대륙의 지식인이나 관원들이 대만을 여행했는데, 츠즈정(池志徵, 1853~1937)은 『전대유기(全臺遊記)』를, 스징천(施景琛, 1873~1955)은 『곤영일기(鯤瀛日記)』를, 장쭌쉬(張遵旭)는 『대만유기(臺灣遊記)』를 편찬했다.[45] 그런데 이들은 모두 대륙인의 관점에서 당시의 대만을 직접 묘사했던 것이다.

'자아'가 '타자'에 대한 관찰이나 묘사는, 때로는 수(隋)·당(唐)시대 일본의 견수사(遣隋史)·견당사(遣唐史) 및 명(明)·청(淸)시대 조선의 연행사(燕行使)·통신사(通信使) 등과 같이 계획적인 관원의 파견을 통해서 이루어졌다. 이들 중에는 바다에서 심한 풍랑을 만나 생각지도 않게 다른 나라에까지 표류하게 된 경우도 있었다. 예를 들면 청대의 도광(道光) 6년(1826) 일본의 배 '에쓰마에 호레키마루(越前寶力丸)'가 표류하여 상해(上海)에 도달했는데, 이때 중국인이 이들에게 지어준 시 「일본의 난민에게 주는 시(贈倭國難民詩)」가 전한다. 또한 일찍이 일본인이 표류해서 광동

중역본 60면에 보인다. 이 밖에 宇野哲人의 중국 유람에 대한 검토에 관해서는, Joshua A. Fogel, "Confucian Pilgrim: Uno Tetsuto's Travels in China, 1906," *The Cultural Dimension of Sino-Japanese Relations: Essays on the Nineteenth and Twentieth Centuries* (New York: M. E. Sharp, 1995), pp. 95-117 참고.

44) D. Clayton, "Critical Imperial and Colonial Geographies," in K. Anderson et. al. eds., *Handbook of Cultural Geography* (London: Sage Publications, 2003), pp. 354-368.

45) 이상의 세권의 책은 모두 『臺灣遊記』(臺北, 臺灣銀行經濟硏究室, 1960年, 『臺灣文獻叢刊』 第89種)에 수록.

(廣東)에 도착했는데, 이때 광주항(廣州港)에 대해서 묘사한 경우도 있다.[46] 청대의 팽호(澎湖)의 진사(進士) 채정란(蔡廷蘭, 1801~1859)이 도광(道光) 15년(1835)에 팽호에서 대만으로 부임하는 도중 풍랑을 만나 표류하여 베트남의 광의(廣義) 지역에 도착하고, 다음 해 육로로 복건(福建)에 돌아온 후 『해남잡저(海南雜著)』를 편찬했다.[47]

이상에서 서술한 바와 같이, 의식적으로 기록하였든 혹은 무의식적으로 기록하였던 지금 전하고 있는 사료는 우리들이 동아시아 문화교류사에서 '자아'가 '타자'에 대한 '재현(再現)'을 연구하는데 모두 중요한 자료가 된다.

2) 동아시아 문화교류에서 지식과 권력 구조의 상호작용

동아시아 문화교류사 연구의 두 번째 문제의식은, 동아시아 각국 사이의 문화교류 활동에서 정치권력이 어떻게 작용했는가의 문제이다. 더 구체적으로 말하면 정치권력과 유가경전이 전하는 지식이나 가치와 이념이 어떻게 상호작용을 하는가의 문제이다. 이러한 문제는 동아시아 문화사의 근본적인 문제일 뿐만 아니라, 또한 우리에게 중화제국이 지닌 동아시아 각국의 '피할 수 없는 타자'로서의 역할에 대해서 생각하도록 한다.

중국사에서 제국(帝國)의 규모는 진(秦, 221~206 B.C.) 이후부터 점차로 정착되었는데, 황제(皇帝)제도를 중심으로 건립된 정치질서는 문화의 전파와 지식의 구성에서 모두 모세혈관과 같은 침투작용을 했다. 간화이

46) 松浦章, 『江戸時代唐船による日中文化交流』(京都, 思文閣, 2007年), 310-344면 참조.

47) 蔡廷蘭, 『海南雜著』(臺北, 臺灣銀行經濟硏究室, 1959年 『臺灣文獻叢刊』 第42種), 「蔡廷蘭略傳」, 『澎湖廳志』, 卷14, 藝文(下)에 보임. 蔡廷蘭에 관한 최근의 연구는 陳益源, 『蔡廷蘭及其海南雜著』(臺北, 里仁書局, 2006年) 참조.

전(甘懷眞, 1963~)은 그의 저서에서 유가의 학설과 '유교 국가' 및 황제제도의 복잡한 관계에 대해서 논술한 바 있다.[48] 이처럼 중국의 정치질서 전개는 동아시아 문화의 특색 중의 하나인 천하관(天下觀)을 갖추고 있으며,[49] 또한 모든 동아시아 지역의 왕권(王權)이론에 영향을 미쳤다.[50] 동아시아 문화교류사는 곧 상술한 권력 구조의 맥락에서 전개되었다.

이와 같은 문제의식을 바탕으로 우리는 많은 문제를 검토할 수 있다. 예를 들면 다음과 같은 문제가 있다.

첫째, 동아시아 역사상 정치질서 '중심'의 정치권력이 경질된(예를 들면 1644년 대명제국의 멸망)이후, 문화교류 활동에서 어떠한 변화가 출현했는가? 각국(조선의 경우)의 정치와 사상 및 문화에는 어떤 영향을 미쳤는가?[51]

둘째, 마쓰우라 아키라(松浦章, 1947~)가 말한 바와 같이, 중·일 문화교류사는 3단계로 구분할 수 있다. (1) 일본이 명나라의 책봉체제(冊封體制)에 편입되면서, 무로마치막부(室町幕府) 제3대 장군(1368~1394 재위) 아시카가 요시미쓰(足利義滿, 1358~1408)가 '일본국왕'으로 인식되어, 명나라에 조공(朝貢)하면서 한정된 무역을 개시한 시기. (2) 일본이 영파(寧波)에서 조공의 선후 문제를 다투면서 명나라가 조공 정지 명령을 내리자, 일본이 책봉체제 밖에 놓이게 되면서 중·일이 대등한 무역을 시작한 시

48) 甘懷眞, 『皇權·禮儀與經典詮釋: 中國古代政治史研究』(臺北, 臺大出版中心, 2004年).

49) 甘懷眞, 「重新思考東亞王權與世界權—以「天下」與「中國」爲關鍵詞」, 甘懷眞 編, 『東亞歷史上的天下與中國概念』(臺北, 臺大出版中心, 2007年)에 수록; 「「天下」觀念的再檢討」, 吳展良 編, 『東亞近世世界觀的形成』(臺北, 臺大出版中心, 2007年)에 수록.

50) 甘懷眞, 『東亞王權論: 從天下到國家』(臺北, 三民書局, 2010年).

51) 17세기에서 19세기, 조선의 존주존화(尊周尊華), 사념명조(思念明朝) 사상의 연구에 관해서는 孫衛國, 『大明旗號與小中華意識: 朝鮮王朝尊周思明問題研究, 1637-1800』(北京, 商務印書館, 2007年) 참조.

기. (3) 에도막부의 제3대 장군(1623~1651 재위) 도쿠가와 이에미쓰(德川家光, 1604~1651)가 관영(寬永) 연간(1624~1643)에 '쇄국령'을 내리고, 중국 상인의 일본 왕래를 나가사키(長崎) 한 곳으로 한정하자, 양국 관계가 나가사키 통상(通商)을 중심으로 진행된 시기이다.[52] 이와 같은 중·일 양국 간 권력의 상호작용 과정에서 문화교류가 권력 구조의 영향을 받는 정도는 어떠했던가?

이상은 다만 일부분에 지나지 않으며, 여기서는 동아시아 문화교류사 연구의 출발점으로서 두 가지 가능한 문제의식을 제기했다. 이 책의 제5장에서는 동아시아 유학자들이 '체지(體知)'를 경전을 읽은 방법으로 삼고 '체현(體現)'을 경전을 읽는 목적으로 삼아 오로지 경전 속의 가치와 이념을 가지고 현실세계에서 실천을 요구한 점에 대해서 검토했다. 이어 제6장에서는 동아시아 유학자들의 경전 해석과 한·중·일 각국 정치권력의 상호관계에 대해서 분석했다.

4. 연구 주제

앞에서 제시한 두 가지 문제의식에서 출발하여 이 책의 각 장에서는 동아시아 문화교류사에서 두 가지 주제를 검토했다.

첫 번째 주제는 인물의 교류로, 특히 '매개 인물' 및 '타자'에 대한 관찰이다.

동아시아 문화교류사에서 각국 지식인들은 끊임없이 긴밀하게 왕래했다. 일본의 견수사·견당사뿐만 아니라, 좀 더 소급해 지금으로부터 1400

52) 松浦章, 『江戸時代唐船による日中文化交流』, 3면.

년 전 조선의 관원과 지식인들 또한 중국에 사신으로 파견되었으며, 조선과 일본 사이에도 사절단의 왕래가 있었다. 이들은 모두 많은 양의 사료를 남겼는데, 연구할 만한 가치가 높다.

동아시아 문화교류권의 인물이 곧 양롄성(楊聯陞, 1914~1990)이 말한 바의 '매개 인물(professional intermediate agents)'이다. 양롄성은 다음과 같이 말했다.

> 이 명사(名詞)는 넓은 의미에서 많은 종류의 인물을 포괄할 수 있다. 예를 들면 경제 방면의 매개 인물로는 상인, 기업가, 브로커, 호객행위자, 그리고 매판(買辦) 및 고용노동자의 소개자 등이 있으며, 사회방면의 매개 인물로는 두 성씨의 좋은 점을 연결해주는 중매인, 관소의 심부름을 하는 아전이 있으며, 법률 방면의 매개 인물로는 변호사가 있고, 외교 방면의 매개 인물로는 각종 외교사절이 있다. 또한, 종교 방면의 매개 인물로는 선교사, 목사, 제사(祭司), 무사(巫師) 등이 있으며, 문화 방면의 매개 인물로는 교사, 번역자—통사(通事) 또한 외교 방면에 속한다—같은 부류가 있다.[53)]

'매개 인물'은 동아시아 문화교류사 연구에서 가장 중요한 대상이 된다. 이러한 '매개 인물'은 동아시아 각국의 정치·경제 활동에서 주도적인 역할을 했을 뿐만 아니라, 또한 각국의 사회와 문화 및 가치이념의 중요한 체험자이기 때문이다. 동아시아 문화교류에서 가장 먼저 밝히고자 하는 것은 이러한 인물의 교류이다.

한·중 문화교류사 연구에 대해서 말하자면, 운용할 수 있는 기본적인

53) 楊聯陞, 「中國文化的媒介人物」, 『大陸雜誌史學叢書』, 第1輯第1册, 『史學通論』(臺北, 大陸雜誌社, 出版日期 미상), 243-250면에 수록. 인용문은 244면.

사료는 임기중(林基中)이 편찬한 『연행록전집(燕行錄全集)』(서울, 동국대학교출판부, 2001년)이다. 여기에는 조선시대 오백여 년간 중국을 방문한 조선 지식인들의 필담록(筆談錄), 봉사록(奉使錄), 조천록(朝天錄) 및 여행찰기(旅行札記) 등을 수록하고 있어 사료적 가치가 매우 높다. 이들 자료는 당시 조선인의 중국에 대한 인식이 반영되었다고 할 수 있으며, 또한 부분적으로 중국의 주자학과 양명학이 조선 사상계에 수용되고 비평되는 양상에 대해서도 고찰할 수 있다. 한·일 교류사에서는 조선에서 일본에 파견된 사절단원이 남긴 해유록(海遊錄), 부상록(扶桑錄), 해사록(海槎錄) 같은 많은 양의 필기(筆記)와 임진왜란 때에 포로가 되어 일본에 잡혀간 조선인이 남긴 견문자료가 있다. 1914년에 조선고서간행회(朝鮮古書刊行會)에서 이들 자료를 하나로 모아 편찬하여 출판한 것이 『해행총재(海行摠載)』이다.[54] 『해행총재』에 실린 자료에 나타난 조선인의 일본관은 일본인의 조선관[55]과 더불어 서로 비교할 수 있을 것이다.

동아시아 각국 인물—특히 학자 등의 지식인—의 교류는 필연적으로 '자아'와 '타자'의 상호작용을 촉진시켰다. 이 책 제2장에서 중·일 문화교류사의 경험에 집중하여 중·일 쌍방의 지식인 교류 활동 중에서 '자아', '타자', '문화적 정체성', '정치적 정체성'이라는 네 가지 방면에서 서로의 복잡한 상호작용 및 그 화해 가능성에 대해서 분석했다.

두 번째 주제는 동아시아 문화교류권 안에서의 경전(經典)과 사상의 교류로, 이는 동아시아 문화의 특색을 띠고 있는 현상이다. 현대 학자의 통

---

54) 民族文化推進會編, 『海行摠載』(서울, 民族文化文庫刊行會, 1986再版). 인터넷 서비스 중(http://www.minchu.or.kr.).

55) 羅麗馨은 최근 연구에서 "19세기 이전 일본인의 조선관은 조선에 대한 멸시, 조선 정벌의 주장, 또는 조선에 대한 존경 등 다양하게 나타나고 있는데, 그중에서도 조선을 멸시하는 심리에 주목할 필요가 있다."고 제기했다. 羅麗馨, 「十九世紀以前日本人的朝鮮觀」, 『臺大歷史學報』, 第38期(2006年 12月), 159-218면 참조.

계를 보면, 9세기에 중국의 문헌이 일본에 수입된 것은 이미 1568종에 이른다고 한다. 19세기 초에 이르러 중국 서적의 70%나 80% 정도가 일본에 전해진 것으로 보인다.[56] 이들 서적 중 중국의 중요한 경전인 『논어』, 『맹자』 등과 같은 서적은 일본에 전해진 후 일본의 사상가에게 매우 큰 자극을 주고 깊은 영향을 미쳤다.[57] 이와는 반대로, 중국에서는 실전된 중국 전적이 일본에서 보존되어 다시 중국에 전해진 예도 있다. 예를 들면, 양대(梁代)의 황간(皇侃, 488~545)이 편찬한 『논어의소(論語義疏)』는 남송의 우무(尤袤, 1127~1194)가 『수초당서목(遂初堂書目)』에서 초록한 이후 중국에서는 실전되었다. 그런데 후에 일본의 네모토 부이(根本武夷, 1699~1764)가 아시카가(足利)학교에서 이를 발견하고 교각한 후에 다시 중국으로 전해졌다. 이 책은 '절강순무채진본(浙江巡撫採進本)'으로서 『사고전서(四庫全書)』 중에 수록되었으며, 또한 포정박(鮑廷博, 1728~1814)이 교각한 『지부족재총서(知不足齋叢書)』(臺北, 藝文印書館, 1966)에도 수록되어 비로소 중국 학계에 널리 알려지게 되었다.

다시 한·일 문화교류 역사를 보면, 일본은 1395년에서 1443년 사이에 매년 사신을 조선에 파견했는데, 매번 『대장경(大藏經)』, 『대반야경(大般若經)』, 『법화경(法華經)』 등의 불교경전을 청하여 구해갔다.[58] 이러한 점은 모두 한·중·일 삼국의 문화관계의 긴밀성을 반영하고 있다. 따라서

56) 嚴紹璗 編撰, 『日本藏宋人文集善本鉤沉』(杭州, 杭州大學出版社, 1996年), 1-2면. 이와 더불어 大庭脩 著, 戚印平·王勇·王寶平 譯, 『江戶時代中國典籍流播日本之硏究』(杭州, 杭州大學出版社, 1998年) 참고.

57) 黃俊傑, 『德川日本論語詮釋史論』; 張崑將, 『日本德川時代古學派之王道政治論: 以伊藤仁齋·荻生徂徠爲中心』(臺北, 臺大出版中心, 2004年) 참조.

58) 姜周鎭, 『海行摠載·解題』, 『海行摠載』, 第1輯, 1-28면에 수록. 동아시아 문화교류와 경전 해석에 관한 최신의 연구 성과는, 關西大學アジア文化交涉硏究センター編, 『東アジア文化交流と經典詮釋』(大阪, 關西大學アジア文化交涉硏究センタ, 2009年); 徐興慶 編, 『東亞文化交流與經典詮釋』(臺北, 臺大出版中心, 2008年) 참조.

동아시아에는 '실크로드'에 상대되는 용어로 왕용(王勇, 1956~)이 제기한 '서적의 길(書籍之路)'[59]이라고 부를 수 있는 또 다른 하나의 문화교류 노선이 있었던 것이다.

이상에서 말하는 인물의 교류 및 경전과 사상의 교류는 서로 연관되는 문제가 매우 많은데, 모두 중국이 동아시아 각국의 '피할 수 없는 타자'로서 관련되어 있다. 이와 관련된 다음 두 가지 의제는 특히 검토할 가치가 있다.

(1) 한 · 일지역에 대한 중국사상의 충격

중국사상과 동아시아 주변 국가의 지역 특성은 항상 큰 낙차가 있다. 예를 들면, 맹자의 '탕무방벌론(湯武放伐論)'은 도쿠가와시대 일본의 정치체제에서는 받아들일 수 없었다. 따라서 『맹자』라는 책이 일본에 전해진 후에 소라이학파(徂徠學派) 사상가들의 배격을 받았으며, 고의학파(古義學派)와 정주학파(程朱學派) 학자들은 맹자를 변호했다.[60] 이처럼 맹자사상을 포함하여 중국 내의 어떤 사상이 한 · 일로 전해진 이후, 이들 지역의 정치적 특성과 사상적 풍토와 맞지 않아서 사상적 파문을 불러일으키는 경우가 종종 발생하는데, 이점에 대해서는 실로 연구할만한 가치가 있다.

(2) 동아시아 문화교류에서 출현하는 '자아 정체성'의 문제

동아시아 각국의 긴밀한 문화교류에서 '피할 수 없는 타자'인 거대한 중국은 언제나 주변지역의 '자아 정체성' 문제를 불러일으켰다. 예를 들면, 18세기 일본의 후지이 테이칸(藤井貞幹, 1732~1797)과 국학파(國學派) 사상가 모토오리 노리나가(本居宣長, 1730~1801)의 일본문화 기원에

59) 王勇, 『中日「書籍之路」研究』(北京, 北京圖書館出版社, 2003年) 참조.

60) 張崑將, 『日本德川時代古學派之王道政治論: 以伊藤仁齋 · 荻生徂徠爲中心』, 第5章, 219-286면 참조.

관한 논변이 하나의 중요한 예가 될 것이다. 후지이 테이칸은 일본의 황통(皇統), 언어, 성씨 등의 문화 요소가 모두 조선에서 왔으며, 진한(辰韓)은 곧 진(秦)나라에서 망명한 사람들이라고 여겼다. 후지이 테이칸의 일본문화 외래설(外來說)은 모토오리 노리나가로부터 강력한 비판을 받았으며, 미친 사람이라고 배척당하기까지 했다.[61] 이처럼 일본 사상사에서 이른바 '한(韓)의 문제'에 대한 논변에는 곳곳에 거대한 중국의 투영이 드러나 있다. 이것은 동아시아 문화교류사 연구의 중요한 현상이다.

이상의 두 가지 의제를 분석하기 위해서, 이 책의 제3장에서는 18세기 동아시아 유학자들의 사상세계에 보이는 같은 점과 상이점에 대해서 고찰했다. 18세기 중국 유학자들이 여전히 중국을 중심으로 인식하는 세계관을 가지고 있을 때, 이미 한국 유학자들의 주체의식은 싹을 틔우고 있었다. 그리고 일본 유학자들은 중국을 가리켜 '이방(異邦)'이라고 하는 등, 일본의 주체의식이 완전히 각성되어 분명하게 나타나고 있었다는 사실을 제기했다. 이어 제4장에서는 중국 경전 중의 '중국(中國)'이라는 특수한 용어의 개념이 '문화적 정체성'과 '정치적 정체성'을 겸비하고 있다는 사실을 분석해 내고, 다시 이러한 '중국'이라는 개념이 근세 일본과 최근 100년 이래의 대만 사상에서 변모하는 양상에 대해서 고찰했다.

5. 결론

21세기 세계화 추세의 가속적인 발전은, 한편으로는 독일의 사회학자

---

61) 藤井貞幹, 『衝口發』, 本居宣長, 『鉗狂人』, 모두 鷲尾順敬 編, 『日本思想鬪諍史料』(東京, 名著刊行會, 1964-1970年), 第4卷, 227-312면에 수록. 아울러 子安宣邦, 『方法としての江戶: 日本思想史と批判的視座』(東京, ぺりかん社, 2000年), 6-26면 참조.

울리히 벡(Ulrich Beck, 1944~)이 말하는 '탈민족화'와 '탈지역화'의 효과가 있었지만,[62] 다른 한편으로는 세계 각지의 상호 연결성(interconnectedness)을 강화시켰다.[63] 이러한 새로운 발전은 20세기에 성행한 '국사' 연구에 큰 충격을 주었다. 그러나 세계화 시대의 경제활동에서 '민족국가(nation state)'가 여전히 견고하게 주도적인 역량을 발휘하는 것처럼,[64] 전통적인 '국사' 연구는 세계화 시대에도 여전히 폐지될 수 없다.[65] 개개인은 먼저 국가의 공민인 다음에야 비로소 '지구촌'의 주민이 되기 때문이다. 이와 같은 인식에 기초하여, '지역사'로서의 동아시아 문화교류사 연구를 추동하면서, '국사' 연구의 업적을 종합하고 역사 연구의 시야를 확대할 뿐만 아니라, 또한 미래를 위하여 '세계사' 시야를 개척하여 공고히 해야 한다는 점을 제기했다.

제2절에서는 '지역사'로서의 동아시아 문화교류사 연구를 제기했다. 방법론에는 문화교류의 '결과'에 대한 중시에서 전향하여 문화교류의 '과정'에 초점을 맞추고 동아시아 문화교류사 연구의 역동적 관점에 주목하도록 했으며, 연구의 핵심을 '중심'에서 '주변'으로, 그리고 '텍스트'에서 분위기나 환경으로 옮겨가도록 했다.

제3절에서는 연구를 진행하는 출발점으로 두 가지 문제의식을 제기했

62) Ulrich Beck, 孫治本 譯, 『全球化危機: 全球化的形成·風險與機會』(臺北, 臺灣商務印書館, 1999年), 90-91면.

63) Anthony Giddens, *Beyond Left and Rights: The Future of Radical Politics* (Cambridge: Polity Press, 1994), pp. 4-5.

64) Peter F. Drucker, "The Global Economy and the Nation State," *Foreign Affairs*, Vol. 76, No. 5 (Sept.-Oct., 1997), pp. 159-171.

65) 심지어 최근에도 여전히 개별 '국사'를 토론한 새로운 저서가 출판되고 있다. Stefan Berger, Mark Donovan and Kevin Passmore eds., *Writing National Histories: Western Europe since 1800* (London: Routledge, 1999); Stefan Berger ed., *Writing the Nation: A Global Perspective* (Basingstoke, UK: Palgrave Macmillan, 2007) 참고.

다. 첫 번째는 동아시아 문화교류 과정에서 '자아'와 '타자'의 상호작용이다. 두 번째는 동아시아 문화교류 활동과 각국 사이 및 각국의 국내 권력 구조와의 관계이다. 이 책의 제2장, 제3, 제4장의 연구 취지는 모두 '자아와 타자의 상호작용'과 긴밀한 관계가 있다. 제5장, 제6장은 유가경전 해석과 정치권력과의 상호작용으로부터 출발하여 사고하였다.

아시아—특히 동아시아—가 21세기에 흥기하고 또한 '세계화'가 더욱 발전하면서 동아시아 인문·사회과학계는 20세기 '국가중심주의'라는 연구 범위 틀에서 벗어나 점차로 동아시아를 연구 시야에 두기 시작했다. 위잉스(余英時, 1930~)는 최근 100년 이래를 돌이켜보면 중국과 일본 사학계는 서구 방식—특히 실증주의와 마르크스주의—의 지배를 받았지만, 최근 20년 이래로 세계사학 연구에서 '신문화사전향(新文化史轉向)'이 출현했다고 지적했다. 위잉스는 또한 중국사학 연구자들이 다시 아시아의 전통문화를 탐방하여 중국의 역사 경험의 연구 개념과 방법을 찾아내어 연구에 적용해야 하지만, 서구 내재의 세계를 포함하여 기타 지역에서의 역사 경험의 이론과 실천을 배제하지 않게 되기를 희망했다. 그는 각각의 사회와 민족은 연구할 가치가 있는데, 그것은 비단 세계사의 일부분으로서 뿐만이 아니라, 그것들 자체가 가지고 있는 내재적 가치 때문이라고 여겼다.[66] '지역사'로서의 동아시아 문화교류사 연구는 다시 한 번 아시아의 문화전통을 탐방하는 중요한 작업인 것이다!

〈『臺大歷史學報』, 第43期(2009年 6月)〉

66) Ying-shih Yu, "Clio's New Cultural Turn and the Rediscovery of Tradition in Asia," *Dao: A Journal of Comparative Philosophy*, Vol. 6, No. 1 (March, 2007), pp. 39-51.

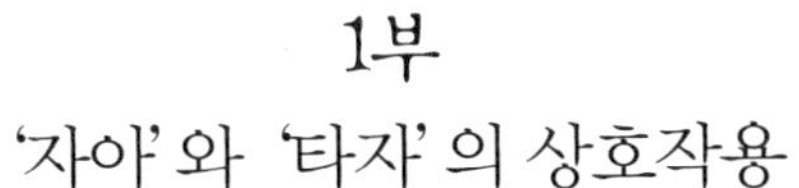

1부

'자아'와 '타자'의 상호작용

제2장

중·일 문화교류사에서 '자아'와 '타자'의 상호작용

1. 머리말

최근 300년 이래로 동아시아 각국의 지식인들은 동아시아 지역의 '접촉공간(Contact Zone)'[1] 속에서 문화 및 권력 관계가 서로 대등하지 않은 상태에서 교류와 상호작용을 전개했다. 20세기 이전의 동아시아는 중화제국을 중심으로 형성된 '화이질서(華夷秩序)' 아래서 교류 활동을 전개하였다.[2] 그러나 20세기 전반기부터 동아시아는 일본제국을 중심으로 하는 '대동아공영권(大東亞共榮圈)'이 형성되어, 동아시아 각국의 인민들에게 일본제국의 침략이라는 피눈물 나는 역사적 기억을 남겼으며, 지금에 이르러서도 여전히 지우기 어려운 실정이다.

---

1) Mary L. Pratt, *Imperial Eyes: Travel Writing and Transculturation* (London: Routledge, 2000, c1992), p. 6.

2) John K. Fairbank ed., *The Chinese World Order* (Cambridge: Harvard University Press, 1968).

중·일 양국은 지리적으로 근접하고 있어서 예로부터 문화적인 교류 및 정치적인 면에서의 상호작용이 빈번할 정도로 매우 밀접한 관계를 가지고 있었다. 학자, 상인, 정치인 등 각종 분야에서 중·일 양국 인사들의 '정치적 자아'와 '문화적 자아'는 '타자'로서의 상대방의 정치적 실체와 문화적 가치를 여행이나 상호 방문의 경험 속에서 충격적으로 접하게 된다. 이 때문에 양국 인사들은 '자아'에 대한 정체성이 강화되고, 또한 '타자'와 '자아'의 같은 점과 다른 점에 대해서 더욱 선명하게 인식하게 되었다. 본 장에서는 17세기에서 20세기에 이르는 중·일 문화교류사 맥락에서 '자아'와 '타자'의 상호작용에서 출현하는 네 가지 유형의 긴장관계에 대해서 분석하고, 아울러 그 긴장성의 의미에 대해서 검토하고자 한다.

2. 첫 번째 유형
'정치적 자아'와 '문화적 자아'의 긴장관계

중·일 문화교류사 중에 나타나는 첫 번째 유형의 긴장관계는 '정치적 자아'와 '문화적 자아' 사이의 긴장관계다. '정치적 자아'라고 하는 것은, 사람들이 그 국가, 사회집단이나 단체에 대한 정치적 귀속감을 기초로 하여 형성된 '자아'를 가리킨다. 이러한 '정치적 자아'는 '정치적 정체성'을 기초로 하며, 하나의 권리와 의무라는 계약관계의 제약을 받는다. '정치적 자아'는 '문화적 자아'에 상대되는 말이며, 단기성·공간성 및 이익의 지향 등과 같은 요소의 영향을 비교적 쉽게 받는다. '문화적 자아'라고 하는 것은, 사람이 어떤 하나의 문화 및 그 가치 전통 속에서 형성된 '자아'에 깊이 침잠되고 또한 동질감을 가지는 것을 말한다. 이러한 '문화적 자아'는 '문화적 정체성' 위에 세워지는 것이고, 장기적으로 축적되는 것이면서 항상 혈연, 풍속, 가치의 지향 등과 같은 관련된 요소에 의해서 형성된다. 중·일 문화교류의 특수한 상황에서 '정치적 자아'와 '문화적 자아' 양자 사이에는 종종 긴장성이 대두하기도 한다.

이러한 유형의 긴장성이 가장 선명하게 드러난 것은 17세기 일본 에도시대(1603~1868)의 유학자 야마자키 안사이(山崎闇齋, 1618~1682)와 그의 제자 사이의 다음과 같은 대화이다.

> 일찍이 야마자키 안사이가 많은 제자들 앞에서 다음과 같은 질문을 던졌다. "지금 저쪽 중국이 공자를 대장군으로 하고 맹자를 부장으로 삼아서 수만의 기마병을 거느리고 우리나라 일본을 공격한다면, 우리와 같이 공·맹의 도(道)를 배운 자들은 어떻게 대처해야 하겠는가?" 제자들은 모두 대답을 못하면서, "저희들은 어떻게 대처해야 할지 모르겠습니다. 선생님 말씀을 듣고 싶습니다."라고 말했다. 그러자 안사이는 "불행하게도 이와 같은 재앙에 직면하게 된다면, 우리들은 갑옷을 입고 날카로운 무기를 들고 그들과 싸워서 공자와 맹자를 사로잡아 나라의 은혜에 보답해야 한다. 이것이 곧 공·맹의 도(道)인 것이다."라고 대답했다. 후에 안사이의 제자가 이토 토가이(伊藤東涯, 1670~1736)를 보고 이 사실을 전하면서, "우리 안사이 선생님 같은 분은 성인의 뜻을 통달했다고 할 수 있습니다. 그렇지 않았다면 어떻게 이처럼 심오한 뜻을 밝혀서 말씀하실 수 있었겠습니까?"라고 말했다. 이토 토가이가 미소를 머금으면서, "그대는 공자와 맹자가 우리나라를 공격한다는 걱정은 할 필요가 없을 것이오, 내가 장담하건대 그런 일은 결코 없을 것이라네."라고 말했다.(山崎闇齋嘗問群弟子曰, "方今彼邦, 以孔子爲大將, 孟子爲副將, 牽數萬騎來攻我邦, 則吾黨學孔孟之道者爲之如何?" 弟子咸不能答曰, "小子不知所爲, 願聞其說." 曰, "不幸關逢此厄, 則吾黨身披堅, 手執銳, 與之一戰而擒孔孟, 以報國恩, 此卽孔孟之道也." 後弟子見伊藤東涯, 告以此言, 且曰, "如吾闇齋先生, 可謂通聖人之旨矣. 不然, 安得能明此深義而爲

之說乎?" 東涯微笑曰, "子幸不以孔孟之攻我邦爲念, 予保其無之.")[3]

이처럼 야마자키 안사이가 제자들에게 제기한 매우 계시적이고 가설적인 문제는, 실제로 17세기 동아시아의 역사적 배경과 관련이 있다. 첫 번째 배경은, 1644년 만주인의 기마부대가 남하하여 대명(大明)제국을 멸망시킨 것이다. 17세기 중엽 동아시아에 출현한 대청(大淸)제국은 조선이나 일본 등과 같은 동아시아 주변지역 국가들에게 심각한 위협으로 느껴졌는데, 일본의 지식인들은 청나라가 군사를 이끌고 동쪽으로 내려와 일본을 정벌할지도 모른다고 걱정했던 것이다. 두 번째 역사적 배경으로는, 17세기 이후로 일본 사상계에서 '일본 주체성' 사유가 점차로 성장하면서 많은 사상가들이 일본을 가리켜 '중국(中國)'이라고 지칭하기 시작한 점을 들 수 있다. 예를 들면, 야마가 소코(山鹿素行, 1622~1685)는 당시 일본 지식인들이 자국을 가볍게 여기고 '오로지 중국의 경전만을 좋아하는(專嗜外朝之經典)'[4] 현상에 대해서 심한 비판을 가하고, 아울러 일본에 대해서 극찬하면서 오로지 일본만이 '중국'이라고 부를 수 있는 자격이 있다고 생각했다. 그는 "천지가 운행하고 사계절이 교차하면서 그 마땅함을 얻으면 비바람과 추위나 더위가 치우치지 않아서 물과 토지가 비옥하고 사람과 사물이 정밀하게 된다. 이런 곳을 중국(中國)이라 부를 수 있는 것이니, 수많은 나라 중에서 오직 우리나라(일본)가 그 마땅함을 얻었다.(天地之所運, 四時之所交, 得其中, 則風雨寒暑之會不偏, 故水土沃而人物精, 是乃可稱中國, 萬邦之衆, 唯本朝得其中.)"[5]고 보았던 것이다. 사쿠마 타이카(佐久間太華,

---

3) 原念齋, 『先哲叢談』(文化十三(1816)年 刊本), 第3卷(江戶, 慶元堂·擁萬堂, 1816年), 4-5면.

4) 山鹿素行, 『中朝事實』, 廣瀨豐 編, 『山鹿素行全集』, 第13卷(東京, 岩波書店, 942年) 수록, 上冊, 226면. 여기서 '外朝'는 중국을 가리킨다.

5) 같은 책, 234면.

?~1783) 또한 일본은 정치상으로 신통(神統)이 단절되지 않았고 국내가 항상 평안한 것이 일본을 곧 '중국'이라고 부를 수 있는 이유라고 서술했다.[6] 그 밖에 야마자키 안사이 문하의 삼걸(三傑)이라고 불리는 제자 중의 한 사람인 아사미 케이사이(淺見絅齋, 1652~1711)[7], 안사이학파의 고즈키 센안(上月專庵, 1704~1752)[8], 그리고 18세기 양명학자 사토 잇사이(佐藤一齋, 1772~1859)[9]가 모두 비슷한 논리로 '일본 주체성'을 강조했다. 이러한 '일본 주체성'은 20세기에 과도하게 발전하면서 수많은 일본 지식인들에게 중·일 양국 문화의 차이를 엄격하게 구별하도록 했다. 예를 들면, 쓰다 소키치(津田左右吉, 1873~1961)는 일본문화와 중국문화는 완전히 다르며, 또한 '동양문명(東洋文明)'이나 '동양정신(東洋精神)'이라고 하는 것도 존재하지 않는다고 강렬하게 주장했다.[10]

상술한 바와 같이 야마자키 안사이는 중·일의 역사적 맥락에서, "만약 공자와 맹자가 군대를 이끌고 일본을 침략한다면"이라는 가설적인 문제를 제기했는데, 그에게 공자·맹자의 도(道)를 배우고 있는 학생들은 어떻게 대답해야 할지를 몰랐던 것이다. 이와 같은 문답은 17세기 일본 유학자들의 '자아 정체성'의 양면성을 설명해주고 있다. 그들의 '정치적 자아'는 일본이지만, 그들의 '문화적 자아'는 오히려 중국 산동에 있는 공자·맹자

---

6) 佐久間太華, 『和漢明辨』, 關儀一郎 編, 『日本儒林叢書』, 第4卷, 論辨部(東京, 鳳出版, 1978年) 수록, 1면.

7) 淺見絅齋, 「中國辨」, 西順藏 等 校注, 『山崎闇齋學派』, 『日本思想大系』, 第34卷(東京, 岩波書店, 1982年) 수록, 418면.

8) 上月專庵, 『徂徠學則辨』, 關儀一郎 編, 『日本儒林叢書』, 第4卷(東京, 鳳出版, 1978年) 수록, 14면.

9) 佐藤一齋, 『言志錄』, 相良亨 等 校注, 『佐藤一齋·大鹽中齋』, 『日本思想大系』, 第46卷(東京, 岩波書店, 1980年) 수록, 227면.

10) 津田左右吉, 「シナ思想と日本」, 『津田左右吉全集』, 第20卷(東京, 岩波書店, 1965年), 195면.

의 정신을 근원에 두고 있다. 그들이 "공자와 맹자가 군대를 이끌고 일본을 침략한다."고 하는 이처럼 가상적인 상황에 부닥쳤을 때, 그들의 두 가지 '자아'는 마침내 격렬한 긴장상태에 빠지게 된다. 이와 같은 두 가지 '자아'가 충돌하는 문제가 17세기 도쿠가와시대 일본 유학자와 그 사제지간에만 존재했던 것은 아니다. 제2차 세계대전 기간에 중국의 뤼신(魯迅, 1881~1936)을 연구했던 일본의 문인 다케우치 요시미(竹內好, 1910~1977)에게서도 나타난다. 다케우치 요시미는 자신의 '정치적 조국-일본'이 '문화적 조국-중국'을 침략하는 상황에 직면하게 되는데, 이로 인해 그의 두 가지 '자아'는 극렬하게 충돌하면서 고통을 이겨내지 못했다.

중·일 양국의 정치적 상호작용에서 영향이 가장 컸던 사건의 하나는 1894년에 일어난 청·일전쟁이다. 이 전쟁에서 청나라가 일본에 패하고, 다음 해 대만을 일본에 할양(割讓)하게 된다. 1895년에 대만을 일본에 할양하게 된 것은 실로 청천벽력과 같은 사건으로, 대만에 거주하는 400만 인민을 통곡하게 했을 뿐만 아니라, 또한 일본 지식인들에게도 큰 충격을 안겨주었다. 이 사건은 일본 지식인들에게 식민지 통치의 문제를 생각하게 하였다. 그중에서도 근대 일본의 문명개화에 앞장선 후쿠자와 유키치(福澤諭吉, 1834~1901)가 대표적인 인물이다.

후쿠자와 유키치의 저작은 60여 부에 이르는데, 그가 편찬한 『권학편(學問のすすめ)』은 근대 일본인의 세계관에 심대한 영향을 끼쳤다.[11] 후쿠자와 유키치는 일본 국내에서 '자유', '평등', '박애' 등과 같은 미덕의 근대 보편적인 가치를 강력하게 제창했다. 그는 『권학편』의 서두에서 다음

11) 후쿠자와 유키치는 "일본에 사는 160인 중에 반드시 한 사람은 이 책을 읽었다. 이것은 예전에 없었던 발행 부수로, 이것을 보면 최근 학문이 급속하게 발전하는 추세를 알 수 있을 것이다"라고 했다. 福澤諭吉, 『學問のすすめ』(東京, 中央公論新社, 2002年), 「序」; 群力 譯, 『勸學篇』(北京, 商務印書館, 1996年), 1면.

과 같이 그 취지를 밝히고 있다.

> "하늘은 사람 위에 사람을 만들지 않았으며 사람 밑에 사람을 만들지 않았다." 이 말은 곧 하늘이 사람을 낼 때에 만인은 모두 다 같이 평등했으며, 나면서부터 귀천(貴賤)과 상하(上下)의 차별이 있었던 것이 아니며, 사람은 만물의 영장으로 마땅히 몸과 마음의 활동을 통해 천지간에 있는 온갖 사물을 취해서 의식주의 수요를 만족시키며, 자유자재로 서로 방해하지 않으면서 각자의 평안한 생활을 영위해야 한다는 뜻이다.[12)]

여기서 후쿠자와 유키치가 거론하고 있는 "하늘은 사람 위에 사람을 만들지 않았으며 사람 밑에 사람을 만들지 않았다."라는 말은 당시의 사람들에게 가장 회자되는 명언이 되었다. 또한 그가 평생 제창했던 인류의 '평등'이라는 가치 표어가 되었으며, 그의 '문화적 자아'에서 가장 중요한 부분이라고도 할 수 있다.

그러나 새롭게 홍성하면서 오만해진 일본제국 국민의 한 사람으로서, 그의 '정치적 자아'는 오히려 당시 일본 국내에 풍미했던 애국주의 분위기 속에 깊게 빠져 들어갔다. 청·일전쟁에서 일본이 청나라를 대파한 직후인 1894년 12월부터 1898년 5월 사이에, 후쿠자와 유키치는 『시사신보(時事新報)』에 대만 문제에 대한 자신의 생각을 계속 발표했다.[13)] 그런데 대만

---

12) 福澤諭吉, 『學問のすすめ』, 3면, "'天は人の上に人を造らず人の下に人を造らずと言えり.' されば天より人を生ずるには, 万人は万人皆同じ位にして, 生れながら貴賤上下の差別なく, 万物の靈たる身と心との働きをもって天地の間にあるよろずの物を資り, もって衣食住の用を達し, 自由自在, 互いに人の妨げをなさずして各々安樂にこの世を渡らしめ給うの趣意なり."; 群力 譯, 『勸學篇』(北京, 商務印書館, 1996年), 2면.

13) 陳逸雄 譯解, 「福澤諭吉的台灣論說」(全四篇), 『臺灣風物』, 第41卷第1期부터 第42卷第2期까지(1991年3月부터 1992年6月까지).

문제에 관련된 후쿠자와 유키치의 언변들은 그가 제창했던 근대 보편적 가치와 철저하게 배치되었다. 대만 문제에 대한 언급 중에서 그의 가장 대표되는 주장이 1896년 1월 8일에 발표한 논설이다. 여기서 그는 다음과 같이 말하고 있다.

> 나 또한 정벌과 진압 방법에 대해서는 상당히 유감으로 생각하지만, 지난 일을 제기하는 것만으로는 일에 도움이 되지 않는다. 이번 소요사태는 절호의 기회이니, 마땅히 군대의 힘으로 철저하게 소탕하여 그 뿌리를 뽑아내고 괴뢰들을 섬멸하며, 토지를 모두 몰수하여 전 대만 섬을 관(官)의 소유로 만든다는 각오로 슬기로운 결단을 해야 한다. 그렇지 않고 다만 일시적인 진압에 그치게 되면, 앞으로 이러한 소동이 반드시 계속 일어나게 되어 적절할 조치를 취할 수 없을 뿐만 아니라, 또한 매번 소동이 있을 때마다 곧바로 국내 인심의 동요를 불러일으키게 될 것이다. 그 영향으로 상업 발전이 방해를 받고, 심지어는 그곳으로 옮겨 가려는 뜻이 있는 기업도 이 때문에 계획을 취소하여 이제 막 밖으로 발전하려는 기운을 좌절시키게 될 것이다. 해외 영토의 작은 소동이 비록 국가의 중대사는 아닐지라도 그 영향은 결코 작지 않을 것이다. 나는 담당자에게 거듭 권고하노니, 마땅히 기미가 보일 때 즉시 결단하고 단 한 번에 그 화근을 제거하여 소동이 일어날 근심을 영구히 단절시켜야 한다.[14)]

14) 福澤諭吉, 「台灣騷動」, 『時事新報』1896年 1月 8日 社論, 陳逸雄 譯解, 「福澤諭吉的台灣論說(二)」, 『臺灣風物』, 第41卷 第2期(1991年 6月), 77면 수록. “我對征討 · 鎭壓的方法, 也有不少遺憾的感覺, 但是提起往事無補於事, 這次騷動正是絶好的機會, 應以軍隊徹底掃蕩, 斬草斷根殲滅醜類, 將土地盡行沒收, 以擧全島爲官有地的決意, 實行英斷. 否則僅止於一時性的鎭壓, 今後這種騷動必然迭起, 非但措置不妥, 而且每有騷動就會引起國內人心的動搖. 影響所及, 商業的繁榮受到妨礙, 甚至有意遷往該地的企業, 也會因此取消計劃, 致使剛欲向外發展的機運遭受挫折. 海外領土的小紛擾雖非國家的大事, 但是影響卻不少. 我欲再向當道勸告; 應該當機立斷, 一擧消除禍根, 永久斷絶騷動之患.”

후쿠자와 유키치는 일본의 새로운 식민지 대만에서의 소요사태에 대해서 "마땅히 군대의 힘으로 철저히 소탕하여 그 뿌리를 뽑아내고 괴뢰들을 섬멸해야 한다."라고 주장했다. 이러한 주장은 그가 일본 국민으로서의 '정치적 자아'의 표현인데, 이는 오히려 그가 평생 주장했던 인류 평등의 문화적 가치에 철저하게 위배된다. 후쿠자와 유키치의 '정치적 자아'와 '문화적 자아'는 중·일 양국의 상호작용 과정에서 심한 간극이 생겼을 뿐만이 아니라, 또한 완전히 분열되어 다시는 치유할 수 없는 긴장감을 드러냈다.

이상에서 살펴본 바와 같이, 야마자키 안사이와 후쿠자와 유키치의 구체적인 실례를 통해서 우리는 중·일 양국의 교류 활동의 역사에서 일본인의 '정치적 자아'와 '문화적 자아'가 종종 긴장관계에 처했다는 사실을 알 수 있다. 우리가 이러한 제1유형의 긴장성을 한층 더 분석해가면 매 사람들에게도 '정치적 자아'와 '문화적 자아'의 차이가 존재한다는 사실을 발견할 수 있다. 일반적으로 '정치적 자아'는 단기성을 띠면서 자기의 이익이나 국가의 현실적인 이익과 관련 있는 문제지만, '문화적 자아'는 장기적이고 이상적인 문화적 가치와 이념의 정체성을 기초로 한다. 구체적이고 특수한 역사적 상황에서 양자 간에는 항상 큰 낙차가 존재해서 분열을 면하기 어려웠던 것이다.

3. 두 번째 유형
'문화적 자아'와 '문화적 타자'의 긴장관계

근세 중·일 관계사에서 보이는 제2종 유형은 '문화적 자아'와 '문화적 타자' 사이의 긴장관계이다. 이러한 유형의 긴장관계는 주로 지식인들에게서 보인다. 특히 '화이지변(華夷之辨)'을 가치와 이념으로 하는 중국의 경전(經典)이 일본에 전해진 후, 일본 사상가가 중국 경전을 읽을 때는 '중국문화의 주체'와 '일본문화의 주체' 사이의 극렬한 충돌을 피할 수가 없다. 일본 사상가들이 일본문화를 '문화적 자아'로서 인식하게 되면 '문화적 타자'로서 인식해야 하는 중국문화 사이에는 크나큰 긴장감이 발생하게 된다.

여기서는 일본 사상가의 『논어』에 대한 해석을 예로 들어, 일본 사상가의 '문화적 자아'와 '문화적 타자'의 긴장관계에 대해서 분석해 보고자 한다. 『논어』 속에 자주 보이는 '화이지변'의 문제에 대해서는, "공자께서 말씀하시길, 이적(夷狄)의 나라에도 임금이 있으니, 중국에 임금이 없는 것과는 같지 않다.(子曰, 夷狄之有君, 不如諸夏之亡也)"[15]라는 말과, "공자께서는 구이(九夷)에 살고자 하셨다.(子欲居九夷)"[16]라는 말을 예로 들 수 있다. 그렇다면 여기서 공자가 살고자 했다는 '구이(九夷)'는 어느 땅을 가리키는 것일까? 이에 대해서는 한대(漢代) 이후로 중국 역대 유학자들의 논쟁이 그치지 않았다. 어떤 이는 '구이'가 회수(淮水)와 사수(泗水) 사이로 북으로는 제(齊)·노(魯)나라와 접한 땅이라 주장하고,[17] 어떤 이는 '구이'가 조선을 지칭해서 말한 것이라 주장하기도 한다.[18] 그런데 도쿠가와

15) 『論語·八佾·5』.

16) 『論語·子罕·13』.

17) 중국의 옛 전적에 '九夷'의 명칭이 자주 보인다. 『爾雅·釋地』에 '九夷'의 명칭이 나타나며, 『韓非子·說林上』, "周公旦攻九夷, 而商蓋服", 『呂氏春秋·古樂篇』, "商人服象爲虐於東夷", 『呂氏春秋·樂成篇』, "猶尙有管叔蔡叔之事, 與東夷八國不聽之謀"와 같이 '九夷'의 명칭이 나타나고 있다, 孫詒讓(仲容, 1848~1908)은 "九夷實在淮泗之間, 北與齊·魯接壤, 故『論語』'子欲居九夷'. 參互校覈, 其疆域固可攷矣."라고 여겼다. 孫詒讓, 「非攻中第十八」, 『墨子閒詁』(北京, 中華書局, 1986年), 上册, 126-127면.

18) 청대의 유학자 劉寶楠(1791~1855)의 『論語正義』에서는 皇侃(488~545)의 『論語義疏』를 인용하여 "子欲居九夷, 與乘桴浮海, 皆謂朝鮮, 夫子不見用於中夏, 乃欲行道於外

시대 일본 유학자가 『논어』를 읽을 때는 이 '구이'라는 용어에 대해서 새로운 해석을 시도하였던 것이다. 17세기 일본 고학파의 대가 이토 진사이(伊藤仁齋, 1627~1705)는 『논어』를 '이 세상에서 가장 뛰어난 책(最上至極宇宙第一書)'이라고 추숭했는데,[19] 공자가 살고자 한다는 '구이'라는 용어에 대해서는 다음과 같이 해석했다.

공자님께서 일찍이 말씀하시길 "이적(夷狄)의 나라에도 임금이 있으니, 중국에 임금이 없는 것과는 같지 않다."라고 했다. 이것으로 보건대 공자님께서 구이(九夷)에 마음을 두신 지가 오래되었다. 여기서 말씀하신 것과 뗏목을 타고 바다를 건너고자 한다고 탄식하신 내용은 모두 우연히 해보신 말씀이 아니다. 무릇 하늘과 땅 사이에 다 같은 사람이므로, 만약 예의(禮義)가 있으면 변방의 나라(夷)가 곧 중국(華)이 되며, 예의가 없으면 비록 중국이라도 변방의 나라가 되는 것을 피할 수 없다. 순(舜)임금은 동이(東夷)에서 태어나셨고 문왕(文王)도 서이(西夷)에서 태어나셨으니 변방의 나라가 되는 것을 꺼릴 것이 없다. 구이가 비록 중원에서 멀다고 하지만 사실 천지 밖으로 떨어져 나간 것이 아니며, 또한 모두 떳떳한 본성을 지니고 있다. 하물며 질박하면 반드시 충실하고 화려하면 거짓됨이 많은 것이니, 공자님께서 구이에 살고자 하셨던 것은 당연하다. 우리나라(일본) 태조(太祖)가 개국한 해는 실로 주(周)나라 혜왕(惠王) 17년(660 B.C)인데, 지금에 이르기까지 임금과 신하가 서로 전하여 면면히 이어지고 있다. 이를 하늘과 같이 존중하고 신과 같이 공경하니 실로 중국이 미칠 바가 아

域, 則以其國有仁賢之化故也."라고 제기했다. 劉寶楠, 『論語正義』(北京, 中華書局, 1990年), 上册, 344면.

19) 伊藤仁齋, 『論語古義』, 關儀一郎 編, 『日本名家四書註釋全書』(東京, 鳳出版, 1973年), 第3卷, 論語部一 수록, 4면; 또한 伊藤仁齋, 『童子問』, 家永三郎 等 校注, 『近世思想家文集』(東京, 岩波書店, 1966年, 1988年), 上卷 수록, 204면.

니다. 공자님께서 중국을 떠나 변방의 나라에 살고자 하신 것도 또한 이와 같은 이유가 있었던 것이다. 지금 공자님으로부터 이미 2천여 년이 지났지만, 우리 일본 사람들은 배움이 있고 없고를 불문하고 모두 공자님을 부르며 존중하고 공자님의 도(道)를 받들고 있다. 이러하니 성인(聖人)의 도(道)는 사해를 다 포함하여 어느 하나도 버려두지 않는다고 어찌 말하지 않을 수 있겠는가?(夫子嘗曰, "夷狄之有君, 不如諸夏之亡也." 由此見之, 夫子寄心於九夷久矣. 此章及浮海之歎, 皆非偶設也. 夫天之所覆, 地之所載, 鈞是人也. 苟有禮義, 則夷卽華也. 無禮義, 則雖華不免爲夷. 舜生於東夷, 文王生於西夷, 無嫌其爲夷也. 九夷雖遠, 固不外乎天地, 亦皆有秉彝之性, 況朴則必忠, 華則多僞, 宜夫子之欲居之也. 吾太祖開國元年, 實于周惠王十七年. 到今君臣相傳, 綿綿不絶. 尊之如天, 敬之如神, 實中國之所不及. 夫子之欲去華而居夷, 亦有由也. 今去聖人旣有二千餘歲, 吾日東國人, 不問有學無學, 皆能尊吾夫子之號, 而宗吾夫子之道, 則豈可不謂聖人之道包乎四海而不棄?)[20]

이토 진사이가 말하는 '예의(禮義)'라는 것은 곧 오늘날 우리가 일반적으로 말하는 '문화'를 가리키는 것이다. 여기서 그는 문화의 유무(有無)를 가지고 화이(華夷)의 구분을 새롭게 규정하면서, 지리적인 구역으로 화이를 구분하던 중국의 전통적인 설법을 해체했다.

이토 진사이는 일본이 곧 공자가 살고자 했던 '구이'라고 여겼다. 그가 제기하고 있는 이와 같은 새로운 견해는, 비록 그가 공·맹의 유학에 심취하고 있지만, 결국 그는 문화상으로 일본인이라는 사실을 분명하게 드러낸 것이다. 그에게 있어서는 일본의 문화야말로 그의 뿌리 깊은 '문화적 자아'를 구성하는 기초이며, 중화문화는 결국 그에게 '문화적 타자'가 되

20) 伊藤仁齋, 『論語古義』, 137-138면. 伊藤仁齋의 『論語』學에 대해서는, 黃俊傑, 『德川日本論語詮釋史論』(臺北, 臺大出版中心, 2006年 初版, 2007年 修訂新版), 第4章 참조.

는 것이다. 이토 진사이가 '구이'를 일본이라고 해석한 것은, 실은 '문화적 자아'와 '문화적 타자' 사이의 거리를 제거하고자 했던 것이다. 그리고 이와 같은 '문화적 자아'와 '문화적 타자' 사이의 원근(遠近)과 친소(親疎)의 구별이 오규 소라이(荻生徂徠, 1666～1728)에게서도 다음과 같이 나타난다.

> 우리나라의 아름다움 같은 경우는 이외에도 존재하는 것이 있으니, 굳이 반드시 『논어』를 견강부회하여 망령되게 근거 없는 말을 만들 필요가 있겠는가? 대개 우리 태조(太祖)의 개국 이래로 신도(神道)로 가르침을 베풀고, 정치와 상벌이 조정으로부터 내려졌는데, 하(夏)·은(殷)·주(周) 삼대도 모두 그러하였다. 이것이 우리나라의 도(道)가 곧 하(夏)·은(殷)의 고도(古道)가 되는 것이다. 지금의 유학자들이 전하는 것은 오로지 주나라 제도만 상세하여, 문득 주나라 제도와 다른 것을 보면 바로 중국 성인의 도가 아니라고 말하니, 이것 또한 사려 깊지 못한 생각일 따름이다. 제자백가가 일어나고 맹자가 변론하기를 좋아하고부터는 학자들이 삼대(三代) 성인의 고도(古道)를 알지 못하니 슬프구나!(若夫吾邦之美, 外此有在, 何必傅會『論語』, 妄作無稽之言乎? 夫配祖於天, 以神道設敎, 刑政爵賞, 降自廟社, 三代皆爾, 是吾邦之道, 卽夏商古道也. 今儒者所傳, 獨詳周道, 遽見其與周殊, 而謂非中華聖人之道, 亦不深思耳. 自百家競起, 孟子好辯而後, 學者不識三代聖人之古道, 悲哉!)[21]

이 밖에도 유·불·도 삼교의 융합을 주장한 심학(心學)의 대표 이시다 바이간(石田梅岩, 1685～1744) 또한 다음과 같이 말하였다.

---

21) 荻生徂徠, 『論語徵』, 關儀一郎 編, 『日本名家四書註釋全書』(東京, 鳳出版, 1973年), 第7卷 수록, 186-187면. 荻生徂徠의 『論語』學에 대해서는 黃俊傑, 『德川日本論語詮釋史論』, 第5章 참조.

우리나라의 신명(神明)은 대부분 가까이 있는 것을 근본으로 삼고 먼 것은 공경하지 않는다. 따라서 어떤 이가 원하는 것이 있으면, 원하는 내용을 신명에게 기도하고, 그 소원이 이루어질 때는 처음 소원을 빌 때의 내용과 같이 도리이(鳥居)를 세우고 신사(神社)를 수리해 준다. 이와 같이 하여 사람의 소원 등을 받아주는 것이다. 그러나 성인(聖人)은 "(귀신을) 공경하되 멀리 하라"고 말하고 있으니, 우리나라와는 하늘과 땅과 같은 차이가 있다. 이것으로 보건대, 유학(儒學)을 좋아하는 자는 우리나라의 신도(神道)를 배척하는 것이니 죄인이라고 말할 수 있다.(我國之神明, 慣以親近爲本, 以遠爲不敬, 因或有願望於物, 以願狀祈於神明, 完成其願之時, 如初始之願狀, 建鳥居, 爲修覆神社也, 如此接受人之願等. 然聖人曰敬而遠之, 有雲泥之違. 以是見之, 好儒學者, 背我朝之神道, 可謂罪人也.)[22]

오규 소라이와 이시다 바이간의 변론에는 이 두 일본 사상가의 사상 세계가 잘 설명되어 있다. 두 사람은 일본문화의 기초로서의 신도(神道) 신앙만이 비로소 그들의 '문화적 자아'의 뿌리 깊은 구조라고 여겼던 것이다. 유학을 기초로 하는 중화문화는 확실히 일본 사상가의 '문화적 타자'이며, 양자 간에 존재하는 긴장성은 결국 피할 수 없었다. 18세기 이후로 많은 일본의 사상가들이 그들의 '문화적 자아'와 '문화적 타자'의 균열을 봉합하고자 노력했다. 그래서 중국의 고전에 보이는 '중국(中國)'이라는 단어에 대해서 새롭게 해석했는데, '중국'이라는 단어가 곧 '일본'을 가리키는 말이라고 주장하게 되었던 것이다.[23]

---

22) 石田梅岩, 「問云「遠鬼神」之事之段」, 『都鄙問答』, 柴田實 編, 『石田梅岩全集』(東京, 石門心學會, 1956年), 45-47면 참조.

23) 山鹿素行, 『中朝事實』, 234면; 佐久間太華, 『和漢明辨』, 1면; 淺見絅齋, 「中國辨」, 418면; 上月專庵, 『徂徠學則辨』,14면; Chun-chieh Huang, "The Idea of 'Zhongguo' and

4. 세 번째 유형
'정치적 자아'와 '정치적 타자'의 긴장관계

근대 중·일 관계사에서 보이는 제3유형은 '정치적 자아'와 '정치적 타자' 사이의 긴장관계이다. 여기서 '정치적 타자'에 상대되는 말로 쓰인 '정치적 자아'는 한 사람의 정치적 정체성이 형성되는 정치적인 면의 '자아'를 가리킨다. 이에 상대되는 '정치적 타자'는 곧 한 사람이 정치적으로 의식하지 못하는 '타자'로서의 정치적 대상을 가리킨다. 19세기 말엽 동아시아 역사가 급속하게 변동하는 속에서 중국 지식인의 '정치적 자아'와 '정치적 타자'의 충돌은 예기되었던 것이다. 여기서는 대만 할양(割讓) 사건을 전후하여 대만의 갑부였던 리춘성(李春生, 1838~1924)의 예를 들어 제3유형의 긴장관계에 대해서 설명하고자 한다.

리춘성은 1838년 복건성(福建省)의 천주(泉州)에서 태어났다. 그는 1865년, 대만으로 건너가서 장사하여 갑부가 되었으며, 이후 점차 대만 사회의 유명인사가 되었다. 1895년, 청나라가 대만을 할양하고 6월 12일, 일본군이 기륭(基隆)에 도착하자, 대북(臺北) 사람들은 마음의 갈피를 잡지 못했다. 리춘성과 대북의 각계 영수들은 미국영사 및 영국 상인들을 대동하고 기륭으로 가서 일본군에게 민의를 전달하고 대북이 싸움터가 되지 않도록 하기 위해 노력했다. 일본이 대만을 점령한 다음 해인 1896년, 일본에서 대만의 초대 총독으로 부임한 가바야마 스케노리(樺山資紀, 1837~1922)는 리춘성에게 일본을 방문하도록 주선했다. 리춘성은 일본을 방문하고 돌아온 후 『동유육십사일수필(東遊六十四日隨筆)』을 편찬했는데,[24] 이 수

Its Transformation in Early Modern Japan and Contemporary Taiwan," *The Journal of Kanbun Studies in Japan*, 2 (Mar., 2007), pp. 398-408 참조.

필은 그가 일본을 방문한 동안 보고 느낀 것을 기록한 것이다.

리춘성은 비록 재야의 지식인이었지만 19세기 말의 동아시아 및 세계 정세에 대하여 상당히 탁월한 식견을 가지고 있었다. 리춘성은 일찍이 대만의 중요성에 대해서 "대만 섬 하나가 중국 전체의 운명에 관련되었다"라고 강조했다.[25] 또한 일본이 메이지유신 이후에 부강해진 것에 대해서 크게 찬양하면서, 당시 중국인들이 일본을 경시하는 편견에 대해서 강하게 비판했다.[26] 리춘성은 또한 전통적으로 중국에서 말하는 '이하지방(夷夏之防)'이라는 이념을 강렬하게 반대했다. 그는 "가장 보배롭고 가장 귀중한 예수"[27]를 믿는 신앙을 제외하고는, 일본의 부국강병은 정치적으로 보면 "모두 중국 하·은·주 3대의 정치 교화를 행하고 있다"[28]라고 여겼으며, 나약해진 중국이 떨쳐 일어나 일본으로부터 배우기를 희망했다.

그러나 1896년 리춘성이 대만의 초대 총독 가바야마 스케노리의 요청에 응하여 가족과 제자 등 8명을 거느리고 일본을 방문했을 때는, 그의 '정치적 자아'와 '정치적 타자'의 긴장성이 완전하게 노출되었다. 리춘성은 일본을 방문하는 기간에 도쿄의 아사쿠사(淺草)에서 연극을 관람했는데, 연극의 내용이 중·일전쟁이었다. 그런데 극 중에서 중국이 참패하는 데 이르자 일본 관중이 손뼉을 치며 환호성을 올렸다. 그러나 중국인으로 태어난 리춘성은 오히려 얼굴을 들지 못하고 고개를 숙인 채 마음속으로

24) 이 책의 초판은 1896년에 福州의 美華書局에서 출판했으며, 지금은 李明輝 等 編, 『李春生著作集(4)』(臺北, 南天書局, 2004年)에 수록.

25) 李春生, 「臺事其一」, 『主津新集』, 李明輝 等 編, 『李春生著作集(2)』(臺北, 南天書局, 2004年), 9면.

26) 앞의 책, 「論日報有關時局」, 24면.

27) 李春生, 「援鄰責言」, 『民教冤獄解』, 李明輝 等 編, 『李春生著作集(3)』(臺北, 南天書局, 2004年), 35면.

28) 李春生, 「權衡倒置」, 『主津新集』, 130면.

통탄해야만 했다. 그는 다음과 같이 기록했다.

> 새로운 은혜가 비록 두텁지만, 옛날의 의리 또한 잊기 어려운 것이다. 나는 비록 버려진 땅의 유민(遺民)이 되었지만, 자발적으로 적을 옮겨 일본 국민이 되기를 원했다. 그러나 이처럼 참담하고 마음 상하는 광경을, 일본인들은 극도로 흥분하면서 앞을 다투어 빨리 보고자 할지라도, 오직 권유에 못 이겨 보러 나온 나만은 끝내 차마 눈 뜨고 볼 수가 없구나.(惟是新恩雖厚, 舊義難忘. 予雖忝爲棄地遺民, 自願改妝入籍. 然此等慘目傷心之景, 在他人興高采烈, 務期爭先快睹, 獨予則任慫恿, 終是不忍躬親一視.)[29]

리춘성이 말하는 '새로운 은혜(新恩)'라는 것은, 일본이 대만의 새로운 통치자가 되면서 그에 대한 예우가 더해진 것을 가리키며, 또한 그가 일본 식민지에 복속된 사람으로서 이미 일본의 새로운 국민이 된 것을 가리킨다. 그가 말하는 '옛날의 의리(舊義)'라는 것은 그가 한(漢)민족의 한 사람으로서의 '문화적 정체성'을 가리키며, 또한 청조(淸朝)의 중원정권에 대한 그의 정체성을 가리키기도 한다. 리춘성은 『동유육십사일수필(東遊六十四日隨筆)』에서 세 번에 걸쳐 자신을 '버려진 땅의 유민(棄地遺民)'이라고 부르고 있다.[30] 이는 대만을 할양한 이후 대만의 한인(漢人)이 정치상으로 만청(滿淸)제국에 의해서 버려진 '고아(孤兒)'로서의 고통을 분명하게 드러내고 있는 것이다. 정치 '고아'로서의 리춘성의 '정치적 자아'는 실로 한(漢)문화에 대한 정체성의 '문화적 자아' 위에 세워졌다.

---

29) 李春生, 『東遊六十四日隨筆』, 李明輝 等 編, 『李春生著作集(4)』(臺北, 南天書局, 2004年) 수록 204면; 黃俊傑 · 古偉瀛, 「新恩與舊義之間—李春生的國家認同之分析」, 李明輝 編, 『李春生的思想與時代』(臺北, 正中書局, 1995年) 수록, 220-256면 참조.

30) 李春生, 『東遊六十四日隨筆』, 175 · 204 · 226면.

리춘성 이외에도, 대만 할양 초기의 일본 식민지시대에 『대만통사(臺灣通史)』를 편찬한 롄헝(連橫, 1878～1936)이 대일항전(對日抗戰)시기에 국가 부주석 린썬(林森, 1868～1943)에게 보낸 글에서 자신을 '버려진 땅의 유민'이라고 비유했다.[31] 1949년 이후 홍콩과 대만으로 망명한 유학자들 또한 자신들의 처지를 '꽃과 과실이 바람에 날려 떨어진(花果飄零)'[32]이라고 비유했다. 이는 시대가 격동하고 정권이 급변한 후에 홍콩으로 표류해 들어가고 대만에 붙어사는 자신들의 심정을 형용한 것인데, 그들의 '정치적 자아'와 '문화적 자아' 사이의 긴밀한 관계를 토로한 것이다. 또한 정치적으로 '버려진 땅의 유민'으로서의 그들의 '정치적 자아'가 일단 '정치적 타자'로서의 이민족 정권—예를 들면 일본—과 충돌하게 되면, 곧바로 심각한 긴장관계가 격렬하게 일어나면서 그들은 전전긍긍하며 신음하게 된다.

5. 네 번째 유형
'문화적 타자'와 '정치적 타자'의 긴장관계

근대 중·일 문화교류사에서 보이는 제4유형은 곧 '문화적 타자'와 '정치적 타자' 사이의 긴장관계이다. 동아시아 각국의 긴밀한 교류 활동에서 관찰자로서의 여행자는 여행 중에 그가 여행하는 국가의 문화전통과 정치현실 사이의 큰 낙차를 종종 경험하게 된다.

여기서는 20세기 초에 중국에 들어가 여행한 일본의 학자를 예로 들어,

31) 連橫, 「致林子超先生書」, 臺灣銀行經濟研究室 編, 『雅堂文集』(臺北, 臺灣銀行經濟研究室, 1964年), 127면.

32) 唐君毅(1908～1978), 『說中華民族之花果飄零』(臺北, 三民書局, 1989年).

여행자가 느끼는 '문화적 타자'와 '정치적 타자' 사이의 긴장성에 대해서 분석하고자 한다. 중국문화는 근원이 유구하고 인문학 전통이 매우 두터워 일본의 한학자들은 중국문화에 대해서 항상 경외감을 가졌다. 교토(京都)대학의 한학자(漢學者) 나이토 코난(內藤湖南, 1866~1934)이 중국문화를 존숭하는 마음이 대단했다는 일화는 잘 알려진 사실이다. 그는 중국문화의 선진적인 면을 추숭하면서, 중국은 이미 10세기에 '근세'의 역사적 단계에 진입했다고 보았던 것이다.[33] 그러나 나이토 코난이 1899년 9월 13일부터 10월 21일까지 중국을 여행할 때, 북경에서 과거시험장의 오물(汚物)과 인재에 대한 굴욕, 그리고 "중국의 기운이 점점 쇠해져서 떨쳐 일어나지 못하는"[34] 상태에까지 이르게 된 것을 보고서는 탄식하지 않을 수 없었다. 나이토 코난은 그의 '문화적 타자'로서의 중국문화를 지극히 추숭했지만, 그가 중국 각지를 여행하면서 접한 그의 '정치적 타자'로서의 현실적인 중국의 몰락에 대해서는 탄식하지 않을 수 없었던 것이다. 그가 북경의 숭문문(崇文門)을 유람할 때, "한없이 처량하게 느껴져서 나도 모르게 눈물을 흘렸다."라고 했으며,[35] 심지어는 "평소 중국인과 어깨만 스치고 지나치거나 옷자락만 접촉해도 불쾌하게 느꼈다."라고 토로했다.[36] 나이토 코난의 중국 유람기를 통해 우리는 그의 '문화적 타자'와 '정치적 타자'로서의 중국의 양면성에 대한 격렬한 긴장관계를 엿볼 수 있었다. 이와 같은 유람에서의 감상은 동시대의 일본 한학자 요시카와 코지로(吉川幸次郎, 1904~1980), 아오키 세이지(青木正兒, 1887~1964), 우노 테쓰토(宇野哲人, 1875~1974) 등의 중국 여행 중의 경험에서도 찾아볼 수 있다.[37]

33) 內藤湖南, 『支那上古史』, 『內藤湖南全集』(東京, 筑摩書房, 1969-1976年), 第10卷, 9면.
34) 內藤湖南, 『燕山楚水』, 『內藤湖南全集』, 第2卷(東京, 筑摩書房, 1971年), 130면.
35) 內藤湖南, 『燕山楚水』, 39면.
36) 內藤湖南, 『燕山楚水』, 75면.

나이토 코난 등의 일본 한학자가 중국을 유람 때 경험한 '문화적 타자'와 '정치적 타자' 사이의 긴장으로부터, 우리는 동아시아 문화권에서 중국은 실재로 거대한 나라였으며 또한 '피할 수 없는 타자(不可避的他者)'였다는 사실을 알 수 있다.[38] 동아시아 주변지역 사람들의 마음속에 '문화적 중국'은 일종의 개념화된 이상적인 중국이며, 이것은 천백년 이래로 문화적인 이상이 역사적 흐름 속에서 축적된 것으로, 상상에 의해서 구축된 요소가 적지 않게 포함되어 있다. 그러나 '정치적 중국'은 실체화된 현실의 중국이며, 이것은 현재의 권력 구조 관계에 의해서 만들어진 것으로, 또한 구체적이고 실재하는 존재이며 상상이 개입될 공간이 비교적 적다. 이 때문에 20세기 초의 나이토 코난 등 일본 한학자들이 당시(唐詩)나 송사(宋詞) 및 『사서』 등의 경전을 통해 조성된 중국문화의 이상에 사로잡혀 대륙으로 여행을 떠났지만, 유람할 때 그들이 목도한 것은 오히려 정치의 부패, 치안의 악화, 길거리의 불결함, 어디서나 가래침을 뱉는 인민들이라는 현실의 중국이었던 것이다. 이들 양자 사이에는 엄청난 낙차가 출현하고 이것이 그들 마음속에 있는 '문화적 타자'와 '정치적 타자'의 통일을 불가능하게 하면서 긴장관계를 조성한 것이다.

37) 黃俊傑, 「二十世紀初期日本漢學家眼中的文化中國與現實中國」, 『東亞儒學史的新視野』(臺北, 臺大出版中心, 2004年), 265-312면; 黃俊傑, 「20世紀初頭の日本人漢學者の目に映った文化の中國と現實の中國」, 森岡ゆかり 譯, 楊儒賓·張寶三 合編, 『日本漢學研究初探』(東京, 勉誠出版, 2002年), 329-378면.

38) 子安宣邦, 『漢字論: 不可避の他者』(東京, 岩波書店, 2003年).

6. 결론

본문에서 중·일 문화교류 경험 중에 나타난 네 가지 유형의 긴장관계에 대해서 검토했다. 첫째 '정치적 자아'와 '문화적 자아'의 긴장관계, 둘째 '문화적 자아'와 '문화적 타자'의 긴장관계, 셋째 '정치적 자아'와 '정치적 타자'의 긴장관계, 넷째 '문화적 타자'와 '정치적 타자'의 긴장관계이다. 본 장에서 검토한 '자아'와 '타자'가 근 300년간의 중·일 양국의 문화교류사에서 상호작용한 경험으로부터 우리는 다음과 같이 몇 가지 종합적인 관점을 제시할 수 있겠다.

첫째, 사람의 '자아'는 일종의 다면적인 신심(身心)의 종합체이며, 또한 사회·정치적 맥락 속에 뿌리 깊게 파고들어 사회와 정치적 요소의 제약을 받을 뿐만 아니라, 사회 및 정치적 생활과 밀접한 상호작용이 있었다는 점이다. 동아시아 근세사에서, 중·일 양국의 문화와 정치적 관계는 매우 긴밀하기 때문에, '자아'와 '타자'는 정치와 문화라는 두 가지 범주에서 상호작용으로 복잡한 관계를 만들어낸다. 본 장에서 분석 검토한 네 가지 종류의 긴장관계는, 단지 이처럼 복잡한 관계의 네 종류의 비교적 돌출한 유형을 취급한 것에 지나지 않을 뿐이다.

둘째, '자아'가 정치와 문화적 상황 속에 뿌리 깊게 파고들었기 때문에 여기서 말하는 '자아'라고 하는 것은 고정되어 불변하는 것이 아니며, 그와 함께 존재하는 정치와 문화적 상황과 상호작용을 하고 또한 정치와 문화의 변화에 따라서 변화해간다는 점이다. 좀 더 분명하게 말하면, '자아'와 '타자'는 개인으로서의 자아와 개인으로서의 타자의 상호작용이 발생하는 것이 아니라, 사회적 맥락에서의 자아와 타자이며, 집단의 일부분으로서의 자아와 타자가 상호작용을 일으킨다. '자아'에 대한 상대적인 말인 '타자'도 또한 정치와 문화적 상황에 따라서 소멸과 성장의 변화를 반복하면서 시대와 함께 진화하는 것이다. 더욱 주목해야 할 것은, 역사적 문화의 축적과 더불어 정치적 상황이 상호작용하는 '자아'는 여행 경험 중에 '타자'에 대한 관찰을 통해서 형성되고 각성된다는 점이다. 19세기 미국인의 '정체성'은 때때로 유럽 여행의 경험에서 공고하게 형성되었던 것이다.[39] 일본의 메이지유신이 성공한 20세기 초는 일본인의 중국 멸시가 가장 심한 시대였다.[40] 이때 일본의 한학자 우노 테쓰토(宇野哲人)가 중국을 여행하면서 만리장성의 팔달령(八達嶺)에 올라 중국을 멸시하는 눈으로 바라보았을 때 그의 일본 정체성은 각성되었는데, 그가 만리장성 위에서 일본의 국가를 큰 소리로 부른 것이 가장 구체적인 예시라고 할 수 있다.[41] 따라서 우리는 '자아'와 '타자'의 구축과 변천은 모두 사회성(sociality) 및 상황성(situatedness)을 갖추고 있으며, 또한 양자 사이에는 상호침투와 상호작용이 존재한다는 사실을 지적할 수 있겠다.

셋째, 동아시아 문화교류권에서 나타나는 '자아'와 '타자'는 모두 '시간'이라는 개념 속에 뿌리 깊게 파고들었다. 그래서 '자아'와 '타자'가 모두 '하나의 공간(one-dimensional)'에 존재하는 것이 아니며, 위로는 역대의 선조들, 아래로는 앞으로 다가올 사람들과의 상호교류를 통해서 하나의 생명체를 이룬 것이다. 동아시아 문화권에서 중국문화 중의 시간에 대한 의식이 가장 심각하다. 중국인의 시간개념은 순전히 추상적이고 공간

39) William W. Stowe, *Going Abroad: European Travel in Nineteenth-Century American Culture* (Princeton: Princeton University Press, 1994).

40) 山根幸夫, 『大正時代における日本と中國のあいだ』(東京, 硏文出版, 1998年).

41) 宇野哲人, 『支那文明記』(東京, 大同館, 1912年), 小島晉治 編, 『幕末明治中國見聞錄集成』(東京, ゆまに書房, 1997年); 『中國文明記』, 張學鋒 譯(北京, 光明日報出版社, 1999年), 60면. 宇野哲人은 1906년 중국에 다녀간 후 다시 1912년 1월에 유학한 경험이 있다. 이에 대해서는 Joshua A. Fogel, "Confucian Pilgrim: Uno Tetsuto's Travels in China, 1906," *The Cultural Dimension of Sino-Japanese Relations: Essays on the Nineteenth and Twentieth Centuries* (New York: M.E. Sharp, 1995), pp. 95-117 참조.

을 점하지 않으며, 또한 칸트(Immanuel Kant, 1724~1804)가 말한 바와 같이 '감성적 직관의 형식'도 아니며,[42] 매우 강력하고 구체적인 개념을 구비하고 있다. 중국의 역사 사유에서의 시간개념은 구체성의 함의로 가득 차 있다. 중국인의 '시간' 속에는 구체적으로 충신과 효자의 행실, 왕과 재상들의 공적과 과실, 열녀의 정조, 관리의 잔혹함, 간신의 파렴치, 협객의 신의 등이 수놓아져 있다. 역사인물 및 그 행실은 중국인의 시간개념을 구성하는 소재가 되며 기초가 된다.[43] 중국문화에는 이처럼 매우 구체적이고 특수한 시간개념을 갖추고 있어서,[44] 중국문화가 널리 보급됨에 따라 이러한 시간개념은 동아시아 각국 사람들의 '자아'와 '타자'를 구축하게 하는 데 중요한 사상적 기초가 되었다. 본 장에서 논술한 17세기 일본 유학자 야마자키 안사이(山崎闇齋)와 제자 사이의 문답은, 실은 공·맹의 도(道)라는 역사 시간의 의식 속에 깊게 뿌리를 내리고 있었으며, 이토 진사이(伊藤仁齋)가 『논어』에서의 '구이(九夷)'라는 단어를 문화적 의의로 새롭게 해석한 것 또한 오랜 시간의 문화적 축적이 논술의 기초가 되었던 것이다. 리춘성(李春生)이 일본의 식민지 초기에 '구의(舊義)'를 저버리기 어려웠던 것도, 그의 '자아'가 유구한 중국문화의 시간의식 속에 뿌리 깊게 침잠해 있었기 때문이었던 것이다.

넷째, '자아'는 항상 '타자'와의 접촉을 통해서 그 주체성을 수립해간다

42) Immanuel Kant, *Immanuel Kant's Critique of Pure Reason*, translated by Norman K. Smith (New York: St. Martin's Press, 1965, c1929), pp. 65-91.

43) 黃俊傑, 「中國傳統歷史思想中的時間概念及其現代啓示」, 黃俊傑 編, 『傳統中華文化與現代價值的激盪與調融』(臺北, 喜瑪拉雅硏究發展基金會, 2002年), 2卷, 3-28면.

44) Chun-chieh Huang and Erik Zürcher, "Cultural Notions of Space and Time in China," in Chun-chieh Huang and Erik Zürcher eds., *Time and Space in Chinese Culture* (Leiden: E. J. Brill,1995). Chun-chieh Huang and John B. Henderson eds., *Notions of Time in Chinese Historical Thinking* (Hong Kong: The Chinese University Press, 2006) 참조.

는 사실로부터, 우리는 한발 더 나아가 다음과 같이 말할 수 있다. '자아'와 '타자'의 상호작용 과정에서 어떻게 하면 '자아'의 과도한 팽창을 억제하여 타인이 자신을 따르도록 하느냐는 것으로, 서로 다른 문화의 상호 교류작용에서 고려되어져야 할 매우 중요한 문제이다. 우리도 요시카와 코지로(吉川幸次郎)처럼, 도쿠가와시대 일본 한학자들이 중국문화를 끌어다가 일본으로 이해했던 착오를 비판할 수 있을 것이다.[45] 그런데 현재 일부 중국인들 사이에 나타나고 있는 편집적인 민족주의 또한 일종의 '주체성 팽창(主體性膨脹)'의 문제가 아니겠는가?

다섯째, 본 장에서 고찰한 중·일 문화교류사의 구체적인 경험으로부터 보면, '자아', '타자', '문화', '정치' 등 네 가지가 서로 교차하며 상호작용하지만, 그중에서도 '문화적 자아'가 가장 중요하다. '자아'의 형성과정에서는 문화가 가장 중요하며 영향력이 가장 많은 요소이다. 이러한 점은 인류학자 루스 베네딕트(Ruth Benedict, 1887～1948)가 지적한, "만약 문화의 인도가 없다면, 개인은 곧 그 잠재력을 털끝만큼도 발휘할 수 없다. 이와는 반대로, 문화에 포함된 어떠한 원소도 궁극에는 모두 개인의 공헌으로 돌아온다."[46]라는 말과 같다. 본 장에서 분석한 것처럼, 일본 사상가는 일본문화의 가치와 이념 속에 깊이 침잠했기 때문에, 그들이 중·일 양국의 정치적 충돌－예를 들면 "만약 공자와 맹자가 군대를 이끌고 일본을 침략한다면"－이나 문화적 긴장－예를 들면 중국 고전 중의 '화이지변(華夷之辨)'－에 직면했을 때는 언제든지 상황에 따라 그들 사이를 융화시켜야만 한다. 게다가 '문화적 정체성'은 장시간에 걸쳐 축적된 것이며, 단기적인 요인으로 변할 수 있는 '정치적 정체성'과 비교했을 때는 더욱 유구하

45) 吉川幸次郎, 「遊華記錄」, 『吉川幸次郎全集』, 第16卷(東京, 筑摩書房, 1980年); 「中國印象追記」, 『我的留學記』, 錢婉約 譯(北京, 光明日報出版社, 1999年), 4면.

46) Ruth Benedict, 黃道琳 譯, 『文化模式』(臺北, 巨流圖書, 1976年), 300-301면.

여 쉽게 변화시킬 수 없는 것이다.[47] 이 때문에 각종 문화를 초월한 '자아'와 '타자'의 상호작용에서 '문화적 자아'는 시종일관 핵심적인 지위를 점하는 것이다.

동아시아 유학자들은 '자아'와 '타자'의 화해는 문화의 기초 위에 구축된다고 여겼는데, 가장 대표적인 예로 18세기 조선의 유학자 다산(茶山) 정약용(丁若鏞)을 들 수 있다. 다산은 일본의 유학자 이토 진사이(伊藤仁齋), 오규 소라이(荻生徂徠) 및 다자이 순다이(太宰春台, 1680~1747) 등의 논저를 매우 높이 평가했다. 그는 일본이 중국 강절(江浙) 지역으로부터 많은 중국 서적을 구입하고, 또한 과거시험제도가 없기 때문에 문화 발전이 조선보다 훨씬 앞서 간다고 여겼다.[48] 다산은 또한 다음과 같이 말했다. "문(文)이 질(質)보다 나아지면 무사(武事)를 힘쓰지 않기 때문에, 망령되게 움직여서 이익을 노리지 않는 법이다. 위에 열거한 몇 사람들이 경의(經義)와 예의(禮義)를 말한 것이 이와 같으니, 그 나라에는 반드시 예의를 숭상하고 나라의 유구한 장래를 생각하는 사람이 있을 것이다. 따라서 지금은 일본에 대해서 걱정할 것이 없다고 한 것이다.(文勝者, 武事不競, 不妄動以規利. 彼數子者, 其談經說禮如此, 其國必有崇禮義而慮久遠者, 故曰日本今無憂也.)"[49] 그는 일본이 예의를 존중하고 또한 문제를 사려 깊게 고려하기 때문에 조선은 더 이상 일본의 침략을 걱정할 필요가 없다고 했다. 다산은 곧 유가문화에 대한 인식의 기초 위에, 조·일 간의 '자아'와 '타자'

47) 인류학자 Clifford Geertz(1926~2006)는 근대사회 속에서 선천성의 감정·풍속 등의 요소는 '정체성'을 구성하는 중요한 기초가 된다고 제기했다. Clifford Geertz, *The Interpretation of Cultures: Selected Essays* (New York : Basic Books, 1973), pp. 260 참조.

48) 丁若鏞, 「示二兒」, 『與猶堂全書』(서울, 민족문화문고, 2001年), 第3册, 「集1·詩文集」, 卷21, 373면.

49) 丁若鏞, 「日本論一」, 『與猶堂全書』, 第2册, 「集1·詩文集」, 卷12, 282-283면.

의 긴장이 화해될 것이라고 여겼던 것이다. 17세기 일본의 야마자키 안사이(山崎闇齋)와 제자 사이에 "만약 중국이 공자를 대장군으로 삼아 일본을 침략한다면"이라고 하는 흥미로운 에피소드가 이토 진사이의 장남 이토 토가이(伊藤東涯)에게 전해지자, 그는 공자와 맹자라면 절대 일본을 공격하지 않을 것이라고 장담했다.[50] 이토 토가이 또한 '문화적 정체성'의 기초 위에서 위와 같이 단언했던 것이다.

〈『臺灣東亞文明硏究學刊』, 第4卷 第2期(總第8期, 2007年 12月); 日文版「中日文化交流史に見られる'自我'と'他者' — 相互作用の四種の類型とその含意」, 『東アジア文化環流』(日本關西大學東アジア文化交流硏究中心), 第1編 第1號(2008年 1月 15日)〉

50) 原念齋, 『先哲叢談』, 第3卷, 4-5면.

제3장

18세기 동아시아 유학자들의 사상세계

1. 머리말

동아시아 유학사에서 18세기는 동아시아 각 지역 유가사상(儒家思想)이 천지개벽한 백 년이었다. 18세기는 한·중·일 삼국 간에 점점 활발해진 문화교류 활동으로, 통치적 지위를 점하고 있던 주자학(朱子學)이 각 지역 학자들로부터 격렬한 비판을 받게 된다. 이러한 현상은 각국의 유가사상이 '근세(early modern)'에서 '근대(modern)'로 전향하는 기초가 되었으며, 19세기 폭풍과 같은 사상적 변화의 길을 열었다.

18세기 한·중·일 삼국의 유학은 다양하게 발전하는 과정에서 반주자학(反朱子學)을 넘어 반형이상학(反形而上學)으로 전환하고 '존재(存在)'에서 '본질(本質)'의 탐구를 강조한다는 두 가지 사상사적 흐름에서 같은 길을 걸었지만, 주체의식의 전개에서는 각각 다른 길을 걸었다. 본 장에서는 18세기 한·중·일 삼국 유학사의 특징을 논술하고, 더불어 동아시아 유학사의 비교연구에 대해서 간단히 언급하고자 한다.

2. 18세기 동아시아 유학의 공통점 (1)
– 반주자학을 넘어선 반형이상학

1) 『사서(四書)』 사상세계의 재구성 및 주자학에 대한 비판

유학은 한국·중국·일본에서 각각 다른 사회적 배경과 정치적 맥락을 가지고 있다. 중국에서는 수문제(隋文帝, 581~604 재위) 개황(開皇) 7년(587)에 구품관인법(九品官人法)을 폐지하고 과거제도를 창설하면서 시험을 통해 인재를 선발하는 제도를 시행했다.[1] 그리고 원(元)나라 인종(仁宗) 황경(皇慶) 2년(1313) 이후에는 주희(朱熹, 1130~1200)의 『사서장구집주(四書章句集注)』가 과거시험의 기본 텍스트가 되었다. 과거제도는 지식인들이 시험을 통해 널리 공명(功名)을 얻어 권력의 계단을 오를 수 있도록 했는데, 이 때문에 근세 중국사회의 사대부(士大夫)계급 지식인들은 모두 주자학 속에 침잠하게 되었다. 상대적으로 일본의 도쿠가와(德川)시대(1603~1868)는 과거시험 제도가 없었다. 따라서 일본의 유학자라고 하는 신분은 『사서(四書)』를 읽고 연구했지만, 과거시험을 통해 권력에 진출할 수 있는 구조는 아니었다.[2] 도쿠가와막부는 각종 사상을 모두 원활하게 이용했는데, 실제로 막부의 이데올로기는 유학이 아니라 불교에 기초하고 있었던 것이다.[3] 14세기 초엽 이후 주자학이 중국 통치계급의 이데올로기

---

1) 高明士, 『隋唐貢擧制度』(臺北, 文津出版社, 1999年), 7-80면 참고.

2) Hiroshi Watababe, "Jusha, Literati and Yangban: Confucianists in Japan, China and Korea," in Tadao Umesao, Catherine C. Lewis and Yasuyuki Kurita eds., *Japanese Civilization in the Modern World V: Culturedness* (Senri Ethnological Studies 28)(Osaka: National Museum of Ethnology, 1990), pp. 13-30; 渡邊浩, 「儒者·讀書人·兩班—儒學的「教養人」の存在形態」, 渡邊浩 著, 『東アヅアの王權と思想』, 115-141면.

3) Herman Ooms, *Tokugawa Ideology: Early Constructs, 1570-1680* (Princeton: Princeton

가 된 것과는 대조적으로, 일본에서의 주자학은 고야스 노부쿠니(子安宣邦, 1933~)가 말한 바와 같이, 일본 근세사회에서 '일반적인 지식'이었으며, 당시의 사람들이 보편적으로 접근하거나 취득할 수 있는 공적인 지식의 재원이었다.[4] 조선의 상황 또한 중·일 양국과 같지 않다. 전통적인 조선사회는 가문(家門)을 매우 중시했는데, 이러한 현상이 형성된 것은 조선사회가 혈연관계에 특수한 정감을 가지고 있었던 것 이외에도, 정치 및 경제적 이익과 관련이 있었다. 가문 의식이 보편화된 조선사회에서는 오직 문벌세가의 자제만이 권력의 중추에 접근할 기회가 있었으며, 또한 그들만의 좋은 교육환경으로 과거 급제자를 독차지할 수 있었다. 이처럼 계층화된 조선사회는 지위가 높은 관료학자들이 위로부터 아래로의 유교를 추진하고, 동시에 자신들의 엘리트 지위를 공고히 하도록 하였다.[5] 유학이 조선에서 종교와 같은 지위를 향유하게 된 것은 주로 왕조의 교체 특히 조선왕조가 건립되던 시기로, 신흥사대부 지식인들은 귀족과 승려들의 부패적인 풍조를 개혁하고 유가의 윤리와 정치이념으로 불교를 대신하고자 했던 것이다. 이후 수 세기의 발전을 통해 정주학(程朱學) 계열의 신유학은 조선에서 뿌리를 내리게 되었으며, 조선 특유의 학술 및 정치적인 환경과 결합하여 중국이나 일본과는 다른 유학 사조가 나타났던 것이다.[6]

University Press, 1984); 일역본은 ヘルマソ・オームス 著, 仕眞等 譯, 『德川イデオロギ』(東京, ぺりかん社, 1990年) 참조.

4) 子安宣邦, 「朱子學與近代日本的形成」, 黃俊傑・林維杰 編, 『東亞朱子學的同調與異趣』(臺北, 臺大出版中心, 2006年, 『東亞文明硏究叢書』65), 155-168면.

5) Martina Deuchler, *The Confucian Transformation of Korea: A Study of Society and Ideology* (Cambridge, Mass. and London: Council on East Asian Studies, Harvard University, 1992), 3-27면 및89-128면 참고.

6) Edward Y. J. Chung, *The Korean Neo-Confucianism of Yi T'oegye and Yi Yulgok: A Reappraisal of the "Four-Seven Thesis" and Its Practical Implications for Self-cultivation* (Albany: State University of New York Press, 1995), 1-36면 참고.

이처럼 주자학은 한·중·일 삼국에서 그 존재 양상이 매우 큰 차이를 보이지만, 17세기부터 시작하여 특히 18세기 이후, 중·일 양국에서는 주자학을 격렬하게 비판하는 사조가 거의 동시에 출현했다. 조선은 비록 주자학을 신봉했으나, 18세기 이후로 주자학을 비판하는 말들이 출현하기 시작했다. 이와 같은 반주자학적 사조는 표현 형식에서 유가경전—특히 『사서』—의 재해석이라는 방식을 통해서 표출되었다.

18세기 동아시아 유학자들의 반주자학적 사조가 항상 『사서』에 대한 재해석을 통해서 이루어질 수 있었던 가장 주된 요인은, 주자가 『논어』·『맹자』·『대학』·『중용』에 대한 새로운 해석을 통해서 '이(理)'를 중심으로 하는 사상세계를 구축했기 때문이다.[7] 주자의 사상세계에서는 수많은 개념이 '하나가 둘로 분리(一分爲二)'되며, 또한 '둘이 하나로 통합(合二爲一)'된다고 보았다. 주자는 '체(體)'와 '용(用)', '이(理)'와 '기(氣)', 천리(天理)'와 '인욕(人欲)'을 이분화시킨 구조 속에서 문제를 사고하면서, 동시에 '체'와 '용', '이'와 '기', '천리'와 '인욕' 등은 둘이 '서로 떨어져 있지도 아니하고 또한 서로 혼잡해 있지도 않은(不離不雜)' 관계에 있다고 강조했다. 예를 들면, 『논어·학이(學而)·12장』의 "예(禮)의 쓰임은 조화가 중요하다(禮之用, 和爲貴)" 장에 대한 해석에서, 우리는 주자가 '체'와 '용', '이'와 '기', '천리'와 '인욕'의 이분(二分)사상으로 『사서』에 대한 재해석 작업을 진행했다는 사실을 알 수 있다. 그러나 주자가 '예(禮)'를 '천리(天

7) 『四書章句集註』의 인습(因襲)과 창신(創新)에 관한 분석은 大槻信良, 「四書集註章句に現れた朱子の態度」, 『日本中國學會報』5(1953年), 80-90면 참조; 중역본은 黃俊傑 譯, 「從四書集註章句論朱子爲學的態度」, 『大陸雜誌』, 第60卷 第6期(1980年 6月), 25-39면. 朱子가 『四書』를 하나로 융합한 것에 관해서는 Wing-tsit Chan, "Chu Hsi's Completion of Neo-Confucianism," in *Études Song in Memoriam Étienne Balazs*, Editées par Françoise Aubin, Série II, #I (Paris: Mouton &Co. and École Practique de Haute Études, 1973), 60-90면 참조.

理)의 절문(節文)'이라고 해석하고, 또 '인사(人事)의 의칙(儀則)'이라고도 해석하고 있는 것은, '이(理)'와 '사(事)'—또는 '기(氣)'—가 분리될 수 없다는 것을 암시한다. 이상을 종합하면, 주자는 곧 '서로 떨어져 있지도 아니하고 또한 서로 혼잡해 있지도 않은(不離不雜)' 개념의 구조를 가지고 『사서』에 대한 재해석을 진행했던 것이다.

주자가 『사서』에 대한 새로운 해석을 통해 그의 철학 체계를 수립했지만, 『사서』 원전의 텍스트 사이에는 사상적인 함의에서 서로 차이가 매우 컸기 때문에 언어 및 사상계통 사이의 긴장을 유발시켰다.[8] 또한, 17세기 이후 청조(淸朝)의 통치자가 주자학을 정부의 이데올로기로 삼자, 17세기 중엽부터 시작하여 18세기에 이르러 동아시아 유학계에 격렬한 반주자학적 사조가 일어나게 되었다.

동아시아 근세의 반주자학 사조는 곧 주자가 그의 사상체계를 구축했던 『사서』 해석의 궤적을 따라 『사서』에 대한 재해석을 통해서 전개되었다. 처음 이러한 길을 선도한 것은 17세기 일본의 유학자 이토 진사이(伊藤仁齋, 1627~1705)였다. 이토 진사이는 『논어』·『맹자』 등의 경전을 재해석하면서,[9] '도(道)'·'인(仁)' 등의 중요한 덕목에 대해서 새로운 의의를 부여했다. 18세기부터는 고문사학파(古文辭學派)의 대가인 오규 소라이(荻生徂徠, 1666~1728) 또한 『논어』·『맹자』·『중용』 등의 경전에 대한 새

8) 黃俊傑, 「論經典詮釋與哲學建構之關係: 以朱子對『四書』的解釋爲中心」, 黃俊傑, 『東亞儒: 經典與詮釋的辯證』(臺北, 臺大出版中心, 2007年), 1-28면; 일역본은 吾妻重二 譯, 「經典解釋と哲學構築の關係—朱子の「四書」解釋を中心に」, 『アジア文化交流研究』(大阪, 日本關西大學アジア文化交流研究センター), 第3號(2008年 3月), 301-316면.

9) 伊藤仁齋, 『論語古義』, 關儀一郎 編, 『日本名家四書註釋全書』(東京, 鳳出版, 1973年), 第3卷 수록; 『語孟字義』, 『日本儒林叢書』(東京, 鳳出版, 1978年), 第6卷 수록; 『孟子古義』, 關儀一郎 編, 『日本名家四書註釋全書』(東京, 鳳出版, 1973年), 第9卷, 孟子部一 수록; 『童子問』, 家永三郎 等 校注, 『近世思想家文集』(東京, 岩波書店, 1966年, 1988年), 卷上 수록.

로운 재해석을 통해 주자학에 대해서 더욱 강력한 비판을 체계적으로 전개했다.[10] 18세기 중국의 대진(戴震, 1724~1777) 또한 『맹자』에 대한 새로운 해석을 통해 통치자 이데올로기의 기초가 된 주자학을 비판했다.[11] 18세기 하반기부터 19세기 상반기에 활동한 조선의 유학자 정약용(丁若鏞, 1762~1836) 또한 『사서』의 재해석을 통해 주자학에 대한 비판을 전개했다. 예를 들면, 정약용은 주자가 사람의 성품을 '기질지성(氣質之性)'과 '본연지성(本然之性)'으로 구분한 것에 대해서 반대하고, "성을 말하는 자는 반드시 기호에 따라서 말한다(言性者, 必主嗜好而言)"라고 주장했다.[12] 이는 모두 주자의 '성즉리(性卽理)'설을 반박한 것이다.

2) '지상(之上)'에서 '지중(之中)'으로
– 반형이상학 논술의 전개

18세기 한·중·일 유학자들의 반주자학적 변론에 대해서 한층 더 분석해보면 다음과 같은 사실을 발견할 수 있다. 그들이 주자학을 비판하게 된 가장 근본적인 논리는, 주자가 형이상학을 윤리학의 근거로 삼았다는 점에 있다. 그들은 주자가 구체적이고 특수한 온갖 사물 위에 별도로 하나의 보편적이고 필연적인 '이(理)'를 내세워 우주론과 가치론의 기초로 삼은

---

10) 荻生徂徠, 『論語徵』, 關儀一郎 編, 『日本名家四書註釋全書』(東京, 鳳出版, 1973年), 第7卷 수록; 『孟子識』, 『甘雨亭叢書』(日本天保間板倉氏刊本), 第4集 수록; 『中庸解』, 『日本名家四書註釋全書』(東京, 鳳出版, 1973年), 第1卷, 學庸部 수록.

11) 戴震, 『孟子字義疏證』, 『戴震全集』(北京, 清華大學出版社, 1991年), 第1冊 수록. 이 책의 영역본은 Ann-ping Chin and Mansfield Freeman trs., *Tai Chen on Mencius: Explorations in Words and Meaning: A Translation of the Meng Tzu tzu-i shu-cheng* (New Haven and London: Yale University Press, 1990).

12) 丁若鏞, 『與猶堂全書』(서울, 민족문화문고, 2001年), 第4冊, 「集2·經集」, 卷5, 「孟子要義·滕文公第三」, 435면.

것을 비판했다. 여기서는 주자의 '이일분수(理一分殊)'설부터 논하고자 한다.

주자는 "세상의 일이 비록 천만 가지이지만 실은 단지 하나의 도리(道理)일 뿐이니, 이것을 '이일분수(理一分殊)'라고 한다.(世間事雖千頭萬緒, 其實只一箇道理, '理一分殊'之謂也.)"라고 했다.[13] 또한 주자는 한발 더 나아가 '이일(理一)'의 뜻을 다음과 같이 해석했다.

> 만물에는 모두 이 이(理)를 가지고 있으며, 이(理)는 모두 같은 근원에서 나온다. 그러나 처한 위치가 같지 않으면 그 이(理)의 쓰임이 같지 않으니, 이를테면 임금은 반드시 어질고 신하는 반드시 공경하며, 자식은 반드시 효도하고 부모는 반드시 자애로워야 하는 것과 같다. 모든 만물은 각각 이러한 이치를 갖추었으나 각 사물마다 그 쓰임은 다르다. 그렇지만 '일리(一理)'의 작용이 아닌 것이 없다.(萬物皆有此理, 理皆同出一原. 但所居之位不同, 則其理之用不一. 如爲君須仁, 爲臣須敬, 爲子須孝, 爲父須慈. 物物各具此理, 而物物各異其用, 然莫非一理之流行也.)[14]

주자학에서는 만물이 모두 '이(理)'를 가지고 있으며 그것은 모두 같은 근원에서 나왔다는 일원성(一元性)을 구비하고 있는데, 이는 모든 만물이 생겨나는 역량, 곧 '일리(一理)'의 작용이라고 본다. 주자는 "이른바 '이일(理一)'이라고 하는 것은 '분수(分殊)' 속을 관통했지만, 아직 한 번도 서로

13) 黎靖德 編, 『朱子語類(5)』, 『朱子全書』(上海與合肥, 上海古籍出版社與安徽教育出版社, 2002年), 第18冊, 卷136, 4222면. 朱子의 '理一分殊'설의 당대 의의에 관해서는 黃俊傑, 「全球化時代朱子「理一分殊」的新意義與新挑戰」, 『廈門大學國學硏究院集刊』第1輯(北京, 中華書局, 2008年), 118-126면 참고.

14) 黎靖德編, 『朱子語類(1)』, 卷18, 『朱子全書』, 第14冊, 606면.

떨어지지 않았을 뿐이다.(所謂理一者, 貫於分殊之中, 而未始相離耳.)"[15]라고 분명하게 제시하고 있다. 그러나 이른바 '이일'이 일단 '분수' 속에서 추출되어 나온 후로는, '다(多)' 위의 '일(一)'이 되어 '다(多)'의 제약을 받지 않고 '다(多)'에 대한 통제력을 갖추게 된다. 특히 '이(理)'의 해석권이 소수 정치권력을 장악한 사람들에게 독점된 이후에는, '이(理)'라고 하는 것은 곧 자기와 다른 사람을 진압하는 살인 도구로 쉽게 변화해버리고 만다.

18세기 한·중·일 유학자들의 주자학에 대한 비판은, 바로 이 '이(理)'를 '사(事)'의 '지상(之上)'의 존재 상태에서 '사(事)'의 '지중(之中)'의 존재 상태로 전환하는데 힘쓰는 것이었으며, 이를 통해서 주자 윤리학의 형이상학적 기초를 해체했던 것이다. '이(理)'가 '사(事)'의 '지상(之上)'으로부터 대전환을 겪고서 '사(事)'의 '지중(之中)'이 된 이후, '이(理)'는 다시는 우주계 및 인간세계—특히 정치적 영역—를 통치할 수 있는 최고의 원리가 될 수 없다. '이(理)'의 보편적인 필연성은 오직 모든 사물의 구체성과 특수성 속에서만 찾아볼 수 있는데, 여기에서 보편적이고 추상적인 '이(理)'는 특수하고 구체적인 '사(事)' 속에 깊게 뿌리를 내리게 된다. 이로써, 18세기 한·중·일 유학자들의 사상세계에서 개체가 해방되고 사회 및 정치적 의의에서 개인의 존엄성 또한 이론상으로 받아들여지게 되었던 것이다.

18세기 한·중·일 유가 사상가는 모두 사람들의 매일매일 생활 속에서 오묘한 이치를 몸소 체득하는 것에 관심을 뒀다. 그들이 주목한 것은 인민의 일상적인 노동 속의 생생하고 구체적인 생활이었으며, 추상적인 도덕적 원리에 대해서 다시는 이해하려고 하지 않았다. 17세기 일본의 이토 진사이(伊藤仁齋)가 "도(道)는 사람들의 일상적인 생활 속에서 마땅히 행해

15) 朱熹, 『晦庵先生朱文公文集(2)』, 卷37, 「與郭仲晦」, 『朱子全書』, 第21册, 1639면.

야 하는 길이다.(道者, 人倫日用當行之路)"[16], "사람 밖에 도(道)가 존재하는 것이 아니며, 도(道) 밖에 사람이 존재하는 것이 아니다.(人外無道, 道外無人)"[17], "도(道)라는 것은 사람이 사람답게 되는 도리이다.(夫道者, 人之所以爲人之道也)"[18] 등의 명제를 제기하면서부터 이미 주자학을 비판할 수 있는 사상적인 분위기가 배양되었던 것이다. 이어서 18세기 오규 소라이는 한발 더 나아가 '도(道)'는 곧 '선왕(先王)의 도(道)'를 가리킨다고 주장하였다.

> 도(道)라는 것은 통칭해서 부른 것이다. 모든 예악(禮樂)과 형정(刑政)은 모두 선왕(先王)이 만든 것으로 이것을 통합해서 명명한 것이니, 예악과 형정을 벗어나 별도로 이른바 도(道)가 존재하는 것은 아니다.(道者, 統名也. 擧禮樂刑政, 凡先王所建者, 合而命之也, 非離禮樂刑政別有所謂道者也.)[19]

오규 소라이는 '도'는 곧 '선왕'이 만든 것이라고 강조했는데, 그의 논점 중에서 사람이 만들었다는 설은 이론상으로 위험성을 내포하고 있다.[20] 그렇지만 오규 소라이가 "선왕의 도는 천하를 편안하게 하는 도이다

---

16) 伊藤仁齋, 『語孟字義』, 井上哲次郎 · 蟹江義丸 編, 『日本倫理彙編』(東京, 育成會, 1901-1903年), 卷上, 「道」, 19면. 『語孟字義』에 관한 연구로는 John Allen Tucker, *ItōJinsai's Gomō Jigi and the Philosophical Definition of Early Modern Japan* (Leiden: E. J. Brill, 1998) 참조.

17) 伊藤仁齋, 『童子問』, 家永三郎 等 校注, 『近世思想家文集』(東京, 岩波書店, 1966年, 1988年), 205면.

18) 伊藤仁齋, 『論語古義』, 50면.

19) 荻生徂徠, 『辨名』, 『荻生徂徠』, 『日本思想大系』, 第36卷(東京, 岩波書店, 1982年), 上册, 第3條, 201면 상단.

20) 이러한 설법의 위험성은 다음과 같은 점에 있다. (1) 사람은 다시 모도(慕道) · 구도(求道) · 체도(體道) · 증도(證道)를 하는 자가 되지 않고 '道'의 창조자가 된다. (2) '道'의 해석이 '人' 중에서 권력을 장악한 자에게 매우 쉽게 독점되어 다른 사람을 통제

(先王之道, 安天下之道也)"[21]라고 강조하는 등, '도'가 곧 백성을 편안히 하는 길이라고 여기고 있는 것은 매우 심오한 시대적 의의를 지녔다. 18세기 중국의 대진(戴震) 또한 관학화(官學化)한 주자학의 '이(理)'(또는 '도')가 당시 현실 사회에서 이미 살인의 도구로 변했다고 통렬하게 비판했다. 대진은 "지위가 높은 사람은 '이(理)'로 지위가 낮은 사람을 꾸짖고, 어른은 '이(理)'로 어린이를 꾸짖으며, 신분이 귀한 사람은 '이(理)'로 신분이 천한 사람을 꾸짖을 때 논리를 잃었음에도 이것을 순종이라고 한다. 지위가 낮은 사람, 어린이, 신분이 천한 사람이 '이(理)'로 논쟁할 때 타당하더라도 이것을 반역이라고 한다.(尊者以理責卑, 長者以理責幼, 貴者以理責賤, 雖失, 謂之順. 卑者·幼者·賤者以理爭之, 雖得, 謂之逆.)"[22]라고 하면서 당시의 가련하고 애통한 현상에 대해서 비판했다.

이것은 18세기 주자학이 관방(官方)의 이데올로기로 변한 것에 대한 가장 통렬한 항의이고 비판이다. 주자는 『논어·이인(里仁)·8장』의 "아침에 도를 들으면 저녁에 죽어도 좋다(朝聞道, 夕死可矣)"에 대한 주석에서, "도는 사물의 당연한 이치(理)이다(道者, 事物當然之理)"[23]라고 해석했다. 주자가 공자의 '도'를 '사물의 당연한 이치(理)'라고 해석했는데, 이것은 이미 형이상학적인 법칙(principle)이거나 윤리학적인 규범(norm)이다. 18세기 동아시아 유학자들이 주자학을 비판할 때, 모두 '하늘의 도(天道)'와 '사람의 도(人道)'를 엄격하게 구분했으며, '도덕적 준칙의 필연적 근거(所以然)'와 '마땅히 준수해야 하는 도덕적 준칙(所當然)'을 구분하면서 더불어 정치적 영역의 자주성을 내세웠다. 이처럼 '이(理)'가 '사(事)' 속에

하는 도구로 전락한다.

21) 荻生徂徠, 『辨道』, 『荻生徂徠』, 上册, 第7條, 202면 상단.

22) 戴震, 『孟子字義疏證』, 卷上, 「理」, 『戴震全集』, 第1册, 161면.

23) 朱熹, 『論語集注』, 『朱子全書』 수록, 第6册 , 94면.

있다고 강조하는 반주자학 사조가 또한 18세기 하반기 조선의 사상계에서도 나타난다. 정약용은 반드시 구체적인 '행사(行事)'가 있어야만 비로소 추상적 가치와 이념이 있다고 다음과 같이 주장하였다.

> 인의예지(仁義禮智)의 명칭은 일을 행한 뒤에 성립되는 것이다. 따라서 다른 사람을 사랑한 이후에 이것을 인(仁)이라 하니, 다른 사람을 사랑하기 전에는 인(仁)이라는 명칭은 존재할 수 없다. 자신에게 선한 이후에 이것을 의(義)라고 하니, 자신에게 선하기 전에는 의(義)라는 명칭은 존립할 수 없다. 손님과 주인이 서로 인사를 한 이후에 예(禮)의 명칭이 여기에 존립하는 것이요, 사물을 분별하여 밝힌 이후에 지(智)라는 명칭이 여기에 존립하는 것이다.(仁義禮智之名, 成於行事之後, 故愛人而後謂之仁, 愛人之先, 仁之名未立也. 善我而後謂之義, 善我之先, 義之名未立也. 賓主拜揖而後, 禮之名立焉. 事物辨明而後, 智之名立焉.)[24]

정약용은 송유(宋儒)가 말하는 추상적인 '이(理)'는 다만 구체적인 행위 속에서만 보일 수 있다고 강조하였다. 정약용의 설법은 은연중에 중국과 일본의 사상계와 서로 호응하고 있는데, 이것이 곧 18세기 동아시아 유학에서 첫 번째 공통된 사상적 추세이다.

3. 18세기 동아시아 유학의 공통점 (2)
– '존재'에서 '본질'을 탐색

18세기 동아시아 유학에서 또 하나의 서로 유사한 사상적 추세는, 사물

24) 丁若鏞, 『與猶堂全書』, 第4冊, 「集2 · 經集」, 卷5, 「孟子要義 · 公孫丑第二」, 413면.

의 추상적 '본질(本質)'은 오직 구체적인 '존재(存在)' 속에서 구할 수 있다고 강조하는 등, 유학자들 사이에 동아시아 근세 유학의 '실학정신(實學精神)'의 경향이 동시에 출현한다는 점이다. 이러한 '실학정신'은 곧 이토 진사이가 말한 "실제 언어로 실제 진리를 밝힌다(以實語明實理)"[25]라는 정신으로, 그들은 공통으로 '이(理)'를 중심으로 구축된 주자의 사상세계를 배척하고 있다.

18세기 동아시아 유학자들의 "존재에 직면해서 본질을 논한다(卽存在以論本質)"라는 '실학' 사유 경향을 설명하는 데는, 『논어 · 이인(里仁) · 15장』에서 공자가 말한 "나의 길은 오직 하나로 일관됐다(吾道一以貫之)"라는 말에 대한 당시 유학자들의 해석보다 더 선명한 것은 없다. 주자는 '이(理)' 철학 입장에서 공자의 말을 "관(貫)은 통한다는 뜻이다. (……) 공자님의 일리(一理)는 혼연하여 어디에 응해도 모두 마땅한데, 비유하자면 천지가 지극히 성실하여 쉬지 않고 만물이 각각 그 있을 곳을 얻는 것과 같은 것이다.(貫, 通也. (……) 夫子之一理渾然而泛應曲當, 譬則天地之至誠無息, 而萬物各得其所也.)"[26]라고 해석했다. 주자는 공자의 뜻을 곧 성인(聖人)은 '마음(心)' 속의 '이(理)'로서 모든 만물을 '관통' 한다고 여겼던 것이다.

그러나 18세기 중국의 유학자 완원(阮元, 1764~1849)은 위의 공자의 말을 다음과 같이 해석했다. "이 말은 공자의 도(道)가 모두 행사(行事)에서 볼 수 있다는 것이요, 오직 문학(文學)만을 가르침으로 삼은 것은 아니다.

---

25) 伊藤仁齋, 『同志會筆記』, 伊藤仁齋, 『古學先生詩文集』, 相良亨 等 編, 『近世儒家文集集成』(東京, ぺりかん社, 1985年) 수록, 第1卷, 107면.

26) 朱熹, 『論語集注』, 『朱子全書』 수록, 第6册, 卷2, 96면. 주자는 '貫'을 '通'으로 해석했는데, 이것은 何晏(190~249)과 皇侃(488~545)이 '貫'을 '統'으로 해석한 것과는 같지 않다. 何晏 集解, 皇侃 義疏, 鮑廷博 校, 『論語集解義疏』(臺北, 藝文印書館景印知不足齋叢書本, 1966年), 卷8, 3면 참조.

일(一)은 일(壹)과 같으니, 하나(壹)로 그것을 관통했다는 것은, 한결같이 모든 것을 행사(行事)로 가르침을 삼았다고 말하는 것과 같다.(此言孔子之道皆於行事見之, 非徒以文學爲敎也. 一與壹同, 壹以貫之, 猶言壹是皆以行事爲敎也.)"[27] 완원이 공자의 '일관(一貫)'을 '행사(行事)'로 해석한 것은, 주자가 "일이관지(一以貫之)는 일심(一心)으로 만사(萬事)에 응한다는 말과 같다(一以貫之, 猶言以一心應萬事)"[28]라고 해석한 것을 완전히 뒤엎은 것이다. 또한 초순(焦循, 1763~1820)은 '일관지도(一貫之道)'를 '충서(忠恕)'로 해석했다. 그는 '충'과 '서'의 덕행을 실천하고 사람들이 자신을 이겨 사욕을 없게 하다면, 사람과 사람 사이의 울타리를 제거할 수 있어 '일이관지(一以貫之)'의 경계에 도달할 수 있다고 여겼다.[29] 초순과 완원은 모두 추상적인 '일관지도(一貫之道)'를 단지 구체적인 충(忠)·서(恕) 등의 행위 속에서 볼 수 있다고 주장했다. 이 때문에 완원과 초순은 모두 '관(貫)'자를 마땅히 '통(統)'자로 해석해야 한다고 주장했던 것이다.

18세기 일본의 유학자 또한 동시대 중국 유학자의 사고방식과 궤를 같이하고 있는데, 이토 진사이 이후로 모두 '관(貫)'자를 '통(統)'자로 해석했다.[30] 또한 일본 유학자들도 '일(一)'의 함의가 '인(仁)'을 가리켜서 한 말이고, 이른바 '충서(忠恕)'는 곧 '인(仁)'을 구하는 근본적인 방법이라고 여겼다. 18세기 절충학파(折衷學派)의 유학자 가타야마 켄잔(片山兼山, 1729~1782)은 『논어일관(論語一貫)』을 편찬했는데, 그는 여기서 '일(一)'을 '인(仁)'으로 해석했다.[31] 오규 소라이는 '일관(一貫)'의 뜻에 대해서

---

27) 阮元, 『揅經室集(一)』(『四部叢刊·初編』縮本), 卷2, 「論語一貫說」, 인용문은 31면 하단.
28) 黎靖德 編, 『朱子語類(2)』, 『朱子全書』 수록, 第15冊, 卷27, 966면.
29) 焦循, 『雕菰集』(『百部叢書集成』本), 卷9, 「一以貫之解」, 10면. 黃俊傑, 「孔子心學中潛藏的問題及其詮釋之發展: 以朱子對「吾道一以貫之」的詮釋爲中心」, 黃俊傑, 『東亞儒學: 經典與詮釋的辯證』(臺北, 臺大出版中心, 2007年) 수록, 251-276면 참조.
30) 伊藤仁齋, 『論語古義』, 53-54면.

"선왕의 도는 모두 백성을 편안하게 하는 데 있기 때문에 인(仁)이 선왕의 큰 덕(德)이 된다. 인(仁)에 의거하면 선왕의 도(道)에 통할 수 있다.(先王之道, 統會於安民, 故仁, 先王之大德也. 依於仁, 則先王之道, 可以貫之矣.)"[32]라고 해석했다. 병학가(兵學家) 마쓰미야 칸잔(松宮觀山, 1685~1780)은 '일관(一貫)'의 '일(一)'자에 대해서 "'일(一)'이라는 것은 인(仁)이다. 공자의 도(道)는 곧 선왕(先王)의 도(道)가 백성을 편안히 하는데 있다는 것이다.(一者, 仁也. 夫子之道, 卽先王之道在安民.)[33]라고 해석했다. 절충학파의 유학자 쓰카다 타이호(冢田大峰, 1745~1832) 또한 공자가 말한 '오도(吾道)'는 곧 '선왕지도(先王之道)'라고 보고, "무릇 수신·제가·치국·평천하의 도(道)는 모두 인(仁)에 의거하지 않은 것이 없다.(凡修身·齊家·治國·平天下之道, 盡莫不依於仁也.)"라고 해석했다.[34] 이상의 몇몇 예는 모두 18세기 일본 유학자가 경전 해석을 통해서 '실학(實學)'의 정신을 드러낸 것이다. 그들은 '인(仁)'과 관련 있는 구체적인 행위를 통해서 공자의 '일관지도(一貫之道)'를 재해석하고, '존재(存在)' 속에서 '본질(本質)'을 구하여, 주자학을 비판하고 배척하는 사상사적 사업을 완성했던 것이다.[35]

18세기 조선의 유학자들도 사물의 본질은 반드시 '존재' 속에서 구해야 한다고 강조했다. 예를 들면, 정약용은 『논어·안연(顏淵)·1장』의 공자가 "자기를 이겨 예(禮)를 회복하는 것이 인(仁)이다(克己復禮爲仁)"라고 한

31) 葛山壽述, 片山兼山 遺敎, 『論語一貫』(京都, 靑藜館, 未載刊行年代, 京都大學圖書館藏善本), 24면.

32) 荻生徂徠, 『論語徵』, 84면.

33) 松宮觀山, 『學論二編』, 『日本儒林叢書』(東京, 鳳出版, 1971年) 수록, 第5卷, 25면.

34) 冢田虎, 『聖道合語』, 『日本儒林叢書』(東京, 鳳出版, 1971年) 수록, 第11卷, 上編, 「一貫第六」, 17면.

35) 黃俊傑, 『德川日本論語詮釋史論』(臺北, 臺大出版中心, 2006年 初版, 2007年 修訂新版), 227-260면 참조.

말에 대한 해석에서 반주자학적 생각을 드러냈다. 주자는 '인(仁)'을 "마음의 덕이고 사랑의 본성이다(心之德, 愛之性)"라고 해석하면서 '인(仁)'에 형이상학적인 의의를 부여했다. 이에 대해 정약용은 다음과 같이 주자를 반박했다.

> 『논어집주(論語集註)』에서는 인(仁)을 본래 마음의 온전한 덕(德)이라고 했다. 내가 생각하기에 인(仁)이라는 것은 사람(人)으로 두 사람이(二人)이 인(仁)이 된다. 부모와 자식 사이에 그 본분을 다하면 곧 인(仁)이요, 임금과 신하 사이에 그 본분을 다하면 곧 인(仁)이요, 부부 사이에 그 본분을 다하면 곧 인(仁)이니, 인(仁)의 명칭은 반드시 두 사람 사이에 생겨나며, 가깝게는 다섯 가지 가르침에서 멀리로는 온 천하의 만백성에까지 미친다. 무릇 사람과 사람이 그 본분을 다하는 것을 인(仁)이라 하는 것이다. 따라서 유자(有子)는 효제(孝弟)가 인(仁)을 행하는 근본이라고 했다. 인(仁)이라는 글자의 훈고(訓詁)가 본래 이와 같았던 것이다.(集注曰, 仁者, 本心之全德. 案, 仁者, 人也, 二人爲仁. 父子而盡其分則仁也, 君臣而盡其分則仁也, 夫婦而盡其分則仁也, 仁之名必生於二人之間, 近而五敎, 遠而至於天下萬姓. 凡人與人盡其分, 斯謂之仁. 故有子曰, 孝弟也者, 其爲仁之本. 仁字訓詁, 本宜如是.)[36]

정약용은 '인'의 본질은 오직 '두 사람 사이'라는 구체적인 '존재' 맥락과 상황 속에서만 볼 수 있는 것이라고 주장했다. 정약용의 '인'에 대한 해

---

36) 丁若鏞, 『與猶堂全書』, 第5册, 「集2 · 經集」, 卷12, 「論語古今注 · 顏淵第十二」, 453-454면. 蔡振豐은 최근 정약용 사상 중의 '主體間性'에 대한 토론에서, 정약용은 주체성 외에도 또한 '主體間性'을 강조했으며, 그 논거는 부분적으로 '社會契約論'의 모습을 갖추고 있다고 여겼다. 蔡振豐, 『朝鮮儒者丁若鏞的四書學: 以東亞爲視野的討論』(臺北, 臺大出版中心, 2010年) 참조.

석은 18세기 중·일 유학자의 사상과 서로 호응하고 있다. 이것이 18세기 동아시아 유학 사조에 나타나는 또 하나의 공통된 경향이었다.

4. 18세기 동아시아 유학의 차이점
–한·중·일 유학자의 주체의식 비교

이상에서 살펴본 두 가지 공통적인 경향 이외에, 18세기 한·중·일 삼국의 유학은 큰 차이가 하나 있다. 그 차이는 곧 한·중·일 유학자들의 주체의식 형성의 명확한 대비이다. 18세기 중국 유학자들의 사상에서 중국 주체의식은 내향적이고 자기중심적이며 외국에 대한 무관심이었다. 그러나 일본 유학자들의 일본 주체의식은 18세기에 이미 완전히 성숙하였다. 그들의 세계관은 비교적 개방되었는데, 중국을 가장 중요하게 참조할 대상으로 여기면서도, 오히려 중국을 '이국(異國)'이라 부르고 일본을 '중국(中國)'이라 불렀다. 조선 유학자들은 비록 여전히 중화문화를 사모했지만, 점차 조선의 주체의식을 각성하기 시작했다. 여기서는 18세기 한·중·일 유학사상 중의 주체의식에 대해서 비교 고찰하고자 한다.

1) 중국 주체의식의 특징

18세기 중국 유학자들은 역대 중국 유학자들이 그러했던 것처럼 모두 '중국(中國)'을 중심으로 하는 세계관을 뿌리 깊게 견지하고 있었다. 필자는 최근 중국의 고대 경전 속에 보이는 '중국(中國)'이라는 단어의 함의에 대해서 고찰하고, '중국'이라는 개념이 고대 동아시아가 중국을 동아시아 역사세계의 강력한 권력으로 여겼던 정치적 배경 속에서 생겨나고 발전했다는 사실을 지적한 바 있다. 이처럼 특수한 역사적 배경에서 고대 중국문화 중의 '정치 유아론(political solipsism)'[37], '중화 중심주의(Sinocentrism)'[38], 또는 '중국 중심의 세계 질서관(Sinocentric world order)'이 형성되었던 것이다.[39] '중국'이라는 단어는 고대 중국의 유가경전의 작자 및 그 독자 사이에서, 하나의 구체적이고 특수한 함의를 구비하고 있으면서도 중화문화 특색을 갖추고 있는 개념으로서, 또한 특정의 중화문화 가치를 내포하고 있다.[40]

'중국(中國)'과 '천하(天下)' 두 단어는 서주(西周) 초기에 출현하고, 전국시대(403~222 B.C.)에 유행하는 복수의 정통 관념으로, 화이(華夷)의 구분 또한 아직 고정되지 않았다.[41] 주나라 사람들이 문화적인 천하관(天下觀)을 정립한 이후에, '천하일가(天下一家)' 및 '화이지변(華夷之辨)'이라는 두 가지 사상이 교대로 출현했다. 중국이 왕성할 때는 '천하일가'라는 이상이 성행하지만, 중국이 분열되거나 혹은 다른 민족에 능멸을 당하는 시대에는 곧 '화이지변'의 사상이 대두하게 된다.[42] 『직공도(職貢圖)』

---

37) 蕭公權, 『中國政治思想史』(臺北, 聯經出版事業公司, 1982年), 上册, 10·16면.

38) John K. Fairbank ed., *The Chinese World Order: Traditional China's Foreign Relations* (Cambridge, Mass.:Harvard University Press, 1968), pp. 1.

39) Lien-sheng Yang, "Historical Notes on the Chinese World Order," in Fairbank ed., *op. cit.*, pp. 20.

40) Chun-chieh Huang(黃俊傑), "The Idea of 'Zhongguo' and Its Transformation in Early Modern Japan and Contemporary Taiwan", 『日本漢文學研究』, 第2號(東京, 二松學舍大學21世紀COEプログラム, 2007年 3月), 398-408면; 黃俊傑, 「論中國經典中「中國」概念的涵義及其在近世日本與現代臺灣的轉化」, 『臺灣東亞文明硏究學刊』, 第3卷 第2期(總第6期, 2006年 12月), 91-100면. 이를 수정한 후에 이 책의 제4장에 수록.

41) 平勢隆郎, 「中國古代正統的系譜」, 中國史學會 編, 『第1回中國史學國際會議研究報告集: 中國の歷史世界 統合のシステムと多元的發展』(東京, 東京都立大學出版會, 2002年) 수록, 143-169면.

42) 邢義田, 「天下一家—傳統中國天下觀的形成」, 『秦漢史論稿』(臺北, 東大圖書公司, 1987年) 수록, 3-41면.

등의 도상(圖像)자료 중에 나타난 다른 나라의 인물들은 대부분 변형되거나 혹은 왜곡된 형상인데,[43] 이는 중국의 문화적 천하관에서 이역(異域)에 대한 편견을 반영한 것이다. 이것이 바로 문화적 천하관의 영향 아래서 역대 중국 유학자들의 세계관 중에서 '문화중국'과 '정치중국'이 긴밀하게 결합하여 하나가 된 것으로, 곧 '중국'은 세계정치의 중심일 뿐만 아니라 또한 인류 문명의 최고의 지역이 되었던 것이다.

이점은 바로 조너선 스펜스(Jonathan D. Spence, 1936~)가 18세기 중국인에 대해서 다음과 같이 지적한 말과 같다. "외국에 대한 정확한 소식에는 흥미를 느끼지 못하며, 또한 상세한 연구를 원하지도 않았다. 비록 고증학 운동이 전성기를 맞이했다고 하지만, 학자들의 지리(地理), 음운학(音韻學)에 대한 흥미는 대부분 중국이라는 범위 안에 집중되어 있었다."[44] 18세기 중국 유학자를 대표하는 대진(戴震)은 경학 이외에 지리학에 대해서도 깊은 관심을 나타냈다. 그는 『수경주(水經注)』를 정리하고, 『수지기(水地記)』와 『직례하거서(直隸河渠書)』를 편찬하는 등, 지리적 연혁(沿革)에 대한 고증을 중시했으며, 아울러 『분주부지(汾州府志)』와 『분양현지(汾陽縣志)』를 감수했다. 하지만, 그의 시야는 시종일관 중국 중심주의를 벗어나지 못했다. 대진의 사상세계 속에는 중국 이외의 지역이 존재하지 않았는데, 예를 들면 조선이나 일본의 풍토나 인정(人情) 및 문화 등이 아직 그의 시야 속에는 들어오지 않았던 것이다.

---

43) 葛兆光, 「思想史硏究視野中的圖像」, 『中國社會科學』, 2002年 第4期, 74-83면.

44) Jonathan D. Spence, *The Search for Modern China* (New York and London: W. W. Norton & Company, 1990), pp. 119. 본서의 중역본은, 溫洽溢 譯, 『追尋現代中國』(臺北, 時報文化出版社, 2001年). 또한 費正淸도 같은 생각을 가졌다. John K. Fairbank, "Introduction: the Old Order," in John K. Fairbank ed., *The Cambridge History of China*, Volume 10: Late Ch'ing, 1800-1911 (Cambridge and London: Cambridge University Press, 1978), Part I, pp. 1-34, esp. pp. 29 참조.

2) 조선과 일본의 주체의식 속의 '중국(中國)' 개념

중국 유학자들과는 상대적으로, 일본 유학자들의 사상에서 일본 주체의식은 이미 17세기에 각성하기 시작했으며, 18세기에는 성숙한 단계에 이르렀다. 17세기 유학자 야마가 소코(山鹿素行, 1622~1685)는 "본조(일본)가 중국(中國)을 가리키는 것은, 옛날에 아마테라스 오미카미(天照大神)–천상의 태양의 여신–가 하늘에 계실 때, '갈대 초원의 중국(中國)에 우케모치노 카미(保食神)–음식의 여신–가 있다고 들었다'라는 말씀이 있다. 따라서 '중국'이라는 호칭은 예부터 이미 있었던 것이다.(本朝〔指日本〕爲中國之謂也, 先是天照大神在於天上曰, 聞葦原中國有保食神, 然乃中國之稱自往古旣有此也.)"[45]라고 하여 '중국(中國)'이라는 단어가 일본을 가리킨다고 하였다. 야마가 소코는 또한 일본은 '그 마땅함을 얻었(得其中)'기 때문에,[46] 중화제국보다도 훨씬 더 '중국'이라고 불릴 수 있는 자격이 있다고 여겼다. 이어서 18세기의 사쿠마 타이카(佐久間太華, ?~1783)[47] 및 아사미 케이사이(淺見絅齋, 1652~1711)[48]도 또한 '중국(中國)'이라는 단어가 일본을 지칭한다고 하였다. 그리고 양명학자 사토 잇사이(佐藤一齋, 1772~1859)는 '중국'이라는 단어는 결코 지리상의 중화제국에 전속된 것이 아니라고 하였다.[49] 이와 같은 말들은 모두 일본의 주체의식이 성숙하

45) 山鹿素行, 『中朝事實』, 廣瀨豐 編, 『山鹿素行全集』, 第13卷(東京, 岩波書店, 1942年) 수록, 上册, 234면.

46) 山鹿素行, 『中朝事實』, 234면.

47) 佐久間太華, 『和漢明辨』, 關儀一郎 編, 『日本儒林叢書』, 第4卷, 論辨部(東京, 鳳出版, 1978年) 수록, 「序」, 1면.

48) 淺見絅齋, 「中國辨」, 西順藏 等 校注, 『山崎闇齋學派』, 『日本思想大系』, 第34卷(東京, 岩波書店, 1982年) 수록, 418면.

49) 佐藤一齋, 『言志錄』, 相良亨 等 校注, 『佐藤一齋 · 大鹽中齋』, 『日本思想大系』, 第46卷(東京, 岩波書店, 1980年) 수록, 227면.

였다는 사실을 반영한 것이라고 할 수 있겠다. 18세기 이미 성숙한 일본의 주체의식은 일본 유학자들에게 '문화적 정체성(cultural identity)'과 '정치적 정체성(political identity)'을 명확히 구분하도록 하였으며, 이후로는 이 양자를 혼동하여 보지 않게 되었다. 이러한 예로는 18세기 하반기에 쇼헤이코(昌平黌)의 교관으로 재직했던 유학자 비토 니슈(尾藤二洲, 1747~1813)의 다음과 같은 말이 대표적이다.

한(漢)나라는 토지가 광대하고 백성이 많으며 문물과 제도가 갖추어져 뭇 나라들과는 비교할 바가 아니었다. 그래서 이때를 화(華) 또는 하(夏)라고 불렀는데, 이것은 현실에 부합되는 명칭이며, 그 나라 사람들이 억지로 과장해서 부른 것이 아니다. 우리 일본은 땅이 저쪽의 중국만큼 크지가 않고 문물 또한 중국만큼 성대하지는 않지만, 홀로 큰 바다 가운데 세워져서 일찍이 저쪽 중국의 정삭(正朔)을 받은 적이 없다. 그리고 인구가 조밀하고 재화가 풍부하여 모든 것이 절로 만족스러워서 여태껏 다른 나라와 주고받은 적이 없다. 따라서 모든 나라들이 저쪽의 중국을 중심이라 하고 자국을 밖이라고 여기지만 우리 일본은 그렇지 않다.(漢之爲國, 土地廣大, 人民蕃庶, 文物典章之備, 諸國莫與爲比, 其稱爲華爲夏, 是實然之名, 非其人自私張大其號也. 我之爲國, 其地不能如彼之大, 文物亦不能如彼之盛, 而能特立大海之中, 未嘗奉彼正朔, 民稠財富, 百物自足, 未嘗取給他邦. 故諸夷以彼爲中, 自以爲外, 而我不爲也.)[50]

비토 니슈는 중국과 일본이 서로 같지 않은 '정치적 정체성'의 대상으로서 명확하게 구분했으며, 또한 일본 유학자들에게 다음과 같이 경고하기도 했다. "유학자가 옛날을 사모하고 도(道)를 배우는 것은 실로 당연한

50) 尾藤二洲, 「靜寄餘筆」, 卷上, 『日本儒林叢書』, 第2卷 수록, 10면.

일이다. 하지만 옛날을 사모한다고 하여 마침내는 한(漢)나라 풍속을 사모하고 매사에 그곳을 닮고자 한다면, 또한 그 근본을 잃어버리게 되니 반드시 살펴 스스로 경계해야 한다.(若夫儒者慕古學道, 固其宜然也. 因慕古遂慕漢俗, 欲事事似彼, 則亦失其本也, 須顧以自戒.)"[51] 그는 일본 유학자들이 공·맹 정신의 근원을 인식했다고 하여 자기가 일본인이라는 사실을 망각하고 '그 근본을 잃어버리(失其本)'는 지경에 이르지 않기를 희망했다. 비토 니슈의 주장은 18세기 성숙한 일본 주체의식을 구체적으로 보여주고 있다.

18세기 일본 유학자들의 세계관에서 지리상의 중화제국은 그 넓은 토지와 많은 인구, 그리고 유구한 역사로 말미암아 그들의 마음속에는 거대한 '타자(他者)' 였으며, 또한 그들이 일본 국내문제를 생각할 때 가장 중요한 참조 대상이었다. 도쿠가와시대 학자들의 마음속에는 중국은 하나의 이상화된 성현(聖賢)의 나라였으며, 일본의 문예작품 또한 언제나 상상 속 중국의 전원 풍모를 '재현(再現)' 했다. 한시(漢詩)를 예로 들면, 오규 소라이(荻生徂徠) 등의 학자가 제창하면서부터 한시 제작은 18세기 일본을 위주로 현실을 묘사하는 풍조로 변하고, 심지어는 정치 풍자의 도구가 되었던 것이다. 따라서 일본 민족주의와 주체의식이 대두하게 되자, 친중국적인 유학자가 가장 먼저 충격을 받게 되었다. 그러면서 '중국(中國)' 은 점차로 일종의 은유로 변했다. '중국' 이라는 단어가 지칭하는 것은 특별한 지리적 방위와 문명 의의를 갖춘 중국이 아니라, 모종의 '타자(他者)' 였다. 즉 근원적이고 자발적이며 직감적인 도덕과 정치에 상대되는 개념으로 구축된 일종의 '타자' 였던 것이다. '중국' 을 신격화하거나 '중국' 을 폄훼하는 두 가지 경향은 모두 같은 심리적인 근거를 가지고 있었던 것이다.[52]

---

51) 같은 책의 주.

18세기의 백년이라는 시간이 지나면서, '중국(中國)'이 근세 일본 세계관에서 점하는 비중은 점차로 소실되어 갔으며, '중국'은 '천하'라는 개념으로부터 수많은 '타자' 속 하나의 존재로 변해갔다. 이러한 현상은 이미 일본 주체의식과 보조를 맞추어 발전하였으며, 또한 일본의 집체적 정체성을 강화하는데도 작용을 했다.[53] 18세기 일본 유학자 중에서 오규 소라이는 도쿠가와막부와 비교적 깊은 관계를 맺고 있었다. 향보(享保) 12년(1728) 4월 1일에 오규 소라이는 도쿠가와 요시무네(德川吉宗, 1684~1751) 장군을 알현했는데, 그는 이때를 전후해서 『정담(政談)』이라는 책을 편찬했다. 오규 소라이는 이 책에서 도쿠가와 사회에 대해서 다음과 같이 지적했다.

> 문제의 관건이 되는 것은 두 가지로 귀결될 수 있는데, 이는 사회 전체의 '유랑민적인 생활'과 제반 일에 제도가 구비되지 않은 점이다. 따라서 호적제도를 만들어서 모든 백성들이 각각 일정한 곳에 거처하게 해야 한다. 그리고 도시민과 농민 및 무사들에게 각각 신분에 맞는 다양한 제도를 만들어서 그들 서로 간에 구별하는 바가 있도록 해야 한다. 또 다이묘(大名) 계층에 필요한 제도를 만들어야 하며, 막부가 물자를 사서 모으는 행위를 그만두어야 한다.[54]

---

52) Marius B. Jansen, *China in the Tokugawa World* (Cambridge, Mass.: Harvard University Press, 1992), pp. 76-88 참조.

53) Peter Nosco, "The Place of China in the Construction of Japan's Early Modern World View," *Taiwan Journal of East Asian Studies*, Vol. 4, No.1 (June, 2007), pp. 27-48.

54) 荻生徂徠, 龔穎 譯, 『政談』(北京, 中央編譯出版社, 2004年), 卷4, 229면. "問題的關鍵之處可以歸納爲, 整個社會的'旅宿境遇'和諸事沒有制度這兩點. 因此, 要建立戶籍制度, 讓萬民都各居其所; 要針對町人·農民和武士建立各自不同的制度, 使他們之間有所區別; 要建立針對大名階層的制度; 幕府要停止採購物資的行爲."

도쿠가와막부의 장군이 건설하고자 하는 국가의 대규모 경영전략에 대해서, 오규 소라이는 대부분 중국의 역사 경험을 참고로 삼아 조언했다. 그러나 그가 『정담』에서 제시한 중국에 대해서 한결같이 '이국(異國)'이라고 칭했다. 구체적인 예로, 오규 소라이는 중국의 역사적 경험을 가지고 18세기 도쿠가와막부가 제기한 정책 주장에 대해서 지지하면서, "고대 중국의 하(夏)·상(商)·주(周) 삼대, 또는 삼대 이후의 역대 국가 및 일본의 고대 국가를 막론하고, 다스리는 근본은 백성들이 토지에 정착하도록 하는 것입니다. 이것이 다스리는 이치의 근본입니다."라고 하였다.[55] 오규 소라이는 진(秦)·한(漢)제국이 백성들을 호적에 편입하여 다스렸던 통치 경험을 참고하여, 도쿠가와막부 장군에게 호적과 통행증 제도를 만들어 백성에 대한 통제를 더욱 강화해야 한다고 건의했다. 그는 『정담』 중의 다른 곳에서도 중국을 거론하고 있는데, 또한 모두 '이국(異國)'이라고 지칭하고 있다.[56] 오규 소라이는 『정담』이라고 하는 사적으로 도쿠가와막부의 정책에 대한 건의를 올리는 글에서, 완전히 진·한제국의 통치 책략을 참고로 해서 구상했다. 하지만 그는 거듭 중국을 '이국'이라 칭하면서, 구체적이고 분명하게 그의 일본 주체의식을 드러냈다. 근세 일본 지식인의 '중국'이라는 개념에 대한 해체와 재구축에 관해서는 이 책의 제4장에서 비교적 자세하게 분석했다.

다시 18세기 조선 유학자의 조선 주체의식 출현에 대해서 살펴보자. 18세기 상반기 조선 양명학자 정제두(鄭齊斗, 1649~1736)는 종종 고대 중국의 수많은 제도를 제기했는데, 정전제(井田制) 같은 것에 대해서는, "중국에서 전하지 않고 중국 유학자들도 보지 못했는데, 오직 우리나라만이 그

55) 荻生徂徠, 『政談』, 卷1, 15면. "無論古代中國的夏·商·周三代, 還是異國在那以後的歷代以及日本的古代, 治國的根本就是把人們固定在土地上, 這才是治理的根本."

56) 荻生徂徠, 『政談』, 57·227면.

터가 남아있다.(中國之所未傳, 先儒之所未見, 而我國獨能有其址.)"[57]라고 하면서 조선이 중국보다 더 옛날의 제도를 갖추었다고 여겼다. 하지만 정제두는 "우리나라는 중국이 본래부터 성인(聖人)들이 서로 계승한 것과는 같지 않다.(我東非如中國之本自聖聖相承也)"[58]라고 인정하면서 여전히 중국문화의 우월성을 긍정했다.

그러나 18세기 하반기 정약용의 글에 이르면 조선의 주체의식은 매우 분명하게 나타난다. 정약용은 조선이 "비록 문물제도는 중국의 것을 모방했더라도 도서(圖書)의 기록은 마땅히 우리나라 것에 밝아야 한다.(雖聲明文物摹擬於中華, 而圖書紀載, 宜明乎本國.)"[59]라고 말하면서 조선과 중국을 대등하게 같이 거론하고 있다. 그는 또한 공자가 '구이(九夷)에 살고자 한다(欲居九夷)'는 내용을 가지고 공자의 "이적(夷狄)의 나라에도 임금이 있으니, 중국에 임금이 없는 것과는 같지 않다.(夷狄之有君, 不如諸夏之無也)"라고 한 말을 반박했다.[60] 정약용은 더욱 분명하게 다음과 같이 명시하고 있다.

> 만리장성의 남쪽 오령(五嶺) 북쪽에 세운 나라를 '중국(中國)'이라 하고, 요하(遼河)의 동쪽에 세운 나라를 '동국(東國)'이라 한다. 동국 사람으로서 중국을 유람하는 것을 감탄하고 자랑하고 부러워하지 않는 사람이 없다. 내가 살펴보건대 이른바 '중국(中國)'이란 것이 나는 그것이 '가운데'가 되는 까닭을 모르겠으며, 이른바 '동국(東國)'이란 것도 나는 그것이 '동쪽'이 되는 까닭을 모

57) 鄭齊斗, 『霞谷集』, 『韓國文集叢刊』, 第160輯(서울, 景仁文化社, 1995年) 수록, 卷3, 「與閔判書書」, 73면 상단.

58) 鄭齊斗, 『霞谷集』, 卷9, 「存言下」, 264면 하단.

59) 丁若鏞, 『與猶堂全書』, 第1冊, 「集1 · 詩文集」, 卷8, 「對策 · 地理策」, 604면.

60) 丁若鏞, 『與猶堂全書』, 第5冊, 「集2 · 經集」, 卷7, 「論語古今注 · 卷1 · 八佾中」, 89-91면.

르겠다. 대체로 해가 정수리 위에 있을 때를 정오라고 한다. 그러나 정오를 기준으로 해가 뜨고 지는 시간이 같으면 자기가 서 있는 곳이 동서(東西)의 중앙임을 알게 된다. 이미 동서남북의 중앙을 얻었으면 어디를 가도 중국이 아닌 나라가 없으니, 왜 '동국'이라고 한단 말인가. 그리고 이미 어디를 가도 중국이라고 한다면, 왜 별도로 '중국'이라고 한단 말인가. 그러면 이른바 '중국'이란 무엇을 두고 일컫는 것인가? 요(堯)·순(舜)·우(禹)·탕(湯)의 정치가 있는 곳을 중국이라 하고, 공자(孔子)·안자(顔子)·자사(子思)·맹자(孟子)의 학문이 있는 곳을 중국이라 하는데, 오늘날 중국이라고 말할 만한 것이 무엇이 남았는가? 성인의 정치와 성인의 학문 같은 것은 동국이 이미 얻어서 옮겨왔는데, 다시 멀리에서 구할 필요가 뭐 있겠는가?(國於長城之南五嶺之北, 謂之中國. 而國於遼河之東謂之東國. 東國之人而游乎中國者, 人莫不歎詑歆艷. 以余觀之, 其所謂'中國'者, 吾不知其爲中, 而所謂'東國'者, 吾不知其爲東也. 夫以日在頂上爲午, 而午之距日出入, 其時刻同焉, 則知吾所立得東西之中矣. 北極出地高若干度, 而南極入地低若干度, 唯得全之半焉, 則知吾所立, 得南北之中矣. 夫旣得東西南北之中, 則無所往而非中國, 烏覩所謂'東國'哉? 夫旣無所往而非中國, 烏覩所謂'中國'哉? 卽所謂'中國'者, 何以稱焉? 有堯·舜·禹·湯之治之謂中國, 有孔·顔·思·孟之學之謂中國. 今所以謂'中國'者何存焉? 若聖人之治, 聖人之學, 東國旣得而移之矣, 復何必求諸遠哉?)[61]

정약용의 말에서 가장 주목되는 것은, 그가 '중국(中國)'을 지리공간의 경계로서 보지 않고 문화전승으로 보고 있다는 점이다. 그는 공자·안자·자사·맹자의 학문과 성인의 다스림이 18세기 중국에는 이미 존재하지 않으며, 조선으로 옮겨왔다고 여겼다. 정약용의 '중국'에 관한 논술은 18세

61) 丁若鏞, 『與猶堂全書』, 第2册, 「集1·詩文集」, 卷13, 「文集序·送韓校理使燕序」, 393-394면.

기 하반기 조선 유학자의 사상 중의 조선 주체의식의 맹아를 보여주기에 충분하다.

이상을 종합하면, 18세기 한 · 중 · 일 유학의 대표적인 인물의 사상을 통해 우리는 다음과 같은 사실을 발견할 수 있다. 18세기 중국 유학자의 중국 주체의식은 중국 본토에 국한되었다. 중국학자 대진(戴震)의 시야 속에는 중국 이외의 세계, 심지어는 동아시아 주변지역까지도 존재하지 않았다. 그러나 일본의 오규 소라이와 같은 유학자는 정치 문제를 사고할 때 비록 종종 중국의 역사적 경험을 염두에 두고 있지만, 오히려 그의 견고한 일본 주체의식을 잃지 않았다. 조선의 정약용 같은 유학자의 사상에는 조선 주체의식이 이미 매우 분명하게 드러났다.

5. 결론

18세기는 아직 서방의 열강 세력이 동아시아에 밀려들어 오지 않은 시기로, 동아시아 각국에게는 폭풍전야와 같은 고요한 100년에 해당된다. '근세'에서 '근대'로 전환하는 100년 사이에 처한 동아시아 유학자들은 수백 년 동안 통치적 지위에 있었던 주자학에 대해서 강렬한 불만이 싹트고 있었다. 18세기 동아시아 유학자들은 모두 주자학에 대한 비판을 통해서 주자학 중의 윤리학의 기초로서의 형이상학을 해체했다. 동아시아 유학자들은 모두 백성들의 실제 생활의 중요성을 강조하면서, 그들의 인민에 대한 관심을 토로했다.

18세기 동아시아 유학자들은 이미 '인도(人道)'가 '천도(天道)'의 재제를 받는다는 형이상학적 세계를 받아들일 수 없었다. 그들은 '이(理)'나 '도(道)'는 오직 백성들의 일상생활 속에 존재하며, 또한 시대와 더불어 나아가면서 점차로 그 의의가 더해진다고 논했다. 이처럼 '도는 일상 속에 있다'라고 하는 새로운 추구야말로 18세기 동아시아 유학자들이 모두 '존재' 속에서 '본질'의 함의를 찾는 데 주력하도록 했던 것이다.

그러나 18세기 동아시아 유학자들의 주체의식은 큰 대조를 보였다. 중국 유학자들은 '중국'을 중심으로 하는 세계관 때문에, 그들이 비록 지리학에 힘을 기울이면서도 오히려 중국 이외의 세계에 무관심했던 것이다. 이와는 상대적으로, 일본과 조선의 유학자들은 한편으로 중국을 거대한 피할 수 없는 '타자(他者)'라고 인정하면서도 다른 한편으로는 고도하게 일본과 조선의 주체의식을 드러내었다. 일본의 오규 소라이는 중국을 '이국(異國)'이라 불렀으며, 심지어는 오직 일본만이 '중국'이라고 부르기에 합당하다고 주장했다. 조선의 유학자 대부분은 여전히 모화사상(慕華思想)을 견지하고 있었지만,[62] 선명하게 주체의식을 드러내는 유학자도 출현했다.

본 장에서 고찰한 18세기 동아시아 유학의 사상세계에서 보면, 이른바 '동아시아 유학'이라는 학술영역의 연구는 '중심(中心) 대 주변(周邊)'이라는 미리 정해둔 선입견 위에서 진행해서는 아니 될 것이다. 이와는 반대로, '동아시아 유학'은 비교사상사 연구의 새로운 영역으로서 마땅히 동적(動的)인 관점을 취해서 한·중·일·월남·대만 각지 유학 전통의 발전 과정에 착목해야 한다. 그리고 각 지역의 유학자가 그들 문화와 정치적인 주체의식을 세워가는 의식의 여정과 논술 구조에 초점을 맞춰야 할 것이다. 오직 이처럼 다원적인 비교시야를 가지고 있을 때 '동아시아 유학' 연구가 비로소 개방적인 신학문이 될 것이며, 21세기 세계 모든 문명 사이의

62) 孫衛國, 『大明旗號與小中華意識: 朝鮮王朝尊周思明問題研究, 1637-1800』(北京, 商務印書館, 2007年) 참조.

대화에 공헌하는 바가 될 것이다!

〈초고, 「十八世紀中日儒學異同試論」으로 徐興慶 編, 『東亞文化交流與經典詮釋』(臺北, 臺大出版中心, 2008年); 증보수정 원고, 『鵝湖』, 第414期(2009年 12月)〉

제4장

경전에서 '중국'이라는 개념의 함의 및 근세 일본과 현대 대만에서의 변화

1. 머리말

동아시아 사상사에서 강한 이념성을 갖는 '중국(中國)'이라는 개념은 비록 고대 중국에서 형성되었지만, 그 함의는 근세 일본과 현대 대만에서 오히려 변화의 과정을 거쳤다. '중국'이라는 개념은 일본 도쿠가와시대(1603~1868)에는 중국 본토를 가리키는 것이 아니라 일본을 지칭하는 데 사용되었으며, 근세 일본 사상사에서 일본 주체성의 발전에 상응하여 변화하였다. '중국'이라는 개념은 현대 대만에서 '문화중국'과 '정치중국'의 분열 및 그 변증 관계가 현저하게 나타나고 있다. '중국'이라는 개념이 일본과 대만에서 변화하는 과정은 동아시아 사상사에서 검토할만한 가치가 있는 매우 중요한 사항이다.

본 장 제2절에서는 고대 중국 문헌에서 '중국'이라는 개념의 특질을 검토했다. 제3절에서는 도쿠가와시대 일본 사상가가 '중국'이라는 개념을 변용하여 새로운 의미를 부여한 사실을 분석했다. 제4절에서는 현대 대만에서의 '중국'이라는 개념의 변화에 대해서 고찰했으며, 제5절에서는 전문의 요지를 종합하여 결론을 도출했다.

2. '중국'이 중국으로서의 '자아형상(自我形象)' – '문화중국'과 '정치중국'의 통일

'중국(中國)'이라는 개념이 처음 형성된 것은 은대(殷代)까지 소급해 올라간다. 학자들은 갑골문의 복사(卜辭) 중에 '오방(五方)'의 설이 있으며, 그중 '중상(中商)'이라는 단어가 아마도 '중국'이라는 단어와 관련된 개념상의 연원이라고 여기고 있다.[1] 당대(當代)의 학자 왕얼민(王爾敏, 1927~)의 조사에 의하면, '중국'이라는 단어는 선진(先秦)의 전적 53종 중에서 28종에 나타나고 있다. 그리고 선진의 전적에 보이는 이들 '중국'이라는 개념을 통계해 보면 다섯 가지 다른 함의가 있다. 그중에서 가장 많은 수를 점하는 것은 제하(諸夏) 영역의 범위를 가리키는 것이며, 그다음이 국경 안을 가리키며, 그다음이 수도를 가리킨다고 한다.[2]

선진(先秦)의 전적, 특히 유가경전에 보이는 '중국'이라는 개념은 고대 동아시아에서 중국이 동아시아 역사의 강권적인 정치적 배경 속에서 생성되고 발전하였다. 이처럼 특수한 역사적 배경에서 고대 중국문화 중의 '정치 유아론(political solipsism)'[3]이나 '중화 중심주의(Sinocentrism)'[4] 또는

1) 胡厚宣, 「論五方觀念與中國稱謂之起源」, 『甲骨學商史論叢 · 初集』(成都, 齊魯大學國學研究所, 1944年), 第2册에 수록.

2) 王爾敏, 「「中國」名稱溯源及其近代詮釋」, 『中國近代思想史論』(臺北, 作者自印, 1977年) 수록, 441-480면.

3) 蕭公權, 『中國政治思想史』(臺北, 聯經出版事業公司, 1982年), 上册, 10 · 16면, 주54.

'중국 중심의 세계 질서관(Sinocentric world order)'이 형성되었던 것이다.[5] '중국'이라는 단어는 고대 중국의 유가경전의 작자 및 그 독자 사이에서 일종의 구체적이고 특수한 함의를 가지면서, 더불어 중화문화의 특색을 구비한 개념으로, 또한 특정 중화문화의 가치를 내포하고 있다.

그 대강을 말하자면, 고대 중국의 경전에 보이는 '중국'이라는 단어는 지리적으로 중국이 세계 지리의 중심이며, 중국 이외의 동서남북 사방은 곧 변방이라고 여겼다. 정치적으로 중국은 왕도정치를 시행하는 지역으로, 『상서(尚書)·요전(堯典)』에는 요(堯)·순(舜)이 즉위한 후에 중국의 사방 변계를 순수(巡狩)하였다고 기재하고 있는데, 중국 이외의 지역은 왕도정치가 시행되지 않는 곳이며, 간악한 무리가 사는 곳이라고 여겼다. 문화적으로 중국은 문명세계의 중심이며, 중국 이외의 지역은 아직 개화되지 않은 곳이기 때문에 이들을 부를 때는 만(蠻), 이(夷), 융(戎), 적(狄) 등의 멸시하는 어휘를 사용했다.

중국의 경전 중에 자주 보이는 '중국'이라는 단어는 이른 시기의 경전인 『시경』에서는 대부분 정치나 지리적인 의미와 관련이 깊다. 예를 들면, 「대아(大雅)·민로(民勞)」편에서는 "이 중국에 은혜를 베풀어 천하 사방을 편안하게 할지어다.(惠此中國, 以綏四方)"라고 하고, 「대아·상유(桑柔)」편에서는 "가슴 아파라 중국이 온통 위태해져 끝내 집이 텅텅 비었구나.(哀恫中國, 具贅卒荒)"라고 하는 표현 등이 그것이다. 그러나 『좌전』·『공양전』·『곡량전』 등의 『춘추』 삼전에서는 '중국'이라는 단어가 풍부한 문화의미로 쓰이게 되면서, '중국'이라는 개념이 종종 화이지변(華夷之辨)의

4) John K. Fairbank ed., *The Chinese World Order: Traditional China's Foreign Relations* (Cambridge, Mass.:Harvard University Press,1968), pp. 1.

5) Lien-sheng Yang, "Historical Notes on the Chinese World Order," in Fairbank ed., *op. cit.*, pp. 20.

문화적 맥락에서 제기되었다. 공(孔)·맹(孟)사상 중의 '중국'이라는 단어는 더욱 선명하게 문화적인 의미로 쓰이게 되며, 또한 '중국'을 문화 수준이 최고인 지역으로 간주한다. 근대 이전 동아시아 세계의 정치질서 속에서 '중국'이라는 단어는 정치적 의미에서 '천조(天朝)'로서의 중국을 지칭할 뿐만 아니라, 또한 문화적 의미의 중화문화의 근원을 가리킨다.[6)]

대부분의 중국 고전에서는 '중국'을 문화가 최고인 지역이며, 도덕적인 교양을 갖춘 사람이 사는 곳으로 해석한다. 그중 비교적 대표성을 띤 말이 『전국책(戰國策)·조책(趙策)』에 다음과 같이 보인다.

> '중국'이라는 곳은 총명하고 지혜로운 자가 사는 곳이요, 만물의 재화가 모이는 곳이며, 성현(聖賢)의 교화와 인의(仁義)가 베풀어지는 곳이다. 시서예악(詩書禮樂)과 훌륭한 기예가 쓰이는 곳이며, 멀리 사방에서까지 관광하러 달려오게 하고 오랑캐나라까지 의(義)가 행해지게 하는 곳이다.(中國者, 聰明叡智之所居也, 萬物財用之所聚也, 賢聖之所教也, 仁義之所施也, 詩書禮樂之所用也, 異敏技藝之所試也, 遠方之所觀赴也, 蠻夷之所義行也.)

이와 같은 말은 '중국'을 중국의 '자아의상(自我意像)'으로서 바라볼 수 있는 가장 선명한 표현이다. 19세기 말에 중국에서 일본에 파견된 외교관 황쭌셴(黃遵憲, 1848~1905)은 『일본국지(日本國志)·인교지(鄰交志)』에서 여전히 "천하의 모든 국가 중에 문물제도가 중국보다 앞선 나라는 없다."[7)] 라는 입장을 견지하고 있는데, 이 또한 이러한 중국의 '자아의상(自我意

6) 고대 중국의 '中國'이라는 개념에 관한 토론에 대해서는, Michael Loewe, "The Heritage Left to the Empires," in Michael Loewe, Edward I. Shaughnessy eds., *The Cambridge History of Ancient China: From the Origins of Civilization to 221 B.C.* (Cambridge: Cambridge University Press, 1999), pp. 992-995 참고.

7) 黃遵憲, 『日本國志』(天津, 天津人民出版社, 2005年), 上卷, 「鄰交志上一·華夏」, 94면.

像)'의 현대판이다.

3. 근세 일본 세계관에서의 '중국' 개념의 재구축

고대 중국 문헌에서 '문화중국'과 '정치중국'을 합하여 하나가 된 '중국'이라는 개념이 일본과 대만과 같은 동아시아 주변 지역으로 전파되었을 때는 곧 새로운 변화가 일어나게 된다. 우리는 먼저 일본의 상황에 대해서 살펴보자.

도쿠가와시대 일본 유학자가 중국의 경전을 읽고, '중국'이라는 개념 및 거기에 이미 내포된 화이지변(華夷之辨)을 중심으로 하는 동아시아 정치질서 및 사상적 의미를 접했을 때, '문화적 정체성'과 '정치적 정체성' 사이의 긴장감을 느끼게 된다. 그들은 '중국'이라는 단어에 대해서 새로운 해석을 제기하여 그들의 '문화자아'와 '정치자아' 사이의 분열을 해결했으며, 또한 중국 경전이 일본의 전체 문화 풍토에 적응하도록 하였다. 일본 유학자들이 '중국'이라는 단어에 대해서 그 의미를 재구축한 방법은 다음과 같이 두 가지가 있다.

첫째, 일본 유학에서 '중국'이라는 단어가 정치적인 의미에서 문화적인 의미로 변화했다. 야마가 소코(山鹿素行, 1622~1685)는, "무릇 중국(中國)—여기서는 일본을 가리킨다—의 풍토가 모든 나라 중에서 탁월하고 인물이 팔방에서 빼어나며, 신명(神明)이 충만하고 성인의 다스림이 면면히 이어져 내려오며, 문물이 밝게 빛나고 무덕(武德)이 찬란하니 하늘과 땅에 비할 만하다.(夫中國〔指日本〕之水土, 卓爾於萬邦, 而人物精秀于八紘, 故神明之洋洋, 聖治之緜緜, 煥乎文物, 赫乎武德, 以可比天壤也.)"[8]라고 말했다. 그는 '중국'이라는 단어의 쓰임이 일본을 가리킨다고 하고, 또 다음과 같이 말했다.

> 우리나라 일본을 중국(中國)이라고 하는 것은, 옛날에 아마테라스 오미카미(天照大神)—천상의 태양의 여신—가 하늘에 계실 때, '갈대 초원의 중국(中國)에 우케모치노 카미(保食神)—음식의 여신—가 있다고 들었다'라는 말씀이 있다. 따라서 '중국'이라는 호칭은 예부터 이미 있었던 것이다. (……)내가 생각하건대, 천지가 운행하고 사계절이 교차하면서 그 마땅함을 얻으면 비바람과 추위 및 더위가 치우치지 않아서 물과 토지가 비옥하고 사람과 물건이 정밀하게 된다. 이런 곳을 '중국'이라 부를 수 있는 것이니, 수많은 나라 중에서 오직 우리나라가 그 마땅함을 얻었다. 우리나라의 신대(神代)에 이미 마메노미 나카누시노 미코토(天御中主尊)가 계시어, 두 신이 건국의 주역이 되셨으니, 우리나라가 '중국'이 되는 것은 천지자연의 형세인 것이다.(本朝爲中國之謂也, 先是天照大神在於天上曰, 聞葦原中國有保食神, 然乃中國之稱自往古旣有此也. (……)愚按, 天地之所運, 四時之所交, 得其中, 則風雨寒暑之會不偏, 故水土沃而人物精, 是乃可稱中國, 萬邦之衆唯本朝得其中, 而本朝神代, 旣有天御中主尊, 二神建國中柱, 則本朝之爲中國, 天地自然之勢也.)[9]

야마가 소코는 중국 경전에 자주 보이는 '중국'이라는 단어가 가리키는 대상 및 그 내용을 가장 대담하게 전환했다. 야마가 소코는 '중국'이라는 단어는 일본을 가리키며, 일본의 풍토가 모든 나라 중에서 탁월하고 인물이 팔방에서 빼어나기 때문에 실제로 멀리 있는 '외조(外朝)'—지리상의 중국을 가리킴—가 이에 비견된 바가 아니라고 하였다. 야마가 소코가 말

8) 山鹿素行, 『中朝事實』, 廣瀨豐 編, 『山鹿素行全集』, 第13卷(東京, 岩波書店, 1942年) 수록, 上册, 226면.

9) 같은 책, 234면.

하는 '중국'이라는 단어는 문화적 의미에서 '그 마땅함을 얻은' 곳(得其中)을 가리켜 말한 것이며, 정치적인 의미의 중화제국을 가리켜서 한 말이 아니다. 따라서 그는 "천지가 운행하고 사계절이 교차하면서 그 마땅함을 얻으면 비바람과 추위 및 더위가 치우치지 않아서 물과 토지가 비옥하고 사람과 물건이 정밀하게 되는데, 이런 곳을 '중국'이라 부를 수 있다."고 하였다.[10] 야마가 소코는 또한 일본이 '그 마땅함을 얻은' 것은 정치가 안정되고 삼강오륜의 도가 행해지기 때문으로, 역성혁명(易姓革命)으로 정치가 요동치는 중화제국은 이에 비교할 것이 아니라고 말했다.[11] 야마가 소코는 이처럼 참신한 해석으로, '중국'이라는 단어가 중화제국을 가리키며 정치 중심과 문화 중심을 겸비했다는 종래의 중국 경전에서의 의미를 해체했다. 아울러 그는 일본이 문화상으로나 정치상으로 '그 마땅함을 얻은' 곳이기 때문에, 지리상의 중화제국보다 훨씬 우월하며 또한 '중국'이라고 칭할 수 있는 자격이 있다고 주장하게 되었다.

야마가 소코가 '중국'이라는 단어의 의미를 전환했던 것과 유사한 방법이 사쿠마 타이카(佐久間太華, ?~1783)에게서도 보인다. 사쿠마 타이카도 일본은 정치상의 신통(神統)이 단절되지 않았으며 국내가 항상 평안한 것이 곧 일본을 '중국'이라고 부를 수 있는 이유라고 논했다.[12] 이어서 일본과 중국을 구분하는 관건은 지리적인 위치에 있지 않으며, 문화에서의 '그 마땅함을 얻음(得其中)'과 정치적인 안정의 유무에 있다고 논증했다.

문화적인 입장에서 중·일 간의 의미를 전환시킨 유학자로는 위에서 언급한 야마가 소코 이외에도 아사미 케이사이(淺見絅齋, 1652~1711)가 있

10) 같은 책 주.

11) 山鹿素行, 『中朝事實』, 250면.

12) 佐久間太華, 『和漢明辨』, 關儀一郎 編, 『日本儒林叢書』, 第4卷, 論辨部(東京, 鳳出版,1978年) 수록, 1면.

다. 아사미 케이사이는 다음과 같이 말했다.

우리나라가 『춘추』의 도(道)를 안다면 곧 우리나라가 주인이 된다. 만약 우리나라가 주인이 되어 천하를 하나로 통일시키고 우리나라의 입장에서 다른 나라를 바라볼 수 있게 된다면 이것이 바로 공자님의 뜻이다. 이러한 이치를 모르고 중국의 서적을 읽거나 중국 서적 읽는 것을 숭배하는 자는, 단지 중국의 관점을 가지고서 일본을 비교해서 바라보는 것일 뿐이다. 이와 같은 것은 모두 저쪽 나라에 아첨하여 오직 우리를 오랑캐(夷狄)로 이해하려는 것이니, 모두 공자님이 『춘추』를 지은 뜻에 위배되는 것이다. 공자님이 만약 일본에서 태어났다면, 일본을 위주로 『춘추』의 뜻을 세웠을 것이니, 이것이 곧 이른바 『춘추』를 잘 배운 사람이라고 할 수 있는 것이다. 지금 『춘추』를 읽고서 일본을 오랑캐라고 여긴다면, 이것은 『춘추』가 유학자를 해치는 것이 아니라, 『춘추』를 잘못 읽은 자가 『춘추』를 해친 것에 해당된다. 이것을 일러 이론에 얽매여 현실적인 변화에 적응하지 못하는 학문을 한다고 하는 것으로, 전혀 이치를 궁구하는 방법을 알지 못하는 자이다.(吾國知『春秋』之道, 則吾國卽主也. 若以吾國爲主, 成天下大一統, 由吾國見他國, 則是孔子之旨也. 不知此而讀唐書, 成崇拜讀唐書者, 此特由唐來眺望以映照日本, 總是諂媚彼方, 唯以夷狄理解之, 全違背孔子『春秋』之旨也. 孔子若亦生日本, 從日本以立春秋之旨也, 是則所謂善學『春秋』者也. 今讀『春秋』而曰日本爲夷狄, 非『春秋』害儒者, 係不能善讀『春秋』者害『春秋』也, 是則謂之爲膠柱鼓瑟之學, 全不知窮理之方者也.)[13]

여기서 아사미 케이사이는 비록 직접 '중국(中國)'을 논하지는 않았지

13) 淺見絅齋, 「中國辨」, 『山崎闇齋學派』, 『日本思想大系』, 第34卷(東京, 岩波書店, 1982年) 수록, 418면.

만, 일본이 '『춘추』의 도를 안다'고 하면서 일본은 오랑캐의 나라가 아니라는 논증의 기초로 삼고 있다. 이러한 논증 방식은 야마가 소코가 '그 마땅함을 얻은' 일본이 '중국'이 되는 이유라고 주장한 것과 일치하고 있다. 도쿠가와시대 유학자들은 정치적 안정을 바탕으로, 비로소 일본을 '중국'이라고 부를 수 있는 자격을 가졌다고 논증하고 있는데, 이러한 논리는 20세기 한학자 우노 테쓰토(宇野哲人, 1875~1974)까지 지속해서 이어졌다. 우노 테쓰토는 다음과 같이 말했다. "우리나라는 메이지유신 때, 위로는 만세 동안 끊이지 않은 황실(皇室)이 있어서 백성들의 마음을 하나로 모일 수 있게 했는데, 중국은 만청(滿淸) 왕조를 타도한 이후에 또 어느 누군가가 청 왕조를 대신할 것이다. 매번 생각이 여기에 미치면, 나는 한편으로는 우리 일본 황실의 존귀함에 감사하고, 또 한편으로는 중국 정부의 역성혁명이라는 불행을 가엽게 여기게 된다."[14)]

둘째, 보편적인 이념을 가지고 '중국'이라는 단어의 특수한 의미를 와해시켰다. 아사미 케이사이는 「중국변(中國辨)」에서, 천지는 포함하지 않는 곳도 없고 감추지 않는 곳도 없다는 취지를 밝히면서 동아시아 세계 정치질서 중의 화이지변(華夷之辨)을 뒤엎었다. 그리고 그는 다음과 같이 주장했다. "우리나라는 본래 천지와 함께 생겨났다.(吾國〔指日本〕固和天地共生)", "각각 한쪽의 천하를 소유하고 있으므로 서로 존비(尊卑)와 귀천(貴賤)의 구별이 없다.(各有一分之天下, 而互無尊卑貴賤之別)"[15)] 아사미 케이사이 외에도 일본 양명학자 사토 잇사이(佐藤一齋, 1772~1859) 또한 '천

14) 宇野哲人, 『支那文明記』(東京, 大同館, 1912年), 小島晉治 編, 『幕末明治中國見聞錄集成』(東京, ゆまに書房, 1997年) 수록. 중역본은 張學鋒 譯, 『中國文明記』(北京, 光明日報出版社, 1999年), 194면. "我國王政維新之際, 上有萬世一系之皇室, 可使人心歸一, 而於中國, 打倒滿淸王朝以後, 又有誰人能夠取而代之. 每念及此, 吾人感謝我日本國體之尊, 又轉而哀憫中國國體易姓革命之不幸."

15) 같은 책, 416면.

(天)'의 보편성을 가지고 '중국'이라는 단어의 특수한 의미를 해체했는데, 그는 다음과 같이 말했다.

> 망망한 우주에서 이 도(道)는 오직 하나로 통해 있다. 사람의 관점에서 보면 중국(中國)이 있고, 이적(夷狄)이 있지만, 하늘의 관점에서 보면 중국도 없고 이적도 없다.(茫茫宇宙, 此道只是一貫. 從人視之, 有中國, 有夷狄. 從天視之, 無中國, 無夷狄.)[16]

사토 잇사이는 중국 경전에서 배운 보편성을 구비한 '천'의 개념으로 중국 경전 중의 화이지변(華夷之辨)을 철저하게 와해시켰는데, 독특한 혜안을 가지고서 독보적인 경지에 이르렀다고 말할 수 있겠다.

이상에서 살펴본 바와 같이, 야마가 소코를 비롯한 도쿠가와시대 일본 유학자들은 문화 공간을 초월한 의미의 전환을 통해서 동아시아 세계의 화이질서를 전복시킬 수 있었다, 그리고 중국 경전에서 학습한 '중국'이라는 단어의 의미를 재구축하여, 중국의 유가경전이 일본의 문화적 맥락 속에서 태어난 유학자들에게 받아들여질 수 있도록 했다.

4. 현대 대만 세계관에서의 '중국'
–'정치적 정체성'과 '문화적 정체성'의 통일과 분열

1895년 중·일 갑오(甲午)전쟁에서 중국의 참패로 대만은 고아의 처지

---

16) 佐藤一齋, 『言志錄』, 相良亨 等 校注, 『佐藤一齋·大鹽中齋』, 『日本思想大系』, 第46卷(東京, 岩波書店, 1980年) 수록, 227면.

로 전락하게 되었다. 이 사건 이후로 20세기 대만에서는 '중국'이라는 개념에 변화가 발생했다. 다음은 현대 대만에서 '중국'이라는 개념의 변화에 대해서 고찰하고자 한다.

20세기를 통틀어 대만 지식인의 마음속에 있는 '중국'이라는 개념은 다음과 같이 두 가지 특징을 가지고 있다.

첫째, 현대 대만에서의 '중국'이라는 개념은 '문화적 정체성(cultural identity)'과 '정치적 정체성(political identity)'을 모두 포괄하고 있는데, 전자는 후자보다 훨씬 더 중요하다. '문화적 정체성'은 추상적이고 이상적이며 장기적인 면을 갖추고 있기 때문에, '정치적 정체성'의 구체적이고 현실적이며 단기적인 구성과 선명하게 대비된다. 문화가 개인에 미치는 영향에서 보면, '문화적 정체성'은 '정치적 정체성'에 비해 더욱 오래가며 중요하다. 중국의 역대 왕조나 정부는 진(秦)·한(漢) 이후부터 모두 머나먼 발원지에서 끊이지 않고 면면히 흐르는 중화문화 속에서 스쳐 지나가는 나그네와 같은 존재로, 수명이 길면 수백 년이고 짧으면 수십 년에 불과했다. 어느 정권이 비록 부분적으로 잠시나마 문화에 대해서 영향력을 발휘할 수 있었을지라도, 결코 문화의 심층 구조를 완전하게 변화시킬 수는 없었다.

예를 들면, 1895년에 대만을 일본에 할양한 이후, 대만의 거부였던 리춘성(李春生, 1838~1924)은 1896년 일본 식민당국의 요청에 응해서 일본을 방문하게 되었다. 그는 귀국한 후에 일본 유람에 관한 수필집을 편찬했는데, 여기서 그는 "새로운 은혜가 비록 두텁지만, 옛날의 의리 또한 잊기 어렵다.(新恩雖厚, 舊義難忘)"라고 말하고,[17] 또한 세 번에 걸쳐 자신을 '버려진 땅의 유민(棄地遺民)'이라고 비유했다.[18] 대만의 일제식민지시대(1895

17) 李春生, 『東遊六十四日隨筆』(福州, 美華書局, 1896年), 51면.

~1945)에 『대만통사(臺灣通史)』를 편찬한 롄헝(連橫, 1878~1936) 역시 자신을 '버려진 땅의 유민'이라고 불렀다.[19] 리춘성과 롄헝이 자신을 '유민(遺民)'이라고 부른 것은, 중화의 대지에 대한 '문화적 정체성'의 의미에 기초한 것이지만, 실제로는 중국의 중원정권에 대한 '정치적 정체성'이 훨씬 컸던 것이다. 이것은 곧 국학자 장빙린(章炳麟, 1869~1936)의 이른바 "대만은 고국이다(臺灣, 故國也)"[20]라는 표현과도 같은 의미이다.

일본의 식민통치 아래서 대만 지식인들은 '문화중국'에 대해 낭만적인 상상을 품고 있었다. 예를 들면, 대만 중부지역의 문화인 예룽중(葉榮鍾, 1900~1978), 작가 우주어류(吳濁流, 1900~1976), 의사이면서 작가였던 우신룽(吳新榮, 1906~1967), 그리고 중국대륙에서 상공인으로 활동한 우산롄(吳三連, 1899~1988) 등은 모두 중국대륙을 문화의 근원으로 보았다.[21] 작가 장선체(張深切, 1904~1965)는 일제식민지시대에 삭발한 경험이 있는데, 당시 대만인의 마음속에 '문화적 정체성'의 의미로서의 '중국상상(中國想像)'을 다음과 같이 잘 표현해주고 있다.

> 삭발을 당할 때 우리 일가족은 모두 통곡했다. 선조의 신위(神位) 앞에 무릎 꿇고 앉아 통곡하고 눈물을 흘리면서 자손들이 못나서 절개를 지키지 못한 것을 참회했다. 오늘 삭발하고 일본의 교육을 받아 잠시는 일본의 국민이 되겠지만, 장래에 꼭 일본 악당들을 몰아내고 다시 머리를 길러 선조의 영정 앞에 보

18) 같은 책, 9·51·82면.

19) 連橫, 「與林子超先生書」, 『雅堂文集』(南投, 臺灣省文獻委員會, 1964年, 『臺灣文獻叢刊』, 第208種), 127면.

20) 章炳麟, 「臺灣通史序」(1927年), 『章氏叢書三編·太炎文錄續編』(蘇州, 章氏國學講習會, 1938年) 수록, 卷2下.

21) 黃俊傑, 「日據時代臺灣知識份子的大陸經驗: 「祖國意識」的形成·內涵及其轉變」, 『臺灣意識與臺灣文化』(臺北, 臺大出版中心, 2006年 增訂新版), 104-137면 참조.

고할 수 있기를 기원했다.[22)]

장선체 가족이 삭발할 때의 통곡은 바로 '문화중국'이 분열된 후의 마음속에서의 통한이었던 것이다!

둘째, 현대 대만의 '중국'이라는 개념에서 '문화적 정체성'과 '정치적 정체성'은 추상적 이념이면서도 또한 구체적인 현실 생활과도 관련되어 있다. 양자 사이는 연합하고 대립하면서 긴장관계를 유지하고 있다. 식민지시대의 대만인은 일본 제국주의자의 압박 아래 있었기 때문에 여전히 고향의 전통 중화문화에 대한 향수를 감내하지 못했는데, 이것은 대만인들의 짝사랑에 불과하고 낭만에 지나지 않았던 것이다. 그들은 중국 역사상의 문화적 이상과 현실의 전제정치 사이에는 항상 긴장되며, 심지어는 충돌하는 관계에 있다는 사실을 아직 심각하게 인식하지 못했다. 또한, 그들의 '중국 상상' 중의 '문화적 정체성'과 '정치적 정체성' 사이의 상호 모순성을 아직 인식하지 못했던 것이다. 그들의 세계관에서의 '중국'은, 종종 개념으로서의 '중국'이 실체로서의 '중국'의 의미보다도 훨씬 원대했다. 이 때문에 일제 식민지시대 고향으로 돌아간 대만 지식인들의 조국에 대한 꿈이 산산이 부서졌으며, 또한 광복 후의 대만인들이 국민당 정권에 대해서 실망했던 것이다.

이상에서 언급한 현대 대만인의 세계관에서의 '문화중국'과 '정치중국'의 분리와 상호작용의 관계는 최근 20여 년 이래 대만 민주화가 진전됨에 따라 더욱 분명하게 드러나고 있다.

---

22) 陳芳明 等 編, 『張深切全集』(臺北, 文經社, 1998年), 卷1, 84면. "在要剃髮當兒, 我們一家都哭了. 跪在祖先神位前痛哭流涕, 懺悔子孫不肖, 未能盡節, 今日剃頭受日本教育, 權做日本國民, 但願將來逐出了日本鬼子, 再留髮以報祖宗之靈."

5. 결론

이상에서 살펴본 '중국'이라는 개념의 일본 및 대만에서 변화 양상을 통해 우리는 '중국'이나 '중국적(Chineseness)'이라는 말이 상당히 복잡한 개념이라는 사실을 알 수 있었다. 그 내재적 구조의 측면에서 바라보면, '중국'이라는 개념은 적어도 '문화중국', '지리중국', '정치중국'을 모두 포괄하는 개념이며, 그중에서 '문화중국'이 가장 중요한 위치를 점하고 있다. 다시 '중국'이라는 개념의 발전이라는 각도에서 바라보면, 역사의 진행과정에서 두 가지 '중국'이 형성되었다. 하나는 복건(福建), 광동(廣東), 홍콩, 대만, 동남아 및 유럽과 미주의 화교 사회가 주가 되는 '해로(海路)의 중국'이며, 다른 하나는 중원이 주가 되어 몽골, 중앙아시아 및 실크로드가 미치는 지역인 '육로(陸路)의 중국'이다.[23] 이와 같이 많은 '중국'이라는 개념이 역사 진행과정에서 '중국적'인 면을 형성했던 것이다.

그러나 동아시아 주변지역의 관점에서 바라보면, '중국'이라는 개념은 또한 '정신 이주지로서의 중국(China as spiritual diaspora)'과 '상상의 공동체로서의 중국(China as imagined community)'을 포괄한다. 전자나 후자를 막론하고 '중국'이나 '중국적'이라는 개념은 모두 지리적인 경계로 규정할 수 있는 것은 아니며, 반대로 일종의 이동적인 개념이다. 본 장 제2절에서 살펴본 바와 같이, 17세기 이후 일본의 많은 사상가들이 '중국'이라는 단어가 일본을 지칭한다고 여겼던 것은 일본이 공자의 도(道)와 『춘추』의 정신을 얻었다고 보았기 때문이다. 그리고 제3절에서 고찰한 바와 같이, 20세기 대만인의 세계관에서 '중국'은 '문화중국'과 '정치중국'의 두 가지 개념으로 나눌 수 있었는데, 전자는 대만인의 문화적 정체성이고

23) 溝口雄三, 『方法としての中國』(東京, 東京大學出版會, 1989年), 306면.

후자는 대만인의 정치적 정체성이며, 양자 사이에는 분할할 수도 없고 또한 서로 긴장관계에 있다. 대만해협을 사이에 두고 대만과 대륙의 중국이 장기간 격리되고 대만의 민주화가 빠르게 진행됨에 따라 '문화중국'과 '정치중국'이라는 두 가지 개념 사이의 긴장관계가 나날이 심각해지고 있다. 그러나 대만과 대륙 사이에 갈수록 긴밀해지는 경제관계 및 여행 활동이 발전함에 따라, 최근 백여 년 이래로 대만인의 사상세계 속에 나타난 '개념으로서의 중국'과 '실체로서의 중국' 사이의 거리 또한 빠르게 접근하고 있다. 다른 한편으로는 대만 내부의 정치와 경제의 정세 및 문화사상의 변화에 따라 '대만 주체론'과 '자아긍정 심리'에 기초한 '대만의식(臺灣意識)'이 역사적 격동에 동반하여 내용을 풍부하게 하면서 그 틀을 조정해가고 있다. 이상과 같은 시대적 변화가 모두 21세기 대만인 사상세계 속의 '중국'이라는 개념의 재구축과 변화를 견인하고 있다.

〈『臺灣東亞文明研究學刊』, 第3卷 第2期(總第6期, 2006年 12月)〉

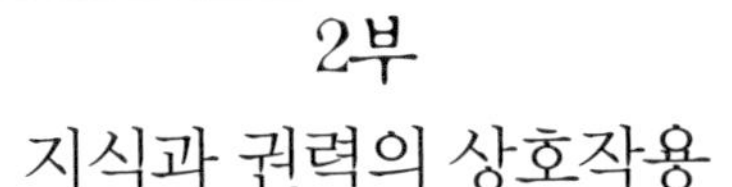

2부

지식과 권력의 상호작용

제5장

동아시아 유학자들의 경전 해석 방법 및 그 방법론의 문제

1. 머리말

동아시아 유가사상사의 발전과 한 · 중 · 일 유학자들의 경전(經典)에 대한 해석은 밀접한 관련이 있으며, 또한 서로 인과관계에 있다. 2천여 년 동안 동아시아 유가경전 해석의 다양한 방법 중에 가장 흔하면서도 독특한 것은, 신심(身心)의 체험을 통해 경전을 이해하는 방법이다. 동아시아 유학자들이 경전을 대하는 태도는 독자나 관찰자로서 뿐만 아니라 경전의 가치와 이념에 대한 참여자요 실천자였던 것이다. 동아시아 유학 전통에서 경전에 대한 연구와 강독은, 개인의 생명과 무관한 객관적인 개념에 대한 추구 활동이 아니라, 일종의 주객이 서로 융화하고 신심이 일체가 되는 생활에서의 실천적 활동이었다. 동아시아 유가경전의 해석은 일종의 '실천 해석학(praxis hermeneutics)'이라는 독특한 경전 해석의 전통을 가졌다고 말할 수 있겠다. 이러한 경전 해석의 전통은 경전 중의 가치와 이념의 내실화에 대해서 말한 것으로, 경전을 읽는 사람이 반드시 몸과 마음의 체험(體驗)·체지(體知) 및 체현(體現)으로 실현되는 것이다. 또한, 경전을 읽는 사람과 외부세계와의 상호작용에 대해서 말한 것으로, 정치적 영역에서 반드시 경전의 가치와 이념을 실천하도록 요구된다.

이 책에서는 제5장 및 제6장으로 나누어 동아시아 유학자들의 경전 해석 활동의 '안'과 '밖'이라는 양 방향에서 고찰했다. 본 장에서는 먼저 심신의 체험을 기초로 하는 경전의 해석 방법을 고찰했다. 본 장의 제2절에서는 이러한 경전의 해석 방법이 몸과 마음에 침투되고 지식과 행동이 일치하여 구체성과 초월성을 하나로 관통하고 있다는 점에 대해서 검토했다. 그리고 제3절에서는 이러한 경전의 해석 방법에서 나타날 수 있는 방법론의 문제를 검토하고, 제4절에서는 결론을 제기했다.

2. 체험을 통한 동아시아 유학자의 경전 해석 방법

1) 유가경전 해석학은 일종의 체험 학문이다

일찍이 춘추시대(722~481 B.C.) 공자(孔子, 551~479 B.C.)의 문하에서는 경전의 강독이 곧 생활에서의 실천에 대한 요구였다. 공자는 『시경』의 '시 300편을 암송하는 것(誦詩三百)'은 정치에 참여하고 다른 나라에 사신으로 가서 활용하기 위해서라고 하면서(『논어 자로(子路) 5장』) 경전의 내용을 사회 정치의 실천 속에서 실행할 수 있어야 한다고 강조했다. 또한 경전 중의 많은 가치 규범을 토론할 때는 항상 각자가 마음속으로 체득하기를 호소했다. 『논어·양화(陽貨)·21장』에는 공자와 재아(宰我)가 '삼년상(三年喪)'의 문제에 대해서 토론한 내용을 기록하고 있다. 여기서 공자는 재아의 태도에 대해서 비판하고 있는데, 반드시 마음속이 편안한지를 반성해야 한다고 지적하면서, "네 마음이 편안하다면 그렇게 하라(女安, 則爲之)" 고 책망하는 말을 덧붙였다. 『맹자 · 공손추상 · 2장』에는 맹자(孟子, 371~289 B.C.)와 공손추가 '지언양기(知言養氣)'의 공부에 대해서 토론한 내용이 보이는데, 주자(朱熹, 1130~1200)는 이 부분에 대한 주석에 특별한 주의를 기울였다. 『주자어류』에는 이 부분에 대해서 주자와 그 문인들이 토론한 내용을 기록하고 있는데, 여기서 그들은 '지언양기'장의 의리를 자신들의 생각이나 생활의 체험에서 확인하고 있다. 이처럼 주객이 서로 융화하는 경전 해석의 과정을 거친 후에, 맹자의 '호연지기(浩然之氣)' 단락을 해석한 것에 대해서 주자는 "만약 맹자의 뜻과 합치되지 않는다면 하늘이 싫어할 것이다! 하늘이 싫어할 것이다!(若與孟子不合者, 天厭之!天厭之!)" 라고 자신 있게 말하고 있다.[1] 왕양명(王陽明, 1472~1529)도 자신의 정신적 체험을 바탕으로 경전을 해석했다. 왕양명은 심지어 그가 맹자의 '양지(良知)'의 학을 터득한 몸과 마음의 체험 과정을 '백사천난(百死千難)'이라는 네 글자로 묘사했다.[2] 공자 · 맹자로부터 주자 · 왕양명에 이르기까지 전개되는 이러한 경전의 해석 방법은 동아시아 유가사상에서 일종의 '실학(實學)' 전통의 표현이었다. 이러한 방법은 모든 독자가 신심(身心)의 체험을 가지로 경전의 깊은 뜻에 파고들어야만 가능한 것이다.

이러한 체험 학문으로서의 경전 해석학은 경전 해석자의 신심 체험을 기초로 삼기 때문에 또한 '체지(體知)'의 학문이라고 부를 수 있다.[3] 이른

1) 黎靖德 編, 『朱子語類』, 『朱子全書』(上海與合肥, 上海古籍出版社與安徽教育出版社, 2002年), 第2冊, 卷52, 1719면.

2) 陳榮捷, 『王陽明傳習錄詳註集評』(臺北, 臺灣學生書局, 1983年), 「拾遺」, 第10條, 396면.

3) '체지(體知)'라는 단어는 『荀子』 · 『老子』 · 『莊子』 · 『列子』 · 『墨子』 · 『晏子春秋』 · 『管子』 · 『商君書』 · 『愼子』 · 『韓非子』 · 『孫子』 · 『吳子』 · 『尹文子』 · 『呂氏春秋』 등과 같은 선진의 전적에 나타나지 않으며, 또한 『春秋繁露』 · 『宋元學案』 · 『明儒學案』 · 『四庫全

바 '체지'라고 하는 것은 두 가지 의미를 겸하고 있다. 하나는 신체를 통해서 세계에 대한 사고를 진행하는 것을 가리키고, 다른 하나는 신체 및 그 기관 자체가 곧 사고한다는 것이다. 전자는 'bodily thinking'이라 할 수 있고, 후자는 'body thinking'이라 부를 수 있다. 『주역(周易)·계사하(繫辭下)』에는 옛날에 포희씨(包犧氏)가 팔괘(八卦)를 만들었을 때 "가깝게는 몸에서 취하고 멀리는 사물에서 취했다(近取諸身, 遠取諸物)"라고 말하고 있는데, 이는 곧 신체를 사고의 소재로 한 것으로 전자의 '체지(體知)' 유형을 대표한다. 맹자는 『맹자·고자하(告子下)·15장』에서 순(舜), 부열(傅說), 교격(膠鬲), 관이오(管夷吾), 손숙오(孫叔敖), 백리해(百里奚)가 겪은 체험을 두루 열거하고서 다음과 같이 제기했다.

하늘이 장차 큰 임무를 그 사람에게 내리려 할 때는 반드시 먼저 그 마음의 의지를 괴롭히고 그 근육과 뼈를 지치게 하고, 배를 굶주리게 하고 생활을 가난하게 해서 행하는 일이 하고자 하는 바와 같지 않게 만든다. 그것은 마음을 분발하게 하고 자기의 성질을 참게 하여 자기가 해내지 못하던 일을 더욱 잘할 수 있도록 하기 위한 것이다. 사람들은 대부분 잘못을 저지르고 난 후에야 고칠 수

書總目』·『朱子語類』·『白沙全集』·『日知錄』 등의 책에서도 보이지 않는다. 현재까지의 조사에 의하면, '체지(體知)'라는 단어는 범엽(范曄, 398~445)의 『後漢書』에 가장 먼저 출현한다. 후한(後漢, 25~220) 영제(靈帝) 희평(熹平) 6년(177) 태자(太子)가 태자사인(太子舍人) 장광(張光) 등을 불러 음률(音律)문제를 질문했다. 장광은 "音不可書以曉人, 知之者欲教而無從, 心達者體知而無師, 故史官能辨淸濁者遂絶"(『後漢書·志第1·律曆上·律準』)라고 대답했다. 그 이후로 사람들이 음률을 논할 때 '心達者體知而無師'라는 말을 자주 인용하게 되는데, 『晉書·志第6·律曆上』·『宋書·志第1·律曆上』·『文獻通考』 卷131에서 모두 이 말을 인용하고 있다. 『莊子·田子方』 成玄英疏의, "夫服以象德, 不易其人, 莊子體知, 故譏儒少", 그리고 『莊子集釋·則陽』 成玄英疏의, "綢繆, 結縛也. 夫達道聖人, 超然縣解, 體知物境空幻, 豈爲塵網所羈!(……)" 에서와 같이 '體知'라는 단어가 사용되고 있다.

가 있고 마음이 힘들고 이리저리 저울질하고 생각을 많이 한 후에야 일이 이루어진다. 얼굴빛과 목소리에 나타날 정도까지 괴로움을 겪은 뒤에야 비로소 마음속에서부터 도리(道理)를 깨닫게 되는 것이다.(故天將降大任於是人也, 必先苦其心志, 勞其筋骨, 餓其體膚, 空乏其身, 行拂亂其所爲, 所以動心忍性, 增益其所不能. 人恒過, 然後能改. 困於心, 衡於慮, 而後作. 徵於色, 發於聲, 而後喩.)

이것이 후자의 '체지(體知)' 유형을 대표한다. '체지'라고 하는 것은 인지(認知) 언어로서의 '지(知)'나 도덕(道德) 언어로서의 '지(知)'와도 관련이 되는 것은 물론, 실제로는 신체의 경험이나 체험이 기초가 된다. '체지'에서 강조하는 것은 몸소 실천한 실제의 경험에서 실질적으로 터득한 지혜이다. 그러나 신체라는 존재가 시간과 공간 요인의 제약을 받기 때문에 '체지'는 일종의 구체성을 띤 사유방식이다.[4] '체지'는 신체로부터 출발하여 사고(思考)하기 때문에 '체험'과 '확충'에 관련된 말이 많은 것이다.

2) 체험에 기초 한 경전 해석학의 특징
– 신심합일(身心合一)

경전의 독자는 '체지(體知)'의 실천 과정을 통해 경전 중의 의리(義理)를 대하면 '마음으로 깨닫는(心解)' 경지에 도달할 수 있다. '심해(心解)'라는

4) 吳光明은 중국의 구체적인 사유방식을 논하면서 '구체적인 이해'와 '구체적인 논증'이라고 했다. 이른바 '구체적인 이해'라는 것은 전시적(demonstrative)·긍정적(affirmative) 혹은 부정적(negative) 방식의 이해 개념이며, '구체적인 논증'이라는 것은 은유적·정간적(精簡的) 혹은 반풍적(反諷的) 방식으로 진행하는 논증이다. 그는 중국의 신체적 사유의 연마를 모종의 '구체적인 공상(具體的共相, concrete universals)이라고 제기했다. Kuang-ming Wu, *On Chinese Body Thinking: A Cultural Hermeneutic* (Leiden: E. J. Brill, 1997), 22-96면 참조.

경전 해석 방식은 11세기 북송(北宋)의 유학자 장재(張載, 1020～1077)에 이르러서 비로소 분명하게 제창되었다. 그는 "마음으로 깨달으면 구하는 뜻이 스스로 명백해져서 자구마다 대조하면서 맞추어볼 필요가 없어진다. 예를 들면, 눈이 밝은 사람에게는 만물이 눈앞에 서로 복잡하게 얽혀있더라도 해가 될 것이 없는 것과 같은 것이다.(心解則求義自明, 不必字字相校. 譬之目明者, 萬物紛錯於前, 不足爲害.)"[5]라고 말했다. 사실 '심해(心解)'라는 개념은 『시경·소아(小雅)·교언(巧言)』의 "타인의 마음을 내가 헤아릴 수 있다(他人有心, 予忖度之)"라는 말 속에 이미 나타나고 있다. 그리고 『맹자·양혜왕상(梁惠王上)·7장』에서는 일찍이 제선왕(齊宣王, 350～301 B.C. 재위)이 위 시를 인용하면서 맹자가 시의 뜻을 잘 해석했다고 칭찬했다. 남송(南宋)의 육구연(陸九淵, 1139～1192)의 시에는 "천고토록 이 사람의 없어지지 않는 마음일세(斯人千古不磨心)"[6]라는 말이 보인다. 그는 또 "마음은 단지 하나의 마음일 뿐이니, 내 마음과 내 친구의 마음, 위로 천백 년 성현의 마음과 아래로 천백 년 뒤에 다시 성현이 나타나도 그 마음 또한 이와 같을 뿐이다. 마음의 본체는 매우 커서 만약 나의 마음을 다하게 되면 곧 하늘과 같아질 수 있다.(心只是一箇心, 某之心, 吾友之心, 上而千百載聖賢之心, 下而千百載復有一聖賢, 其心亦只如此. 心之體甚大, 若能盡我之心, 便與天同.)"[7]라고 주장했다. 이러한 것은 모두 독자의 '마음'을 가지고 경전 중의 성인(聖人)의 '마음'과 서로 인증하려는 경전의 해석 방법을 밝힌 것이다.

16～17세기 일본의 주자학자 하야시 라잔(林羅山, 1583～1657)은 "사대(四代)의 책은 성현의 마음을 그려낸 것이다. 독자가 그 마음으로 체득하

5) 張載, 『張載集』(臺北, 里仁書局, 1981年), 「經學理窟」, 「義理」, 276면.

6) 陸九淵, 『象山全集』(北京, 中華書局, 1992年), 卷34, 276면.

7) 같은 책, 卷235, 「語錄下」, 444면.

면 천하가 손바닥에 펼쳐진 것과 같을 것이니, 이것을 일컬어 책과 내가 둘이 아니라고 하는 것이다.(四代之書者, 聖賢之心畫也. 讀者能得其心, 則其於天下如示掌乎, 謂之書與我不二也耶.)"[8]라고 했는데, 이 또한 개인의 생명을 읽고 있는 경전 속에 융화해갈 수 있도록 해야 한다고 강조한 것이다. 17세기 일본의 양명학자 나카에 토주(中江藤樹, 1608~1648)는 "경전을 궁구하는 방법은, 먼저 스스로 마음을 비운 다음에 마땅히 경전의 주된 의미를 터득하고 몸으로 인내하며 깊이 통찰하면서 내 마음을 관조해야 한다. 내 마음이 성인의 경전과 합치되는 것이 진(眞)이 되고 정(正)이 되는 것이며 이것이 곧 내 본심인 것이다.(窮經之法以自虛爲先, 而後當得聖經之主意, 而體忍熟察, 而觀吾心. 吾心之合於聖經者, 爲眞爲正, 吾本心也.)"[9]라고 주장했다.

18세기 일본의 양명학자 사토 잇사이(佐藤一齋, 1772~1859)는 '마음'으로 경전을 해석해야 한다고 주장하면서, "경전의 문자는 자구에 대한 주석으로 밝힐 수 있다. 그러나 경전의 의미는 마땅히 내 마음을 투입해야만 그 의미를 터득할 수 있으니, 결국 문자로 나타낼 수 없는 것이다.(經書文字, 以文字注明之可也. 意味則當以我心透入得之, 畢竟不能著文字.)"[10]라고 말했다. 그는 또한 "경전을 궁구할 때는 반드시 마음에 의거해서 살펴보고 마음에 끌어다 증명해야 한다. 만약 단지 문자에 대한 전거(典據)를 살피고 고증하면서, 번번이 경전을 궁구함이 이와 같을 뿐이라고 말한다면 이는 매우 비천한 것이다.(窮經須要考據於此心, 引證於此心. 如徒就文字上考據引證, 輒謂窮經止此, 則陋甚.)"[11]라고 말했다. 사토 잇사이는 또한 독서

8) 林羅山, 「四書跋: 論語」, 京都史蹟會 編纂, 『林羅山文集』(東京, ぺりかん社, 1979年) 수록.
9) 中江藤樹, 『雜著』, 『藤樹先生全集』(東京, 岩波書店, 1940年) 수록 「聖經」條, 241-242면.
10) 佐藤一齋, 『言志錄』, 相良亨 等 校注, 『佐藤一齋・大鹽中齋』, 『日本思想大系』, 第46卷(東京, 岩波書店, 1980年) 수록, 234면, 第235條.

방법에 대해서 "마땅히 마음으로 문자가 없는 책을 읽어야만 곧 통달하여 자득할 수 있다.(當以心讀無字之書, 乃洞有自得)"[12]라고 말했다. 그는 또 "독서 또한 마음의 학문(心學)이다"라고 주장했다.[13]

이처럼 동아시아 지역 유학자들은 대부분 독자의 마음으로 경전 작자의 마음을 맞이해야 독자와 작자가 얼굴을 맞대지 않고도 서로 마음이 통하게 되어 은밀한 뜻을 찾아내고 오묘한 이치를 터득할 수 있다고 강조했다. 왕양명의 시에는 "소리도 없고 냄새도 없는 것을 홀로 깨달을 때가 곧 하늘과 땅 모든 것에 근본이 있음이라.(無聲無臭獨知時, 此是乾坤萬有基)"[14]라고 하였는데, 바로 독자의 마음과 경전 저자의 마음이 서로 통하는 초월적인 경험을 묘사한 것이다. 왕양명은 또한 「존경각기(尊經閣記)」에서, 경전은 곧 사람의 '마음'의 다양한 측면을 구체화한 것이므로, 경전을 읽고 연구하는 것 또한 경전의 저자 '마음'의 다양한 측면을 탐색하여 체현(體現)해야 한다고 강조했다.[15] 왕양명이 제창한 것은 경전 해석 방법의 가장 전형적이면서 또한 가장 절실한 것으로, 경전을 읽은 모든 사람의 마음이 자발적이고 자주적이어야 한다는 것이다.

그러나 여기서 우리들이 반드시 주의해야 할 것은, 왕양명의 마음 여정에서 경전을 읽고 경전을 해석하는 것은 일종의 심신에 젖어드는 '체험(體驗)'과 '체지(體知)'의 학문이었다는 사실이다. 우리는 다음과 같은 기록을 통해서 이러한 사실을 확인할 수 있다.

11) 같은 책, 234면, 第236條.

12) 같은 책, 「言志後錄」, 45면, 第138條.

13) 같은 책, 245면, 第144條.

14) 王守仁, 『王陽明全集』(上海, 上海古籍出版社, 1992年), 上册, 卷20, 「詠良知四首示諸生」, 790면.

15) 王守仁, 「稽山書院尊經閣記」, 『王陽明全集』 수록, 上册, 254-256면.

소혜(蕭惠)가 선가와 불가의 학설을 좋아했으므로 선생께서 그것을 경계하시면서 말씀하셨다. "나 또한 어려서부터 선가와 불가에 돈독하게 뜻을 두어 스스로 이미 터득한 것이 있다고 생각했으며, 유학은 배울만한 것이 못 된다고 여겼다. 그러나 그 뒤에 변경(龍場)으로 좌천되어 3년 동안 머물게 되면서, 성인의 학문이 이처럼 간단하고 쉬우며 넓고 크다는 사실을 알고 나서야 비로소 30년 동안 기력을 잘못 사용한 것을 탄식하며 후회했다. 대개 선가와 불가의 학문은 그 오묘함이 성인과 단지 털끝만 한 차이가 있을 뿐이다. 자네가 지금 배우는 것은 곧 그 쓰레기처럼 하찮은 것뿐인데, 그처럼 스스로 믿고 좋아하니, 실로 올빼미가 썩은 쥐를 훔치고 좋아하는 것과 같은 것이다."(蕭惠好仙釋. 先生警之曰, 吾亦自幼篤志二氏, 自謂旣有所得, 謂儒者爲不足學. 其後居夷三載, 見得聖人之學若是其簡易廣大, 始自悔錯用了三十年氣力. 大抵二氏之學, 其妙與聖人只有毫釐之間. 汝今所學, 乃其土苴, 輒自信自好若此, 眞鴟鴞竊腐鼠耳.)[16]

왕양명이 성인의 가르침에 입문하는 과정에서 "30년 동안 기력을 잘못 사용했다."고 스스로 말하고 있는 것은 다음과 같은 사실을 가리킨다. 그는 명(明) 효종(孝宗) 홍치(弘治) 원년(1488) 17세에 도사(道士)와 양생(養生)을 논하기 시작했으며, 거의 15년이 지난 홍치 15년(1502)에 드디어 선가와 불가의 잘못됨을 깨달았다. 그리고 무종(武宗) 정덕(正德) 원년(1506) 2월에 환관 유근(劉瑾, ?~1510)이 정권을 잡자, 대선(戴銑), 박언휘(薄彥徽) 등이 간언했다가 오히려 그의 미움을 사서 투옥된 사건이 벌어졌는데, 이때 왕양명은 상소를 올려 이들을 구하려다가 그 또한 투옥되었다. 그런 뒤에 왕양명은 곤장 40대를 맞고 귀주(貴州)의 용장역(龍場驛)의 역승(驛

16) 陳榮捷, 『王陽明傳習錄詳註集評』(臺北, 臺灣學生書局, 1983年), 第124條, 148면. 이하의 인용에서는 『傳習錄』이라고 약칭함.

丞)으로 좌천되어 정덕(正德) 4년(1509) 봄에 용장에 이르렀다. 그는 다음 해(1510)에 다시 강서(江西)의 여릉현(廬陵縣)의 지부(知府)로 옮겼는데, 전후로 귀주에서 3년 동안 오지의 곤궁한 환경에서 생활하면서 마음의 동요와 인내심을 통해 비로소 '치양지(致良知)'의 가르침을 깨달았다. 이처럼 곤경에 처한 상황 속에서 힘써 성인의 경지에 들어가고자 노력했던 마음의 여정이 대략 30년 걸렸던 것이다. 왕양명은 자신이 몸과 마음으로 체험했던 경험을 바탕으로 경전을 해석했으며, 심지어는 그가 맹자의 '양지(良知)'의 배움을 터득한 신심의 체험 과정을 다음과 같이 '백사천난(百死千難)'이라는 넉 자로 묘사했던 것이다.

> 나의 이 '양지(良知)'의 설은 수많은 죽을 고비와 난관(百死千難) 속에서 터득한 것이요, 손쉽게 터득해서 이러한 경지에 이른 것이 아니다. 이것은 본래 배우는 사람들의 궁극적인 화두(話頭)인데, 애석하게도 이러한 이치가 사라진지 오래되었다. 그래서 배우는 사람들이 보고 들은 장애로 고생하면서도 입문할 방법이 없으니, 어쩔 수 없이 사람들에게 한마디로 말할 수밖에 없는 것이다. 다만 배우는 사람들이 이것을 쉽게 얻었다고 하여 그저 일종의 광경(光景)처럼 가지고 놀면서 이 양지를 등지게 될까 두려울 따름이다.(某于良知之說, 從百死千難中得來, 非是容易見得到此. 此本是學者究竟話頭, 可惜此理淪埋已久, 學者苦于聞見障蔽, 無入頭處, 不得已與人一口說盡. 但恐學者得之容易, 只把作一種光景玩弄, 孤負此知耳.)[17)]

이처럼 왕양명의 경전 해석은 그의 '수많은 죽을 고비와 난관(百死千難)'이라는 몸과 마음의 체험 여정과 불가분의 관계에 있다. 그는 또한 "옛

---

17) 『傳習錄 · 拾遺』, 第10條, 396면.

사람의 언어는 모두 각자의 체험에서 나왔기 때문에 말이 가깝고 절실한 것이다. 그것을 후세에 전한 것은 인정에 곡진히 부합되기 때문이다. 만약 각자의 체험이 없다면 어떻게 그들이 고심한 수많은 것을 터득할 수 있겠는가?(古人言語, 俱是自家經歷過來, 所以說得親切. 遺之後世, 曲當人情. 若非自家經過, 如何得他許多苦心處?)"[18]라고 말했다. 여기서 왕양명이 언급한 이른바 '수많은 죽을 고비와 난관 속에서 얻은(從百死千難中得來)', '각자의 체험 속에서 나온(自家經歷過來)' 등의 말은 모두 '체지(體知)'의 과정에 대한 묘사이다.[19]

18세기 일본의 양명학자 사토 잇사이(佐藤一齋)는 경전을 읽을 때 왕양명이 생각하는 방식을 그대로 따랐다. 사토 잇사이가 여든이라는 고령의 나이에 "경전을 읽는 것은 곧 나의 마음을 읽는 것이니 밖의 일이라고 여기지 마라. 나의 마음을 읽는 것은 곧 하늘을 읽는 것이니 다른 사람의 마음이라고 말하지 마라.(讀經書, 卽讀我心也, 勿認做外物. 讀我心, 卽讀天也, 勿說做人心.)"[20]라고 말했다. 또한 "경전을 읽을 때는 마땅히 나의 마음으로 경전의 마음을 읽고, 경전의 마음으로 나의 마음을 해석해야 한다. 그렇지 않고 단지 글자의 음과 뜻만을 밝힌다면 이것은 종신토록 독서할 줄 모르는 것이다.(讀經, 宜以我之心讀經之心, 以經之心釋我之心. 不然, 徒爾講明訓詁而已, 便是終身不曾讀.)"[21]라고 말했다. 사토 잇사이는 이와 동시에 경전을 읽을 때는 반드시 자신의 체험을 거쳐야만 비로소 얻는 바가 있다고 다음과 같이 강조했다.

---

18) 『傳習錄』, 第296條, 345면.

19) 王陽明의 '體知'에 관해서는 橋本敬司, 「中國思想における身體-王陽明の身體知」, 『廣島大學文學部紀要』, 第59卷(1999年 12月), 22-41면 참조.

20) 佐藤一齋, 『言志錄』, 『佐藤一齋 · 大鹽中齋』 수록, 274면, 第3條.

21) 같은 책, 258면, 第76條.

바야흐로 경전을 읽을 때는 내가 경험한 세상의 일들을 각주로 삼아야 한다. 이와 반대로 일을 처리할 때는 반드시 성현의 말씀을 각주로 삼아야 한다. 그러면 일의 이치가 자세하게 이해되고 학문이 일상의 쓰임에서 벗어나지 않는다는 뜻을 터득할 수 있을 것이다.(方讀經時, 把我所遭人情事變做注脚. 臨處事時, 則須倒把聖賢言語做注脚. 庶乎事理融會, 見得學問不離日用意思.)[22]

사토 잇사이는 마땅히 '내가 경험한 세상의 일들'과 경전의 내용이 서로 부합되고, 자신이 몸소 경전 속의 도리(道理)를 체험해야 한다고 주장했는데, 이것이 일종의 '체지(體知)'의 독서 방법인 것이다.

중국의 왕양명과 일본의 사토 잇사이 이외에도, 16세기 조선 성리학 중 기호학파(또는 율곡학파)의 창시자 율곡 이이(李珥, 1536~1584)는 『격몽요결(擊蒙要訣)』에서 독서 방법에 대해서 다음과 같이 논했다.

독서하는 사람은 반드시 단정히 두 손을 마주 잡고 꿇어앉아서 공경히 책을 대하여야 한다. 그리고는 한결같은 뜻으로 마음을 하나로 모으고 생각을 정밀히 하여 글 속에 잠겨서 의미를 깊이 깨치고 구마다 반드시 실천하는 방도를 강구해야 한다. 만약 입으로 읽으면서도 마음으로 체득하지 않고 몸으로 행하지 않는다면 책은 책대로 나는 나대로 노닐게 되니 무슨 유익함이 있겠는가. 먼저 『소학(小學)』을 읽고 부모를 섬기고 형을 공경하며 임금에 충성하고 어른에게 공손하며 스승을 높이고 벗에게 친근한 도리(道理)에 대해서 하나하나 자세하게 완미하고 힘써 그것을 실행해야 한다.(凡讀書者, 必端拱危坐, 敬對方册, 專心致志, 精思涵泳(涵泳者, 熟讀深思之謂). 深解義趣, 而每句必求踐履之方. 若口讀而心不體, 身不行, 則書自書我自我, 何益之有. 先讀小學, 於事親敬兄忠君弟長隆師親

22) 같은 책, 228면, 第140條.

友之道, 一一詳玩而力行之.)[23]

이이는 독서를 논함에 '마음'으로 숙독하고 깊이 생각하는 것 이외에 또한 '반드시 실천해야 함'을 요구했다. 그는 독서는 반드시 마음으로 체득하고 몸으로 실행해야 한다고 강조했던 것이다.

왕양명, 사토 잇사이 및 이이의 논변을 통해 우리는 동아시아 유학자가 경전을 읽는 것과 수양 공부의 과정이 원래 떨어질 수 없는 관계였으며, 또한 서로 영향을 주고받는 관계에 있었다는 사실을 알 수 있다. 실제로 동아시아 유가경전 해석학은 분명하게 일종의 '신심일체론(身心一體論)'을 전개했던 것이다. 유가사상 전통 중의 '신심일체론'은 선진(先秦)시대까지 소급해 올라갈 수 있다. 양루빈(楊儒賓, 1956~)의 연구에 따르면, 유가에서 신체관(身體觀)의 원시적 유형은 이미 선진시기에 성립되었으며, 명대에는 이미 정밀한 의론이 다 나왔다. 선진시기에 형성된 신체관은 유가 신체관의 원형이며, 그중 맹자는 유가 신체관의 핵심으로, 이미 춘추시기의 위의관(威儀觀), 기화관(氣化觀) 및 공손니자(公孫尼子)의 학설을 종합했다. 또한, 맹자의 후학 및 순자(荀子)의 관점을 개척했다. 양루빈은 전통 유가에서 이상적인 신체관은 '의식적 신체', '형체적 신체', '자연기화(自然氣化)적 신체' 그리고 '사회적 신체'의 네 가지 의미가 있다고 주장한다. 이러한 네 가지 신체는 서로 불가분의 관계에 있으며 또한, 동일한 기체(機體)를 달리 가리키는 말이기도 하다. 이 네 가지는 서로 차이가 있기 때문에, 각각의 신체는 모두 심기(心氣)가 들어가 있다고 말할 수 있다. 따라서 어느 하나의 신체라도 모두 주체적 의의가 있으므로 '신체주체

---

23) 李珥, 『擊蒙要訣』, 魏常海 主編, 『韓國哲學思想資料選輯』(北京, 國際文化出版公司, 2000年) 수록, 494면.

(body subject)'라고 부를 수 있다. 이 주체의 이름 속에는 의식주체, 형체의 내외 양면을 대표하는 형기(形氣)주체, 그리고 자연주체 및 사회의 규범체계를 대표하는 문화주체를 포함할 수 있다.[24] 왕양명이 계승한 것은 곧 맹자 이후로 '신심일체론(身心一體論)'이 기초가 된 유가의 신체 철학의 전통이다. 그가 「대학문(大學問)」에서 몸과 마음의 관계를 논한 다음과 같은 유명한 말이 있다.

> 몸(身)이란 무엇인가? 마음(心)의 형체가 운용되는 것을 말한다. 마음이란 무엇인가? 몸의 영명(靈明)이 주재하는 것을 말한다. 몸을 닦는다는 것은 무엇인가? 선을 행하고 악을 제거하는 것을 말한다. 내 몸이 스스로 선을 행하고 악을 제거할 수 있는가? 반드시 영명한 주재자인 마음이 선을 행하고 악을 제거한 뒤에야 형체의 운용자인 몸이 비로소 그런 일을 할 수 있게 된다. 그러므로 그 몸을 닦고자 하는 사람은 반드시 먼저 그 마음을 바르게 해야만 하는 것이다.(何謂身? 心之形體運用之謂也. 何謂心? 身之靈明主宰之謂也. 何謂修身? 爲善而去惡之謂也. 吾身自能爲善而去惡乎? 必其靈明主宰者欲爲善而去惡, 然後其形體運用者, 始能爲善而去惡也. 故欲修其身者, 必在於先正其心也.)[25]

윗글은 '신심일체론'을 자세하고 곡진하게 표현하고 있으며, 또한 '욕심(欲)'이라는 한 글자를 가지고 의지력이 나아가는 방향과 자각적 활동이 향해가는 곳이 바른 곳(正)인지 그렇지 않은 곳(不正)인지의 이원성을 드러냈다.[26] 이러한 '신심일체론'에서의 '신체'는 단지 '생리적 신체(physical body)'가 아니고 '심신이 하나같은 신체(psycho-somatic body)'이다.

---

24) 楊儒賓, 『儒家身體觀』(臺北, 中央硏究院中國文哲硏究所籌備處, 996年), 2면 및 8-9면.
25) 王守仁, 「大學問」, 『王陽明全集』, 下册, 967-973면, 인용문은 971면에 보임.
26) 勞思光, 『新編中國哲學史』(三上)(臺北, 三民書局, 1983年, 2001年), 424면 참조.

이는 메를로 퐁티(Maurice Merleau-Ponty, 1908~1961)가 말하는 '종합체(綜合體)'로,[27] '마음(心)'은 곧 heart이며 또한 mind이다. 따라서 유아사 야스오(湯淺泰雄, 1925~2005)가 말한 바와 같이, 동방의 '형이상학'은 서방의 metaphysics와 동등하지 않고 '의학(醫學)을 넘어선 심리학(meta-medico-psychology)'이며, 또한 몸과 마음의 관계에 대한 연구를 기초로 하는 철학이다.

중국의 '형이상학'은 단순한 관찰 지식을 기초로 하는 이론이 아니므로, 이를 'meta-praxis'라고 부를 수 있다. 이것은 일종의 몸과 마음을 잘 다스려서 실천하고 수행하는 체험(體驗)의 지식이다. 또한, 이러한 체험의 지식을 기초로 해서 일상의 경험을 초월한 고차원의 지식을 획득할 수 있다.[28] 중국사상−특히 유가전통−중의 '신체'는 실제로 몸과 마음이 서로 영향을 주고받는 '신체'이다.[29] 바로 이 때문에 경전을 읽음에 반드시 몸과 마음이 녹아들고 또한 지성과 감성의 활동을 구비해야만 하는 것이다. 19세기 일본의 양명학자 야마다 호코쿠(山田方谷, 1805~1877)는 바로 몸과 마음이 하나가 된다는 입장에서 주자(朱子)의 설에 다음과 같이 질의했다. "주자가 『대학』을 해석하면서 치지격물(致知格物)을 궁리(窮理)라고

---

27) Maurice Merleau-Ponty, tr. by Colin Smith, *Phenomenology of Perception* (London: Routledge & Kegan Paul, 1962), pp. 148-149.

28) 湯淺泰雄, 「'氣之身體觀' 在東亞哲學與科學中的探討」, 楊儒賓 編, 『中國古代思想中的氣論及身體觀』(臺北, 巨流圖書公司, 1993年), 67면. 더불어 湯淺泰雄, 『身體—東洋的身心論の試み』(東京, 創文社, 1977年, 1986年) 참고. 이 책의 중역본은, 馬超 等 譯, 『靈肉探微: 神祕的東方身心觀』(北京, 中國友誼出版社, 1990年). 또한 영역본은, Yasuo Yuasa, *The Body: Toward an Eastern Mind-body Theory*, edited by Thomas P. Kasulis; translated by Nagatomo Shigenori, Thomas P. Kasulis (Albany: State University of New York Press, 1987).

29) Roger T. Ames, "The Meaning of Body in Classical Chinese Philosophy," in Thomas P. Kasulis with Roger T. Ames and Wimal Dissanayakc eds., *Self as Body in Asian Theory and Practice* (Albany, N.Y.: State University of New York Press, 1993), pp. 165 참조.

여기고 성의(誠意) 이상을 역행(力行)이라 여긴 것은, 몸과 마음을 분리하여 서로 다른 것으로 여기고 지각(知覺)과 운동을 두 가지 항목의 공부(工夫)로 여긴 것이 아니었던가?(朱子之解『大學』也, 以致知格物爲窮理, 以誠意以上爲力行, 是否分裁心身以爲二物, 以知覺運動爲二項工夫也?)"[30)]

이와 같이 몸과 마음이 서로 작용한다는 철학적 기초 위에, '마음(心)'이 세계에 대해서 인지(perception)하는 것은 반드시 '신체의 기초'를 필요로 한다. '몸'과 '마음'은 긴밀하게 상호작용을 하며, 또한 사회문화의 분위기 속에 젖어들어 '몸'은 외부 세계에 대해서 감지하면서 그 사회성·심리성 및 문화성을 구비하고 있다. 경전을 읽는 활동은 곧 『순자(荀子)·권학(勸學)』편에서 "군자의 학문은 귀로 듣고서 마음에 나타나며 온몸으로 퍼져서 행동에 드러나게 된다.(君子之學也, 入乎耳, 著乎心, 布乎四體, 形乎動靜.)"라고 말하는 것과 같다. 따라서 '체지(體知)'를 기초로 하는 유가 경전의 해석학은 곧 '몸'과 '마음'을 융합하여 하나가 되게 하는 것이 그 특징이 된다.

3. 동아시아 유가경전 해석학의 방법론 문제

이제까지는 동아시아 유가경전의 해석 전통에서 마음과 몸이 하나로 융화하여 서로 떨어질 수 없는 특징이 있음을 논증했다. 왕양명은 "몸이란 무엇인가? 마음의 형체가 운용되는 것을 말한다. 마음이란 무엇인가? 몸의 영명이 주재하는 것을 말한다."[31)]라고 하였으며, 19세기 일본의 양명학자

---

30) 山田方谷, 『孟子養氣章或向圖解』(大阪, 惟明堂大阪支店據東京弘道書院藏版刊印, 1902年), 12면 상단.

31) 王守仁, 「大學問」, 『王陽明全集』, 下册, 967-973면. 인용문은 971면.

오시오 추사이(大鹽中齋, 1794~1837)는 "형체로 말하자면 몸은 마음을 에워싸고 있으며 마음은 몸 안에 있는 것이다. 도(道)로써 보자면 마음은 몸을 에워싸고 있으며 몸은 마음 안에 있는 것이다.(自形而言, 則身裹心, 心在身內焉. 自道而觀, 則心裹身, 身在心內焉.)"[32]라고 말했는데, 이는 모두 다 몸과 마음이 하나가 되어 안과 밖이 서로 비추고 있다는 사실을 밝히고 있다. 1993년에 출토된 『곽점초간(郭店楚簡)』의 「육덕(六德)」편에서는 '인(仁)'자를 '𢼶'이라고 쓰고 있는데,[33] 이것은 곧 '身'과 '心'의 글자가 합해서 하나가 되었음을 나타낸 것 같다. 쉬푸관(徐復觀, 1902~1982)은 1975년에 『역전(易傳)』을 저술하면서 "형체의 한가운데 것을 마음이라고 한다(形而中者謂之心)"라는 한마디를 새로 만들었다. 그는 중국의 '마음(心)의 문화'는 마땅히 '형이중학(形而中學)'이라고 불러야 하며, '형이상학(形而上學)'이라고는 말할 수 없다고 강조했다.[34] 이러한 점에서 우리는 동아시아 유학자가 경전을 읽고 성인의 경지에 들어가는 과정에서 몸과 마음은 둘이 서로 밀접하게 상호작용하고 안과 밖이 서로 비추어서 하나라도 결여됨이 없어야 한다고 말할 수 있을 것이다. 따라서 동아시아 유가의 해석학은 실질적으로 일종의 '인격(人格)'을 중심으로 하는 활동이며 문자의 해석을 중심으로 삼는 것이 아니다. 스티븐 밴조런(Steven Van Zoeren)이 말한 바와 같이, 유가에서 만약 사람의 '선(善)의 내용'에 대해서 이미 공통된 인식을 하고 있다. 따라서 경전을 읽는 자가 경전 중의 가치와 이념의 신체 행동에 대해서 강조한다면, 중국식 해석학의 중심적인 문제 또한

32) 大鹽中齋, 『洗心洞箚記』, 相良亨 等 校注, 『佐藤一齋 大鹽中齋』, 『日本思想大系』, 第46卷(東京, 岩波書店, 1980年) 수록, 上册, 第6條.

33) 荊門市博物館 編, 『郭店楚墓竹簡』(北京, 文物出版社, 1998年), 「六德」, 187면.

34) 徐復觀, 「心的文化」, 『中國思想史論集』(臺北, 臺灣學生書局, 1975年), 242-249면, 특히 243면.

'어떻게 하면 텍스트를 이해할 수 있을까'에 있지 않고, '어떻게 하면 텍스트로부터 감화를 받아'서 경전을 읽는 자의 생명으로 전화시킬 수 있을까에 있는 것이다.[35)]

그러나 경전을 이해하는 기초로서의 '체지(體知)'가 실제 운용 과정에서는 도리어 많은 문제에 직면할 수 있다. 그중 비교적 방법론의 의의를 갖추고 있는 것은 아래와 같이 몇 개 항목으로 분류할 수 있다.

(1) 신체가 사회문화의 특수성으로 야기되는 '체지'의 경험 때문에 소통 혹은 전승하기 어렵다는 문제이다.

이 문제는 메를로 퐁티가 지적한 것처럼, 사람의 신체는 '객관적 신체(the objective body)'로 인식되는 것이 아니라, '현상적 신체(現象的身體, the phenomenal body)'로 인식되어야 하며, 사람의 감각적 신체의 주체성은 오직 '체현(體現, embodiment)'을 통해서만 드러날 수 있다.[36)] 메를로 퐁티가 말한 '체현(體現)'은 동아시아 사상 중에서 더욱 중요하다. 필자는 최근 이 문제에 대해서 논술한 바 있다. 동아시아 사상 전통 중의 '신체(身體)'는 결코 객관인지의 대상이 되는 실체로서가 아니라 문화적 가치의식 중에 침잠해 있는 것으로, 구체적인 사회 · 정치 · 경제 상황과의 밀접한 상호작용을 통해서 기능성을 유발하는 관계의 '신체'이다. 이러한 '신체'는 공간적으로 사회 · 정치 · 경제의 맥락 중에 있으며, 또한 시간적으로 역사적 경험의 소환(召喚)과 세례(洗禮)를 받으면서 일종의 이성적(理性的)

35) Steven Van Zoeren, *Poetry and Personality: Reading Exegesis, and Hermeneutics in Traditional China* (Stanford, Calif.: Standford University Press, 1991) 참고. 또한 Robert Eno, "Towards a History of Confucian Classical Studies," *Early China*, No. 17 (1992), pp. 204, 112 참고.

36) Maurice Merleau-Ponty, tr. by Colin Smith, *Phenomenology of Perception*, pp. 198-199 참고.

이면서도 감성적(感性的)인 주체가 된다. 동아시아 사상 전통 중의 '신체'는 일종의 이성 주체로, '신체'가 이성의 지도를 받아들이기 때문에, 일상생활, 사회규범 및 정치작용을 위해서 행동하며, 이로 인해서 신체가 사회성과 정치성을 갖추게 된다. 동아시아 사상 전통 중의 '신체'는 또한 일종의 감성 주체이며, 신체가 사회문화 상황 속에 처해있기 때문에 기능성의 작용을 발휘하는 것이다.[37)]

이와 같이 사회문화의 가치전통 중에 깊숙이 침잠해 있는 '현상적 신체'를 통해서 '체지(體知)'한 경전 중의 '도(道)'[38)]는 어쩔 수 없이 시간성과 공간성을 강하게 공유하고 있으며, 또한 시간과 공간 조건으로부터 제약을 받을 수밖에 없다. 바꿔 말하면, 맹자가 말했던 순(舜)이나 부열(傅說) 등과 같은 옛 성현이 마음 쓰고 인내했던 '체지'의 도덕적 신념은 물론이거니와, 또한 왕양명이 벽지에서 곤궁함에 처해 몸소 체험했던 '체지'의 '치양지(致良知)'의 가르침이 모두 다 어떤 의의에서의 '구체적 공상(concrete universals)'이 되는 것을 피할 수는 없다. 주자는 사람들에게 독서에 대해서 가르칠 때 "반드시 몸소 체험해야 한다.(須要切己體驗)", "반드시 돌이켜서 자신의 몸에 미루어 궁구해야 한다.(須反來就自家身上推究)", "반드시 자신의 몸에서 체험하고 살펴야 한다.(就切己上體察)"라고 강조했다.[39)] 그러나 개인의 실제 체험으로부터 '체지(體知)'해서 얻은 심득(心得)은 종종 홀로 깨닫는 것으로, 동일한 경력이나 심신의 역정을 경

---

37) 黃俊傑, 「東亞儒家思想傳統中的四種身體,類型與議題」, 원형은 『法鼓人文學報』(臺北, 法鼓人文社會學院), 第2號(2006年), 黃俊傑, 『東亞儒學: 經典與詮釋的辯證』(臺北, 臺大出版中心, 2007年), 第5章 수록.

38) 『荀子 解蔽』, "將須道者, 虛則入; 將事道者, 壹則盡; 將思道者, 靜則察. 知道察, 知道行, 體道者也." 『莊子 外篇 知北遊』, "夫體道者, 天下之君子所繫焉."

39) 朱熹, 『朱子語類(1)』, 卷11, 「學五」, 『朱子全書』(上海與合肥, 上海古籍出版社與安徽教育出版社, 2002年) 수록, 第14册, 337면.

험하지 않은 사람과 함께 향유하기는 어렵다. 이 때문에 장자(莊子, 399?~295? B.C.)는 "말(語)이 귀한 것은 뜻(意)이며, 뜻이 따르는 것이 있지만, 뜻이 따르는 것은 말로써 전달할 수 없는 것이다.(語之所貴者意也, 意有所隨. 意之所隨者, 不可以言傳也.)"(『장자 · 천도(天道)』)라고 말했던 것이다. 또한 유협(劉勰, 464~522)도 "소리(音)를 알아주는 것은 정말로 어렵구나! 소리는 진실로 알기 어렵고 알아주는 사람은 진실로 만나기 어려우니, 지음(知音)을 만난다는 것은 천 년에 한 번 있을까 한다!(知音其難哉!音實難知, 知實難逢. 逢其知音, 千載其一!)"(『문심조룡(文心雕龍) · 지음(知音)』)'라고 탄식했던 것이다. 또한, 공자도 그가 가졌던 '도(道)'에 대해서 두 번에 걸쳐 '하나의 이치로 모든 일을 꿰뚫고 있다(一以貫之)'라고 형용했던 것이다.(『논어 · 이인(里仁) · 15장, 위령공(衛靈公) · 3장』) 그러나 천여 년 이래로 동아시아 유학자들의 수많은 설이 난무하여 오히려 그 뜻을 제대로 파악할 수가 없었다. 명나라의 문학가 하복징(賀復徵, 1600?~1646?)은 "'나의 도(道)는 하나의 이치로 모든 일을 꿰뚫고 있다'는 말은 천백여 년 동안 그 뜻을 명확하게 밝힌 자가 없었다.(吾道一以貫之, 千百年間未有明摘其蘊者)"[40]라고 했으며, 청나라 유학자 유보남(劉寶楠, 1791~1855)도 이에 대해 "한(漢)나라 이래로 그 뜻을 파악하지 못했다.(自漢以來不得其解)"[41]라고 했다. 이는 대개 후대 사람들이 심각한 고난과 역경을 몸소 체험하지 않았으므로 공자가 걸어온 마음의 역정을 함께 공유하기 어려웠기 때문이었다.

'체지(體知)'의 경험이 단절되기 쉽고 전승되기 어렵다는 사실에 대해서는, 19세기 일본의 계몽사상가 후쿠자와 유키치(福澤諭吉, 1834~1901)

---

40) 賀復徵, 『文章辨體彙選』(臺北, 臺灣商務印書館, 1983年 景印『文淵閣四庫全書』本), 卷590, 13-14면.

41) 劉寶楠, 『論語正義』(北京, 中華書局, 1990年), 上册, 152면.

의 '일신양세(一身兩世)' 또는 '일인이신(一人二身)'의 설이 가장 설득력 있다. 후쿠자와 유키치는 19세기 일본학자가 전통에서 현대로의 과도기에 처한 것이 대단한 행운이라고 여기고 다음과 같이 말했다.

> 현재 우리나라의 서양학을 하는 사람들은 어느 한 사람이라도 한학(漢學)을 연구하지 않은 사람이 없으며, 또한 어느 한 사람이라도 신도(神道)와 불교(佛教)를 믿지 않는 사람이 없다. 그들은 봉건시대의 무사계급으로 태어난 것이 아니면서 봉건시대의 백성이다. 이것은 마치 한 몸으로 두 세상을 경험한 것과 같으며, 또한 마치 한 사람으로 두 개의 신체를 가지고 있는 것과 같은 것이다.(……)[42]

후쿠자와 유키치는 막부 말기부터 메이지유신에 이르기까지 일본의 지식인들이 격변하는 시대를 몸소 겪었으므로, 한 몸으로 두 세계를 경험했으며 또한 한 사람이면서도 두 몸을 가졌다고 말했던 것이다. 그가 말하는 '두 개의 신체'에서 첫 번째 신체는 곧 도쿠가와막부(德川幕府) 전통의 한학(漢學)으로 길들여진 옛날의 신체이며, 두 번째 신체는 곧 메이지유신의 서양학으로 거듭난 새로운 신체이다. 이 두 종류를 내포하면서 서로 다른 신체는 모두 심오한 사회문화의 의의를 갖추고 있으며, 시대의 변천에 따라서 심각한 상흔(傷痕)을 남겼다. 그리고 앞뒤로 두 종류의 '신체'가 '체지(體知)'한 대부분의 경험이나 지적인 이해는 모두 다른 시대의 사람들에

42) 福澤諭吉, 『文明論の概略』(東京, 岩波書店, 1997年). 중역본, 北京編譯社 譯, 『文明論概略』(北京, 商務印書館, 1995年), 「序言」, 3면, "目前我國的洋學家們, 沒有一個不是以往研究漢學的, 也沒有一個不是信仰神佛的; 他們不是出身於封建士族, 便是封建時代的百姓. 這好像是一身經歷了兩世, 也好像一個人具有兩個身體. ……" 福澤諭吉 본인 또한 그가 말한 '一身兩世'·'一人兩身'의 대표적인 인물이다. 福澤諭吉 著, 馬斌 譯, 『福澤諭吉自傳』(北京, 商務印書館, 1995年) 참조.

게 전승되기 어렵기 때문에, 심지어는 한 사람의 몸에서조차도 심한 긴장관계를 조성하기도 한다. 이러한 '일인이신(一人二身)'의 분열과 긴장관계는 막부 말기 및 메이지유신 때의 일본의 지식인 후쿠자와 유키치와 같은 사람에게서 보일 뿐만 아니라, 송말(宋末)원초(元初)의 허형(許衡, 1209~1281)과 유인(劉因, 1249~1293) 및 명말(明末)청초(淸初)의 황종희(黃宗羲, 1610~1695), 주순수(朱舜水, 1600~1682) 등에서도 나타나고 있다. 더욱이 1895년의 대만 할양 이후의 롄헝(連橫, 1878~1936) 및 1949년 이후의 바다를 건너 대만에 온 당대의 중국 지식인들에게서도 나타난다.

(2) '체지(體知)'에서 얻은 '분수(分殊)'를 어떻게 연마해서 '이일(理一)'로 만드는가의 문제.

'체지'의 경전 해석 방법을 모든 개인의 심신 체험에 호소하여 얻은 것은 개별적이고 구체적인 '앎(知)'이다. 왕양명은 「고동교에게 답하는 글(答顧東橋書)」에서 다음과 같이 말했다.

> 생각건대, 내 견해는 다음과 같다. 부모님을 따뜻하고 시원하게(溫凊) 해 드리고, 부모님을 봉양(奉養)하고자 하는 것을 가리켜 뜻(意)이 있다고 하지만 그것을 아직 성의(誠意)라고는 말할 수 없다. 반드시 따뜻하고 시원하게 해 드리고 부모님을 봉양하고자 하는 뜻을 실제로 행하여 자신에게 흡족하기를 힘써 구하여 자신을 속이는 일이 없는 다음에야 이것을 성의(誠意)라고 말할 수 있다. 어떻게 하는 것이 부모님을 따뜻하고 시원하게 해 드리는 절목(節目)이 되는지, 어떻게 하는 것이 부모님에 대한 봉양의 마땅함이 되는지를 아는 것이 이른바 앎(知)이지만, 그것을 아직 앎에 이르렀다(致知)라고 말할 수는 없다. 반드시 어떻게 하는 것이 따뜻하고 시원하게 해 드리는 절목(節目)이 되는지를 아는 앎(知)을 지극한 데까지 확충하여 실제로 그것으로써 따뜻하고 시원하게 해 드

리며, 어떻게 하는 것이 봉양의 마땅함이 되는지를 아는 앎(知)을 지극한 데까지 확충하여 실제로 그것으로써 봉양한 뒤에야 그것을 치지(致知)라고 말하는 것이다.(蓋鄙人之見, 則謂意欲溫淸, 意欲奉養者, 所謂意也, 而未可謂之誠意. 必實行其溫淸奉養之意, 務求自慊, 而無自欺, 然後謂之誠意. 知如何而爲溫淸之節, 知如何而爲奉養之宜者, 所謂知也. 而未可謂之致知. 必致其知如何爲溫淸之節者之知, 而實以之溫淸. 致其知如何爲奉養之宜者之知, 而實以之奉養, 然後謂之致知.)[43)]

왕양명은 여기서, 사람은 반드시 부모에게 효도하고 순종하는 '온청지절(溫淸之節)'을 알아야 비로소 '앎(知)'이라고 하며, 반드시 실제로 봉양한 뒤에야 비로소 '치지(致知)'라고 말할 수 있다고 주장했다. 이 단락의 설법은 왕양명이 38세 때에 깨달은 '지행합일(知行合一)'의 가르침이 이론적 기초가 되었다. 다만 라오스광(勞思光)이 말하는 바와 같이, 왕양명의 '지행합일'설 중의 '지(知)'는 가치판단을 가리켜서 말한 것으로 곧 '지선지악(知善知惡)'의 '양지(良知)'이며, 이른바 '행(行)'은 생각이 일어나 전개되는 행위의 모든 역정을 가리켜서 말하는 것이다.[44)] 왕양명은 사람은 반드시 몸소 어떤 하나의 가치판단을 실천해야만 비로소 그 하나의 가치판단에 대해서 절실하게 이해하게 된다고 강조하는데, 이것이 곧 매우 철저한 '체지(體知)'인 것이다.

그러나 인지 방법으로서의 '체지'가 여기서 직면하게 된 문제는, 어떻게 하면 수많은 구체적이고 특수한 가치와 이념에 대한 '체지' 속에서 추상적이고 보편적인 가치 명제를 장악하는가이다. 이것이 '다(多)'와 '일(一)'의 문제이고, '수상(殊相)'과 '공상(共相)'의 문제이며, 또한 주자학 중

---

43) 『傳習錄』, 第138條, 「答顧東橋書」, 180-181면.

44) 勞思光, 『新編中國哲學史』(三上), 433면.

의 '분수(分殊)'와 '이일(理一)'의 문제이다.

여기서는 주자(朱子)의 논점으로부터 시작해보자. 주자는 다음과 같이 말했다.

> 세간의 일은 비록 천만 가지로 복잡하더라도 실제로는 단지 하나의 도리(道理)일뿐이니, 이는 곧 '이일분수(理一分殊)'를 이르는 것이다. 느낌이 통하는 곳에 이르면 자연스럽게 처음과 끝이 상응한다. 어느 때는 이것으로부터 발하여 밖에서 느끼게 되며, 어느 때는 밖으로부터 들어와 나에게서 느끼게 되는데 모두 하나의 이치(理)이다.(世間事雖千頭萬緒, 其實只一箇道理, '理一分殊'之謂也. 到感通處, 自然首尾相應. 或自此發出而感於外, 或自外來而感於我, 皆一理也.)[45]

그러나 '이일(理一)'과 '분수(分殊)'는 결코 일종의 대립하는 관계가 아니며, '이일(理一)'은 '분수(分殊)'로서 온갖 사물 속에 편재해 있는 것이다. 주자는 다음과 같이 말했다.

> 이른바 이일(理一)이라고 하는 것은 분수(分殊) 속을 관통해서 아직 서로 떨어지지 않은 것일 뿐이다. 대개 하늘이 아비가 되고 땅이 어미가 되는데 이른바 이일(理一)이라는 것이다. 그러나 하늘과 땅은 천하의 아비와 어미가 되고, 부모는 일신(一身)의 아비와 어미가 되므로 나누어 얻을 수 없고 떨어질 수도 없는 것이다. 그러므로 백성을 동포로 여기고 사물을 자신의 동류로 여기는 것은, 천하의 부모로부터 그것을 말한다면 이일(理一)이라고 하는 것이다. 그러나 그것을 백성이라고 한다면 곧 진실로 자신의 동포로 여길 수 없으며, 사물이라고 한다면 곧 진실로 자신의 동류로 여길 수 없는 것이다. 이것은 그 일신의 부모

---

45) 朱熹, 『朱子語類(5)』, 『朱子全書』 수록, 第18册, 卷136, 4222면.

로부터 말하는 것이니 이른바 분수(分殊)라는 것이다.(其所謂理一者, 貫乎分殊之中, 而未始相離耳. 蓋乾之爲父, 坤之爲母, 所謂理一者也. 然乾坤者, 天下之父母也. 父母者, 一身之父母也, 則其分不得而不殊矣. 故以民爲同胞, 物爲吾與者, 自其天下之父母者言之, 所謂理一者也. 然謂之民, 則非眞以爲吾之同胞. 謂之物, 則非眞以爲我之同類矣. 此自其一身之父母者言之, 所謂分殊者也.)[46]

주자의 '이일분수(理一分殊)'론에서 '이일(理一)'과 '분수(分殊)'는 결코 서로 떨어질 수 없으며, '이일'은 '분수' 중에 스며들어 있다. 바꿔 말하면, 오직 구체적이고 특수한 '일(事)' 속에서 겨우 관찰하고 체득할 수 있으며, 또한 추상적인 것에서 벋어나 보편적인 '이(理)'를 도출해 낼 수 있다. 이 것을 또한 '공상(共相)'이 '수상(殊相)' 속에 존재한다고 말한다.

만약 공부(工夫) 이론으로서의 '체지(體知)'를 이와 같은 방법론에서 바라본다면, 어떻게 '분수(分殊)'로부터 '이일(理一)'로 향해갈 수 있을까하는 것은 확실히 문제가 된다. 이처럼 '다(多)'로부터 '일(一)'에 도달하는 과정은 분명하게 누적된 방식을 통하지 않고서 완성되는데, 이는 우주의 만물이 끝이 없고 셀 수도 없어서 끝을 보기 어렵기 때문이다. 가장 좋은 방법은 일종의 정신적 도약을 통하는 것으로, 『주자어류』의 「독서법(讀書法)」에서는 독자가 구체적인 도덕, 문학, 문화, 미학 이론으로부터 익히기 시작하여 최종적으로는 추상적이고 전면적인 '이(理)'를 이해하도록 인도하고 있다. 이러한 과정 중에 독자는 구체적이고 특수한 사물로부터 도약하여 추상적이고 보편적인 원칙에 도달하고, '이(理)'의 분수적인 표현으

46) 朱熹, 『晦庵先生朱文公文集(2)』, 『朱子全書』 수록, 第21冊, 卷37, 「與郭沖晦」, 1635-1640면. 인용문은 1639면에 보임. '理一'과 '分殊'의 관계에 대한 논의는 市川安司, 「朱晦庵の理一分殊解」, 市川安司, 『朱子哲學論考』(東京, 汲古書院, 1985年) 수록, 69-86면 참조.

로부터 도약하여 '이'의 전체적인 특질에 도달한다.[47] 이 또한 주자가 「대학격물보전(大學格物補傳)」에서 말하는 "오늘 하나의 사물을 연구하고 내일 하나의 사물을 연구하여(今日格一物, 明日格一物)" 에서 도약하여 "하루 아침에 활연히 관통함에 이르면, 모든 사물의 겉과 속, 정밀하고 거친 것에 이르지 않음이 없을 것이요, 내 마음의 온전한 모습과 크나큰 작용이 분명하지 않음이 없을 것이다.(一旦豁然貫通焉, 則衆物之表裡精粗無不到, 而吾心之全體大用無不明矣.)" 라고 하는 경지에 도달하는 것이리다.

4. 결론

본 장에서는 동아시아 유학자가 생활 체험을 통해서 경전을 해석하는 경로 및 그 방법론의 문제에 대해서 살펴보았다. 유학자는 경전을 읽고 해석하며 성현을 추모하는 과정에서 몸과 마음이 스며들게 하고 또한 앎(知)과 실천(行)이 일치하도록 한다. 동아시아 유학자가 보면, '마음'은 '기(氣)'를 통해서 '몸'(혹은 '형체')과 잘 융해되어 하나가 된 것이다. 이른바 '심해(心解)'라는 경계는 비록 시공간을 초월하고 있지만, 경전을 읽는 자가 경전 중의 의리를 대하여 '심해'를 얻게 되는 것이 곧 경전을 해석하는 자의 신체로부터 출발하므로 신체의 시공간이라는 조건의 제약을 받게 되는 것이다. 이 때문에 우리는 '심해'의 경계가 실제로는 '체지(體知)'를 기초로 하고 있다고 보아도 무방할 것이다.

---

47) Jonathan R. Herman, "To Know the Sages Better than They Knew Themselves: Chu Hsi's 'Romantic Hermeneutics'," in Ching-i Tu ed., *Classics and Interpretations: The Hermeneutic Traditions in Chinese Culture* (New Brunswick and London: Transaction Publishers, 2000), pp. 215-225 참고.

동아시아 유학자가 경전을 해석하는 과정에서, '함양(涵養)'과 '찰식(察識)'이라는 두 가지 수양의 공부는 서로 통하여 하나가 되기도 하며 또한 서로 인과관계를 가지고 있다. 주자는 「어맹집의서(語孟集義序)」에서 일찍이 다음과 같이 말했다. "『논어』의 말에는 포함하지 않은 바가 없으나, 사람들에게 명시하고 있는 것은 모두 절조를 지키고 함양(涵養)하는 요령이다. 『맹자』7편이 가리키는 것은 궁구하지 않은 바가 없으나, 사람들에게 명시하고 있는 것은 대부분이 체험(體驗)과 확충(擴充)의 단서이다.(『論語』之言, 無所不包, 而其所以示人者, 莫非操存涵養之要. 七篇之指, 無所不究, 而其所以示人者, 類多體驗充擴之端.)"[48] 실제로 동아시아 유학자의 경전 해석과 수양 공부에서 '함양(涵養)'과 '체험(體驗)'은 곧 한 몸체의 양면으로, 마치 수레의 양 바퀴나 새의 양 날개와 같아서 분리할 수 없다.[49]

경전을 읽는 것과 수양이 불가분의 관계에 있으므로, '함양(涵養)'이나 '찰식(察識)'을 불문하고 스스로 수련해야 한다. 이 때문에 모두 다 주체적인 신체로서의 '체지(體知)', '체험(體驗)', '체현(體現)'을 벗어날 수 없다. 경전 속의 의리(義理)가 몸과 마음에 스며들고 몸과 마음 또한 경전 속의 의리에 감화되어서 자신도 모르게 손발이 춤을 추게 되며, 외모에 표현되면 모습이 당당하고 위풍이 있는 것이다. 이것이 '체지'를 통해서 완성된 '체현'이며, 또한 맹자가 말하는 '천형(踐形)'이라는 것이다.

동아시아 유가경전 해석사의 경험으로 보건대, '체지'는 일종의 수단이며 '체현'이 비로소 경전을 읽는 목적이라고 말할 수 있겠다. 따라서 '체현'[50]이 곧 동아시아 유가 해석학에서 가장 중요한 키워드가 된다. 필자가

48) 朱熹, 『晦庵先生朱文公文集(5)』, 『朱子全書』 수록, 第24册, 卷75, 「語孟集義序」, 3630면.
49) 戴君仁, 「涵養與察識」, 戴君仁, 『梅園論學集』(臺北, 臺灣開明書局, 1970年), 194-212면 참고.
50) 인류학자 Andrew J. Strathern가 일찍이 '체현(體現)'에 대해서 정의하길, "체현(體

이미 서술한 바와 같이, 경전 해석 활동에서 중국 해석학의 기본 성질은 일종의 '실천 활동'이다. 더욱 정확하게 말한다면 중국 해석학은 '인지(認知) 활동'을 수단으로 하고 '실천 활동'을 그 목적으로 하고 있다. '인지 활동'은 단지 중국 해석학의 외부 형식이며, '실천 활동'이야말로 그것의 실제적인 본질인 것이다.[51] 중국 해석학은 실제로 '세상 다스림(經世)'을 목적으로 하기 때문에 인지하는 방법으로서의 '체지(體知)'는 반드시 도덕 목표로서의 '체현(體現)' 위에 실현돼야만 한다.

〈『中國詮釋學』, 第6輯(濟南, 山東人民出版社, 2009年 5月)〉

現)은 (……) 어떤 정도에서 아직 신체적 체현을 경험하지 않았거나 신체와 무관한 가치와 관련이 있다고 여겨진다. 바꿔 말하면, 체현은 추상과 구체를 결합하여 그 자신을 억누르는 하나의 술어로 여겨진다." Andrew J. Strathern, *Body Thoughts* (Ann Arbor: University of Michigan Press, 1996). 인용문은 중역본, 王業偉·趙國新 譯, 『身體思想』(瀋陽, 春風文藝出版社, 1999年), 255면에 보임. 이와 같은 인류학적인 정의 또한 동아시아 유가경전의 해석학에 그대로 적용할 수 있을 것이다. '체현(體現)'에 대한 인류학 신연구의 전범으로서는, Thomas J. Csordas, "Embodiment as a Paradigm for Anthropology," *Ethos*, Vol. 18, No. 1 (March, 1990), pp. 5-47 참고. 또 Thomas J. Csordas, "Introduction: the Body as Representation and Being-in-the-world," in Thomas J. Csordas ed., *Embodiment and Experience: The Existential Ground of Culture and Self* (Cambridge: Cambridge University Press, 1994), pp. 1-26 참고.

51) 黃俊傑, 『孟子思想史論(卷二)』(臺北, 中央研究院中國文哲研究所, 1997年, 2001年), 481면.

제6장

동아시아 유가경전 해석과 정치권력과의 관계
–『논어』·『맹자』를 중심으로

1. 머리말

동아시아 유가경전 해석 전통의 중요한 특징 중의 하나는, 경전의 해석과 정치권력 사이에 있어서 매우 긴밀하게 상호작용하고 있다는 것이다. 경전 해석자가 추구하는 목적에서 보면, 그들이 희망하는 것은 고전에 새로운 의미를 부여하여 왕권을 순화하고 더불어 제세(濟世)·경세(經世)·구세(救世)의 목표를 완성하는 것이다. 따라서 경전 해석자는 일반적으로 정치적 각도에서 경전의 사상세계에 진입하며, 또한 해석을 달리하는 집단도 종종 정치적 영역에서 서로 교류하면서 격론한다. 다만 경전 해석과 권력 구조의 상호작용에서 보면, 경전 해석은 종종 권력의 지배를 받게 되므로 동일한 경전 텍스트에 대해서 정치적 맥락에서는 전혀 다른 해석을 할 수 있도록 하며, 또한 독자들에게 동일하지 않은 '함의(significance)'를 파생시키기도 한다.[1] 심지어 어떤 특정한 역사 정황에는 경전 텍스트가 권력을 지배한 자들에 의해 고쳐지거나 그 의미가 왜곡되기도 한다.

동아시아 유가경전 해석 전통의 유래와 정치권력 및 권력 구조 변동 사이에는 마치 수많은 실타래가 엉켜있는 것처럼 서로 깊은 관계를 맺고 있다. 그 이유는 무엇보다도 전통 동아시아의 사상가가 경전 해석에 온 힘을 쏟을 뿐만 아니라, 또한 이를 통해 세상을 변화시키는 데에 마음을 두고 있으며, 더더욱 동아시아 유가경전이 세상을 다스리는 것을 근본정신으로 하고 있기 때문이다. 이러하기 때문에 유가경전이 동아시아의 독자들에게는 일종의 상대적이고 객관적인 존재가 결코 될 수 없는 것이다.[2] 이와는 정반대로, 유가경전은 서로 다른 각 세대의 경전 해석자들에게 널리 개발됐던 것이다. 경전 해석자는 20세기 프랑스의 철학가 메를로-퐁티(Maurice Merleau-Ponty, 1908~1961)가 말하는 이른바 해석자가 처한 '존재구조(existential structure)'[3]를 통과해서 경전에 대해서 새로운 해석을 제기하고 경전 텍스트의 새로운 의미를 창출해내야 한다. 이와 같은 사실에 입각하여 말한다면, 우리들은 경전이 실제로 그 '실존적(existential)' 성질을 가지고 있다고 말할 수 있을 것이다. 동아시아 역사에서 유가경전 해석은 필연적으로 정치권력과 밀접하게 상호작용하는 관계를 만들어 왔으며, 경전을 해석하는 사람은 경전을 통해서 세계를 해석할 뿐만 아니라, 그 마음 또한 경전을 통해서 세계를 변화시켜가는 데 있었던 것이다.

---

1) 에릭 도널드 허시(Eric Donald Hirsch, Jr., 1928~)는 '意義(meaning)'와 '意涵(significance)'을 구분하여, 전자는 작품 텍스트에 드러난 '意義'를 가리키며, 후자는 독자가 처한 서로 다른 시공간의 상황으로 작품에 대해서 발생하는 서로 다른 '意涵'을 가리킨다고 하였다. E. D. Hirsch, Jr., *Validity in Interpretation* (New Haven: Yale University Press, 1967), pp. 8면 참고.

2) 예를 들면, 육구연(陸九淵, 1139~1192)은 "儒者雖至於無聲·無臭·無方·無體, 皆主於經世."라고 말했다. 陸九淵, 『陸九淵集』(臺北, 里仁書局, 1981年), 卷2, 「與王順伯」, 17면에 보임.

3) Maurice Merleau-Ponty, tr. by Colin Smith, *Phenomenology of Perception* (London: Routledge & Kegan Paul, 1962), pp. xix, 87f, 158, 172, 448f 참고.

이번 장의 제1절은 동아시아 경전 해석사에서 보이는 해석자와 정치권력 구조의 상호작용에 대해서 구체적인 실례를 들어 경전 해석과 정치권력 사이의 복잡한 관계를 토론하고자 한다. 제2절에서는 정치권력이 경전 해석에 반영되어 나타나는 지배관계를 분석하고자 한다. 제3절에서는 경전 해석자가 정치적 맥락 속에서 경전 텍스트를 인용하여 권력 담당자에게 간언하거나, 경전 해석을 통해서 정치적인 실제 상황에 대응해간 점에 관해서 검토하고자 한다. 제4절에서는 이러한 검토 결과를 토대로 결론을 도출해 보고자 한다.

2. 동아시아 유가경전 해석과 권력의 지배

동아시아 유학사에서 권력의 경전 해석에 대한 지배는 주로 다음과 같은 두 가지 방향에서 나타나고 있다.

1) 권력이 경전 속의 중요한 명사에 새로운 뜻을 부여함

『논어』는 수신(修身)과 제가(齊家)를 통해서 경세(經世)와 제민(濟民)에 나아가게 하는 지침서와 같은 경전이다. 「옹야(雍也) · 1장」에는 "공자께서 말씀하시길, 중궁(仲弓)은 남면(南面)하게 할 만하다.(子曰, 雍也可使南面)"라고 하였는데, 여기서 '남면'이라는 단어는 일종의 매우 구체적인 목표를 의미하는 명사이다. '남면'이라는 단어는 고대 각 계급의 통치자가 백성들에게 군림할 때 남쪽을 향해서 앉은 것을 가리킨다. 고대 건축은 남향이기 때문에 각급 장관이 아랫사람을 접견할 때는 필연적으로 남쪽을 향해 앉게 되었다. 따라서 '남면'이라는 단어는 대개 천자(天子) · 제후(諸侯)

를 가리킬 수 있고, 혹은 경대부(卿大夫)를 가리킬 수도 있으며,[4] 심지어는 기층의 향(鄕)·읍(邑)의 지방장관을 가리킬 수도 있다.[5] 이 때문에, 역대 유학자들이 공자가 말하는 '남면'이라는 단어를 어떻게 해석하느냐에 따라서 그들이 권력 중심으로부터 받는 지배 정도를 알 수 있다.[6]

서한(西漢, 206 B.C.~A.D. 8) 말년의 유향(劉向, 77~6 B.C.)은 『설원(說苑)·수문편(修文篇)』에서, "공자님의 시대에는 위로는 현명한 천자(天子)가 없었다. 그러므로 「옹야(雍也)」에서 남면(南面)할 수 있다고 말한 것이다. 남면이라는 것은 천자(天子)를 말함이다.(當孔子之時, 上無明天子也. 故言雍也, 可使南面. 南面者, 天子也.)"[7]라고 하여 공자가 말하는 '남면'이라는 단어를 '천자'로 풀이했는데, 선진(先秦)의 공자와 그 제자들이 대화하던 때의 언어 환경과 비교적 근접하고 있다. 공자는 제자를 가르침에 신분적 차별을 두지 않는 등 이미 계급 평등의 뜻이 있었다. 공자의 문하에는 네 가지 가르침(四敎) 중에 특별히 정치에 대한 일(政事)을 배우는 과목이

---

4) 王引之, "南面, 有謂天子諸侯者,(……)有謂卿大夫者." 王引之, 『經義述聞』(臺北, 廣文書局, 1979年), 卷31, 「通說上」, 749면 상단. 다만 王引之는 포함(包咸)과 황간(皇侃)이 '南面'을 '諸侯'로 해석한 설 및 그 밖의 사람들이 '南面'을 '天子'로 해석한 설을 비판하면서, "身爲布衣, 安得僭擬於人君乎"라고 말했다. 이것은 그가 처했던 대일통시대의 왕권 지상주적인 개념을 그대로 선진시대의 고전에 투영하여 해석한 것으로 보인다.

5) 宮崎市定(1901~1995)는 "子曰く, 雍なら地方長官がつとまる(……)"라고 하였다. 宮崎市定, 『論語の新研究』(東京, 岩波書店, 1975年), 214면에 보임.

6) 徐復觀(1903~1982)은 최초로 중국 역사상 정치적 실제 상황에서 국왕을 주체로 여겼으나 유가의 정치사상에서는 인민을 주체로 여겼던 현상에 대해서 주목하고 '南面'이라는 단어의 해석을 예로 들어서 이를 설명했다. 徐復觀, 「國史中人君尊嚴問題的商討」, 『儒家政治思想與民主自由人權』(臺北, 八十年代出版社, 1979年), 162면 참조. 필자는 최근 徐復觀이 제기한 중국 역사상의 '二重主體性'설에 대해서 토론한 바 있다. 黃俊傑, 『東亞儒學視域中的徐復觀及其思想』(臺北, 臺大出版中心, 2009年), 54·104·213·218면 참조.

7) 劉向, 『說苑』, 『四部叢刊 初編 子部』(臺北, 臺灣商務印書館, 1965年 景印宋刊本) 수록, 卷19, 92면.

개설되었는데, 공자가 항상 제자들이 덕을 닦아서 지위를 얻도록 권면하고, 예(禮)를 논하고 문(文)을 연구하며, 『춘추』를 지어서 나라를 어지럽히는 불충한 무리(亂臣賊子)가 두려워하도록 한 것은 모두 천자(天子)의 일에 해당된다. 실제로 진(秦) · 한(漢)의 대통일제국의 형성 이전의 고대 전적에 '남면(南面)' 이라는 단어가 자주 등장하는데, 대부분 천자(天子)의 뜻이 있다. 예를 들면, 『주역 · 설괘(說卦)』에서 "성인이 남면하여 천하를 다스리는 것은 밝은 곳을 향해 다스리는 것이다.(聖人南面而聽天下, 嚮明而治.)"[8], 『장자(莊子) · 지락(至樂)』에서 "비록 남면(南面)하여 임금노릇을 하더라도 즐거움이 이보다 더할 수는 없다.(雖南面王, 樂不能過也.)"[9]라고 한 것과 같이 '남면' 이라는 단어는 모두 천자의 뜻으로 쓰였다. 유향은 천자의 권위가 침범당하고 있던 서한 말년에 살았는데, '남면' 을 '천자' 로 해석하고 있는 것 또한 그 시대적 상황이 투영된 것이다.

하지만 동한(東漢, 25~220)부터는 다르게 나타난다. 포함(包咸, 6 B.C.~A.D. 65)은 남면(南面)을 "남면(南面)할 수 있다는 것은 제후(諸侯)를 임용하여 국정(國政)을 다스릴 수 있다는 말이다.(可使南面者, 言任諸侯, 可使治國政也.)"[10]라고 해석했으며, 정현(鄭玄, 127~200) 또한 "제후를 임용하여 다스림을 말함이다.(言任諸侯之治)"[11]라고 해석하고 있다. 위(魏, 220~265)의 하안(何晏, ?~245) 및 송(宋)나라의 형병(邢昺, 932~1010)도 모두 '남면' 을 제후로 해석했다.[12] 청나라 유학자 능정감(淩廷堪, ?~1809)은, "남면

---

8) 王弼 注, 孔穎達 疏, 『周易注疏』(臺北, 藝文印書館, 1955年 影印淸嘉慶二十年江西南昌府學刊本), 卷9, 5면 오른쪽.

9) 郭慶藩 集釋, 王孝魚 點校, 『莊子集釋』(北京, 中華書局, 1982年), 第3冊, 「至樂第十八」, 619면.

10) 程樹德, 『論語集釋』(北京, 中華書局, 1990年), 第2冊, 362면.

11) 程樹德, 『論語集釋』, 第2冊, 362면.

12) 何晏, 『論語集解』, 『四部叢刊 三編』(臺北, 臺灣商務印書館, 1975年), 卷3, 「雍也第六」,

(南面)은 임금을 가리키며 또한 경대부(卿大夫)를 아울러 말한 것으로, 춘추(春秋)시대의 제후(諸侯) 및 후대의 제왕(帝王)이 아니다.(南面指人君, 亦兼卿大夫士言之, 非春秋之諸侯及後世之帝王也.)"[13]라고 해석하고 있다.

이처럼 『논어』 해석사에서 보면 '남면(南面)'이라는 단어의 해석은 천자(天子)·제후(諸侯)로부터 경대부(卿大夫)에 이르기까지 변화했다. 이것은 역대 왕조의 정치권력이 경전 해석자에게 상당할 정도로 반영되면서 조성된 보이지 않는 심리적 압력의 한 단면이라고 할 수 있겠다. 근대의 청수더(程樹德, 1877~1944)는 다음과 같이 말했다.

공자님께서 예(禮)를 논하고 문(文)을 연구하며 『춘추』를 지은 것은 모두 천자(天子)의 일이며, 안자(顏子)가 나라 다스리는 일을 묻는 대답에는 사대(四代)의 제도를 아우르고 있다. 대개 성현의 학문은 반드시 나라를 다스리고 천하를 편안하게 함을 극진하게 하는 것인데, 이것을 자임하기를 꺼리지 않는 것이 바로 그 학문 분야에서 안의 일(內事)에 해당한다. 공자님께서 중궁(仲弓)에 대하여 매우 칭찬하시면서 남면(南面)하게 할 수 있다고 말씀하셨는데, 그 말씀은 은밀하지만, 그 뜻은 분명했다. 포함(包含)과 정현(鄭玄)은 모두 제후를 가리킨다고 하고, 유향(劉向)은 곧 천자를 가리킨다고 했는데, 말하는 것은 비록 같지 않지만, 그 요점은 모두 통하는 것이다. 근세의 유학자는, 남면(南面)은 경대부(卿大夫)이며 천자(天子)와 제후(諸侯)는 포함되지 않는다고 말했는데, 증거를 인용함이 비록 해박하다고 하더라도 성인의 말씀을 천박하게 헤아린 것이다.(夫子議禮考文, 作『春秋』, 皆天子之事, 其答顏子問爲邦, 兼有四代之制. 蓋聖賢之學, 必極之治國平天下, 其不嫌於自任者, 正其學之分內事也. 夫子極許仲弓而云可

21면 아래쪽. "子曰, 雍也, 可使南面. 包曰, 可使南面者, 言任諸侯治." 何晏 注, 邢昺 疏, 『論語注疏』(臺北, 藝文印書館, 1955年影印淸嘉慶二十年江西南昌府學刊本), 51면 위쪽.

13) 淩廷堪 著, 彭林點 校, 『禮經釋例』(臺北, 中央硏究院中國文哲硏究所, 2002年), 430면.

使南面, 而其辭隱, 其義顯. 包·鄭均指諸侯, 劉向則謂天子, 說雖不同, 要皆通也. 近之儒者謂爲卿大夫, 不兼天子諸侯, 證引雖博, 未免淺測聖言.)[14]

청수더는 공자가 말하는 '남면(南面)'은 마땅히 천자(天子)·제후(諸侯)를 가리킨 것으로 볼 수 있다고 주장하고, 경대부(卿大夫)를 가리킨다는 설에 대해서는 반박했는데, 이 설이 비교적 뜻이 통한다고 하겠다.

2) 권력이 경전 텍스트에 역과작용을 일으킴

동아시아 정치권력이 경전 연구와 해석을 지배하는 또 다른 예는, 16세기 일본 황실에서 『맹자』라는 경전을 강독할 때 취한 피휘(避諱) 조치이다. 일본 황실의 강독관(講讀官)이었던 기요하라 노부가타(淸原宣賢, 1475~1550)가 영정(永正) 13년(1516) 10월 17일에서 영정(永正) 14년 10월 21일까지 궁정에서 『맹자』를 진강할 때, 『맹자』 중의 왕권을 비판하는 말 네 곳에 대해서 '어독금기(御讀禁忌)'라는 표시를 하였던 것이다.[15] 첫 번째는 『맹자·공손추하(公孫丑下)·7장』의 "옛날에는 관곽(棺槨)이 일정한 한도(限度)가 없었는데, 중고(中古)에 관(棺)은 칠촌(七寸)으로 하고 곽(槨)도 이에 걸맞게 하는 풍습이 천자(天子)로부터 서인(庶人)에까지 이르렀으니, 이것은 다만 보기에 아름답게 하기 위해서가 아니라, 이렇게 한 뒤에야 인심(人心)에 다하기 때문이었다.(古者棺槨無度, 中古棺七寸, 槨稱之. 自天子

14) 程樹德, 『論語集釋』, 第2冊, 362면.

15) 日本京都大學淸家文庫藏, 『永正鈔本宣賢自筆孟子』, 共七卷. 이 문헌은 '국보'로 지정되었으며, 이미 인터넷 http://edb.kulib.kyoto-u.ac.jp/exhibit/s130/s130cont.html에서 볼 수 있다. 井上順理, 『本邦中世までにおける孟子受容史の研究』(東京, 風間書房, 1972年), 513면 참조.

達於庶人, 非直爲觀美也, 然後盡於人心.)”라는 부분이다. 기요하라 노부가타는 ‘자천자(自天子)’라는 세 글자의 좌측에 붉은색 붓으로 선을 긋고서 이줄 윗부분에 비평하는 말을 써넣기를, “‘자천자(自天子)’라는 세 글자는 궁전에서 강독할 때 제외한다.(自天子三字, 御讀除之)”라고 하였다.[16] 또한 이 단락의 경문(經文)에 대한 조기(趙岐, 108?~210)의 주석 “천자(天子)로부터 서인(庶人)에 이르기까지 후하고 박한 것이 모두 그러하지만, 단지 두께의 수와 장식의 정도에는 차이가 있다.(從天子至於庶人, 厚薄皆然. 但重累之數, 牆翣之飾有異.)”의 ‘천자로부터(從天子)’ 왼쪽에 붉은색으로 직선을 긋고서 그 오른쪽에는, “궁궐에서 강독할 때는 읽지 않는다(禁中■(글자가 분명하지 않은데 아마 ‘講’자인 것 같다)說不讀也)”라고 비평하는 말을 첨가했다.[17] 두 번째는 『맹자 · 등문공상(滕文公上) · 2장』의 “내 일찍이 들었으니, 3년의 상(喪)에 자소(齊疏)의 상복을 입으며 미음과 죽을 먹는 것은 천자(天子)로부터 서인(庶人)에 이르기까지 삼대(三代)가 이를 똑같이 실행했다.(吾嘗聞之矣, 三年之喪, 齊疏之服, 飦粥之食, 自天子達於庶人, 三代共之.)”라는 구절이다. 이 구절 위에 비평하는 말을 써넣기를, “‘자천자(自天子)’라는 세 글자는 궁전에서 강독할 때 제외한다.(自天子三字, 御讀除之)”라고 하였다.[18] 세 번째는 『맹자 · 만장상(萬章上) · 6장』의 “옛적에 순(舜)이 우(禹)를 하늘에 천거한 지 17년 만에 순(舜)이 돌아가시거늘, 3년상을 마치고 우(禹)가 순(舜)의 아들을 피하여 양성(陽城)으로 가 계셨다.(昔者舜薦禹於天, 十有七年, 舜崩, 三年之喪畢, 禹避舜之子於陽城.)”라는 부분이다. 여기서는 ‘순이 붕어하시거늘(舜崩)’의 구절로 이 구절 위에 평어를 달기를, “崩(붕)의 글자는 어전 강독에서 피하며, 아래도 이것을 따른

16) 『永正鈔本宣賢自筆孟子』, 卷第4, 11면.
17) 『永正鈔本宣賢自筆孟子』, 卷第4, 12면.
18) 『永正鈔本宣賢自筆孟子』, 卷第5, 3면.

다.(崩, 御讀避之, 下放(倣)此.)" 라고 하였다.[19] 네 번째는 『맹자 · 만장상(萬章上) · 6장』의 "이윤(伊尹)이 탕왕(湯王)을 도와 천하를 다스리도록 하였는데, 탕왕(湯王)이 돌아가시니 태자였던 태정(太丁)은 즉위하지 못하고 죽었으며, 그 아들 외병(外丙)은 두 살이고, 중임(仲壬)은 네 살이었다.(伊尹相湯以王於天下, 湯崩, 太丁未立, 外丙二年, 仲壬四年.)" 에서 '탕왕이 돌아가시니(湯崩)' 의 구이다. 이 구에 대해서도 "崩(붕)은 어전 강독에서 제외한다(崩, 御讀除之)" 라는 평어를 주기하고 있다.[20]

이상 네 곳의 예에서와 같이, 16세기 일본 궁정의 강독관이었던 기요하라 노부가타(清原宣賢)는 매우 주의 깊게 『맹자』의 본문 및 조기(趙岐)의 주석 중에서 일본 천황의 권위를 해칠 수 있다고 여겨지는 자구에 모두 비점을 가하고, 궁중에서 강독할 때는 마땅히 그 부분을 건너뛰어 읽지 말아야 한다고 명기하고 있다. 이것은 『맹자』라는 경전이 16세기 일본에서 읽힐 때 정치권력이 발휘된 여과작용이었던 것이다.

이처럼 정치권력이 경전에 대해서 만들어낸 여과작용은 다시 유연성과 강경성의 양종 유형으로 구분할 수 있다.

(1) 유연한 여과

'유연한 여과' 라는 것은 역대 정치권력을 장악한 자가 과거시험 출제 권한을 통해서 수험생이 어느 경전 중의 명제에 대해서 생각하도록 유도하거나 어떤 명제에 대해서 홀시하도록 유도하는 것을 가리킨다. 이와 같은 유연한 여과작용이 가장 분명하게 드러나는 것은 황제의 권력이 강한 시기였던 명대(明代, 1368~1644)의 전시(殿試) 제도에서 출제된 『맹자』의

---

19) 『永正鈔本宣賢自筆孟子』, 卷第5, 15면.

20) 『永正鈔本宣賢自筆孟子』, 卷第5, 16면.

시험문제이다.

타이베이의 국가도서관에 소장하고 있는 명대의 등과록(登科錄), 회시록(會試錄), 향시록(鄕試錄), 무거록(武擧錄) 등 66종의 자료를 고찰해 보면,[21] 명대에 전시(殿試) 및 향시(鄕試)에서 출제한 문제 중 『맹자』에서 출제된 것은 모두 46문제였다. 「양혜왕(梁惠王)」편에서 세 문제, 「공손추(公孫丑)」편에서 네 문제, 「등문공(滕文公)」편에서 일곱 문제, 「이루(離婁)」편에서 여섯 문제, 「만장(萬章)」편에서 열 문제, 「고자(告子)」편에서 일곱 문제, 「진심(盡心)」편에서 아홉 문제가 출제되었다. 여기서 과거시험에 출제된 46문제를 자세히 조사해 보면, 대부분이 내면적 수양(內聖)의 범주에 속한다. 예를 들면, 혜제(惠帝) 건문(建文) 2년(1400)의 회시(會試)의 문제는 "공자(孔子)를 집대성(集大成)이라 이르는 것이니, 집대성(集大成)이란 금(金)으로 소리를 퍼뜨리고, 옥(玉)으로 거두는 것이다.(孔子之謂集大成. 集大成也者, 金聲而玉振之也.)"[22]로, 이것은 『맹자 · 만장하(萬章下) · 1장』에서 출제된 것이다. 효종(孝宗) 홍치(弘治) 2년(1489)의 산동(山東)의 향시(鄕試) 시험문제는 "군주께서 성인(聖人)의 정사를 행하신다는 말을 들었으니, 이 또한 성인(聖人)이십니다.(聞君行聖人之政, 是亦聖人也.)"[23]로, 이것은 『맹자 · 등문공상(滕文公上) · 4장』에서 출제된 것이다. 효종(孝宗) 홍치(弘治) 15년(1502)의 회시(會試) 시험문제는 "사방으로 1리(里)가 정(井)이요, 정(井)은 900묘(畝)이니, 그 가운데가 공전(公田)이다. 여덟 집이 모두 사전(私田)으로 100묘(百畝)를 받고 함께 공전(公田)을 가꾼다. 공전(公

21) 臺灣學生書局編輯部 彙輯, 『明代登科錄彙編』(臺北, 臺灣學生書局, 1969年). 이하 이 책을 인용할 때는 약해서 『彙編』이라고 칭한다.

22) 陳迪等編, 『建文二年會試錄一卷殿試登科錄一卷』(明烏絲闌鈔本), 『彙編』 수록, 第1册, 121면.

23) 淩樞等編, 『弘治二年山東鄕試錄一卷』(明弘治間刊本), 『彙編』 수록, 第3册, 1361면.

田)의 일을 끝마친 다음에 감히 사전(私田)의 일을 다스리니, 이것이 야인(野人)과 구별되는 까닭이다.(方里而井, 井九百畝, 其中爲公田. 八家皆私百畝, 同養公田. 公事畢, 然後敢治私事, 所以別野人也.)"[24]로, 이것은 『맹자·등문공상(滕文公上)·3장』에서 출제된 것이다. 이 밖의 시험문제도 모두 개인의 수양을 통해 성인(聖人)이 되고 현인(賢人)이 된다는 문구에 속한다. 그러나 맹자의 정치사상 중에서 '인민의 주체성'을 가장 잘 드러내는 구절은, 명나라 때의 과거시험 문제에서 완전히 홀시되거나 생략되었던 것이다. 이와 같이 의식적으로 선택한 시험문제는 비록 명백하게 드러내지는 않았을지라도, 수많은 지식인들이 『맹자』를 읽는 데에 확실히 유연한 유도 작용을 하였던 것이다. 앞에서 서술한 바와 같이, 16세기 일본 궁정에서 강독관이 『맹자』 본문 중에 '어독금기(御讀禁忌)'라고 주기하고 있는 것도 또한 일종의 '유연한 여과' 작용이었던 것이다.

(2) 강력한 여과

정치권력이 경전에 대해서 행한 강력한 여과작용의 가장 대표적인 예로는, 명나라 태조 주원장(朱元璋, 1368~1398 재위)이 홍무(洪武) 27년(1394)에 대학사 유삼오(劉三吾, 1312~1399)에게 명하여 『맹자』를 조사하게 하고, 더불어 그중에 군주를 비판하는 말들을 삭제하게 하고 편성한 『맹자절문(孟子節文)』이다. 이로써 원래의 『맹자』는 "과거시험에 출제하지 않으며, 과거로 선비를 선발하지 않는다(課試不以命題, 科擧不以取士)라는 처지로 전락하고 말았다.[25] 유삼오가 주원장의 명을 받들어 삭제한 『맹

24) 吳寬等編, 『弘治十五年會試錄一卷』(明弘治間刊本), 『彙編』 수록, 第5册, 2229면.

25) 全祖望, 『鮚埼亭集』, 『四部叢刊 正編』(臺北, 臺灣商務印書館, 1979年 景印上海涵芬樓刊本) 수록, 卷35, 「辨錢尙書爭孟子事」, 370면. 인용문은 劉三吾, 「孟子節文題辭」, 劉三吾 輯, 『孟子節文』(洪武二十七年(1394) 年刊本)에 수록, 黃俊傑, 『孟學思想史論(卷二)』(臺

자』의 본문은 모두 85조에 이른다. 일찍이 룽자오주(容肇祖, 1897~1994)가 삭제된 85조 내용을 11종류로 분류한 바 있는데 다음과 같다. (1) 백성에게 존귀한 지위와 권리가 있다. (2) 백성이 폭군(暴君), 오리(汚吏)에 대해서 보복한다. (3) 백성에게 마땅히 혁명이나 폭군에 반항할 권리가 있다. (4) 백성에게 마땅히 생존의 권리가 있다. (5) 통치자에 대한 비판적인 언론이다. (6) 징병(徵兵)과 현물 징수가 동시에 행해지는 것을 반대한다. (7) 세금 부과에 반대한다. (8) 내전(內戰)에 반대한다. (9) 관료정치를 비판한다. (10) 인정(仁政)을 하고 백성을 구제한다. (11) 군주가 선량(善良)하지 못하다거나 풍속을 해쳤다는 책임 등의 문장이다.[26] 유삼오는 「맹자절문제사(孟子節文題辭)」에서 맹자가 백성을 근본으로 해야 한다는 말은 당시의 제후국에서 가능하지만, 천하가 하나로 통일되고 황제 권력이 강력해진 대명제국(大明帝國)에서는 허용될 수 없는 것이라고 강조했다. 유삼오는 다음과 같이 말했다.

> 만약 천하가 한 명의 군주이고 사해가 하나의 국가이며, 사람마다 임금을 존중하고 윗사람을 친히 하는 마음이 같다면, 배우는 사람이 혹 명교(名教)를 지킨다는 본래의 뜻을 얻을 수 없는 것이다. 마땅히 말하지 말아야 하고 마땅히 시행하지 말아야 하는 것에 있어서 대개 말로써 하고 대개 시행하게 되면, 배움은 배우는 바가 아니며 쓰임은 쓰이는 바가 아니다.(若夫天下一君, 四海一國, 人人同一尊君親上之心, 學者或不得其扶持名教之本意, 于所不當言 · 不當施者, 概以

北, 中央研究院中國文哲研究所, 1997年, 2001年), 「附錄」, 542면에서 재인용함. 『孟子節文』은 모두 세 개의 간행본이 있는데, 모두 北京圖書館(新館)의 善本書室에 소장되어 있으며, 이미 북경도서관 古籍出版 편집부의 정리를 거쳐 북경시 書目文獻出版社에서 1988년에 출판되어, 『北京圖書館古籍珍本叢刊』之一에 수록되었다.

26) 容肇祖, 「明太祖的『孟子節文』」, 『讀書與出版』, 第2年第4期(1947年, 上海), 18-21면.

言焉, 概以施焉, 則學非所學, 而用非所用矣.)[27]

유삼오가 말하는 바와 같이, 실제로 '천하가 한 명의 군주이고 사해가 하나의 국가'인 권력 구조에서는, 정권을 잡은 자들에 의해서 『맹자』라는 경전에서 국왕의 주체성을 위반한 정치적 발언이 모두 삭제되었다!

3. 동아시아 유가경전의 정치적인 해석

여기서는 동아시아 유가경전 해석과 정치권력의 또 하나의 관계를 토론해 보고자 한다. 경전 해독자는 경전 내용을 바탕으로 당대 정치권력의 운영이나 방향을 이끌어 내려고 생각할 것이다. 이러한 상호작용 관계는 동아시아 경전 해석사에서 비교적 자주 나타나는 것으로 아래와 같이 두 가지 유형이 존재한다.

1) 경전 해석자가 정치적 입장에서 경전을 인용하여 정치적 주장을 하는 경우

동아시아 각국 역사상 유가경전은 종래부터 상아탑 속의 고귀한 책자라기보다는 인민생활, 특히 정치생활과 밀접한 관계를 맺고 세상을 다스리는 보배로운 경전이었다. 유가경전에 실린 문화적 이상과 역대 왕조의 정치는 직접 밀접한 관련이 있다.[28] 따라서 동아시아 유학자가 종종 정치

---

27) 劉三吾, 「孟子節文題辭」, 黃俊傑, 『孟學思想史論(卷二)』, 「附錄」, 542면에서 재인용함.

28) Frederick P. Brandauer and Chun-chieh Huang eds., *Imperial Rulership and Cultural Change in Traditional China* (Seattle: University of Washington Press, 1994).

적 맥락에서 유가경전을 인용하여 정치권력의 방향을 이끌어 내고 있다. 다음은 그러한 예를 들어서 분석해 보기로 하자.

서한(西漢)의 장우(張禹, ?~5 B.C.)는 『역경』과 『논어』에 정통했는데, 성제(成帝, 33~8 B.C. 재위) 때에 6년간 재상의 자리에 있었으며, 물러난 다음에도 국가에 큰 정치적 문제가 있을 때 매번 국정에 참여했다. 영시(永始, 16~13 B.C.), 원연(元延, 12~9 B.C.) 연간에 일식과 지진이 빈번히 일어나자 관리와 백성들이 자주 상소를 올렸는데, 재난과 이변이 일어나는 것은 왕망(王莽, 45 B.C.~A.D. 23)의 전횡이 불러들인 재난 때문이라고 여겼던 것이다. 이에 황제는 장우에게 하늘의 이변 및 관리와 백성들이 왕망을 비판하는 것에 대해서 물어왔다. 장우는 자신이 늙고 자손은 아직 미약한데 왕씨의 원망을 살까 두려워서 황제에게 다음과 같이 회답하였다.

춘추(春秋) 242년간 일식이 30여 차례 지진이 다섯 차례 일어났는데, 혹은 제후(諸侯)가 서로 죽이고, 혹은 이적(夷狄)이 중국을 침입했기 때문입니다. 재난과 변란이라는 이변현상은 심원하여 헤아리기 어려우므로, 성인(聖人)도 명(命)에 대해서 드물게 말씀하시고 괴이한 것이나 귀신에 대해서는 말씀하시지 않았습니다. 성(性)과 천도(天道)에 대해서는 자공(子貢)의 무리들 때부터 듣지 못했으니, 하물며 천박한 견식과 비루한 유학자가 말한 것이겠습니까! 폐하께서는 마땅히 정사(政事)를 다스려서 잘 대응하시고 아래 백성과 더불어 그 복과 기쁨을 같이하셔야 하나니 이것이 경전의 뜻입니다. 이제 갓 배운 젊은이들이 도(道)를 어지럽히고 사람들을 의혹되게 하니 마땅히 신용하지 마시고 경술(經術)로 그것을 단절해야 합니다.(春秋二百四十二年間, 日蝕三十餘, 地震五, 或爲諸侯相殺, 或夷狄侵中國. 災變之異, 深遠難見, 故聖人罕言命, 不語怪神. 性與天道, 自子貢之屬不得聞, 何況淺見鄙儒之所言! 陛下宜修政事以善應之, 與下同其福喜, 此經義意也. 新學小生, 亂道誤人, 宜無信用, 以經術斷之.)[29]

장우는 이와 같은 고도의 정치성 대화 중에서 "공자님께서는 명(命)에 대해서 드물게 말씀셨다.(子罕言命)", "공자님께서는 괴이(怪異)함과 용력(勇力)과 패란(悖亂)의 일과 귀신(鬼神)의 일을 말씀하지 않으셨다.(子不語怪力亂神)", "선생님께서 성(性)과 천도(天道)에 대해서 말씀하시는 것은 들을 수 없었다.(夫子之言性與天道, 不可得而聞也)" 등 『논어』의 세 구절을 인용하여 간접적으로 왕망을 보호하면서, 왕씨 자제로부터 호감을 얻을 뿐만 아니라 또한 자기가족의 화를 면했던 것이다. 장우는 고도의 정치적인 입장에서 『논어』를 인용하여 자신의 뜻을 개진했다고 말할 수 있다.

당대(唐代)의 배서(裴諝, 생졸연대 미상)는 사람됨이 너그럽고 온화한데, 일찍이 사사명(史思明, ?~761)이 종실(宗室)을 살육하는 것을 저지하여 전란이 평정된 후에 다시 중용되었다. 대종(代宗, 762~779 재위) 때에 배서가 하동(河東)지역의 조용염철사(租庸鹽鐵使)에 임명되었을 때 관중(關中)지역이 가뭄을 당했다. 대종이 배서를 불러서 그 해의 세금 수입을 묻자, 배서는 『맹자』 중의 "임금께서는 하필 이(利)를 말씀하십니까? 또한 인의(仁義)가 있을 뿐입니다.(王何必曰利, 亦有仁義而已矣)"라는 구절을 인용하여 "나라를 다스리는 것은 인의(仁義)로써 할 뿐입니다. 어찌 이(利)로써 하겠습니까?(理國者, 仁義而已. 何以利爲?)라고 대답하였다. 배서는 『맹자』 구절을 인용하여 황제가 물은 조세 수입 항목에 대해서 회답을 회피하면서, 더불어 황제가 백성들의 고통에 관심을 가져야 한다고 건의했던 것이다. 황제는 이에 깊이 동감하고 배서를 좌사랑중(左司郎中)의 보직으로 승진시켰다.[30]

이상과 같이 한(漢)·당(唐)의 군신 간의 대화 중에는 유가경전을 인용

29) 班固, 『漢書』(北京, 中華書局, 2002年), 卷81, 「匡張孔馬傳第五十一」, 3351면.

30) 劉昫, 『舊唐書』(北京, 中華書局, 2002年), 卷126, 3567면.

하여 어떤 정치적 명제나 주장을 지지하거나 반박하는 예가 자주 보인다. 그리고 이와 같은 예는 일반적인 현상으로, 수천 년간 유가경전에 대해서 정치적인 해석을 해온 동아시아 역사에서 항상 접하는 현상이라고 말할 수 있다.

2) 당대의 정치적 관점에서 경전을 해석하는 경우

유가경전에 대한 제2유형의 정치적인 해석은 독자가 당대의 정치적 관점에서 경전 속으로 '읽어 들어가(讀入)' 새로운 해석을 하는 것이다. 이처럼 동아시아 유학자가 당대의 정치적 논술로서 경전을 해석하는 것은 역사적으로 뿌리가 깊다. 맹자는 『오경(五經)』에 통했으며, 특히 『시경』·『서경』에 밝았다. 맹자가 경전(특히 『시경』)을 인용할 때는 경전 텍스트의 뜻에 얽매이지 않고, 고전에 출입하면서 옛것을 적절하게 활용하여 도도한 웅변으로 문리를 이루게 했는데, 경전을 인용하면서도 경전의 뜻에 얽매인 것은 아니었다.[31] 동한(東漢) 조기(趙岐)의 『맹자』 주석 또한 한나라의 천하 통일이라는 정치적인 관점으로 『맹자』를 읽어 들어간 것이다. 『맹자·이루하(離婁下)·12장』에서 맹자가 "대인(大人)이란 어린아이의 마음을 잃지 않은 자이다.(大人者, 不失其赤子之心者也.)"라고 말한 것에 대해서 조기는 "대인이란 임금을 이르니, 임금이 백성을 보기에 마땅히 어린아이 같이하여 백성의 마음을 잃지 않는 것을 말한 것이다.(大人謂君, 國君視民當如赤子, 不失其民心之謂也.)"[32]라고 풀이했다. 이 장의 전체 뜻을 밝히

---

31) 黃俊傑, 「孟子運用經典的脈絡及其解經方法」, 『臺大歷史學報』, 第28期(臺北, 2001年), 193-205면; Chun-chieh Huang, "Mencius' Hermeneutics of Classics," *Dao: A Journal of Comparative Philosophy*, Vol. 1, No. 1 (2001, New York), pp. 15-29.

32) 『孟子』(『四部叢刊 初編』 縮本), 卷8, 65면 상단.

곳에서, 조기는 한발 더 나아가 "사람들이 사랑하는 것은 어린아이보다 더 한 것이 없는데, 백성 보기를 그렇게 한다면 백성들도 그를 생각하는 것이다. 대인의 행실은 이와 같을 따름이다.(人之所愛, 莫過赤子, 視民則然, 民懷之矣. 大人之行不過是也.)"라고 해석했다.[33] 여기서 조기가 맹자의 '대인(大人)'을 '국왕(國君)'으로 해석한 것은, 맹자가 "대인(大人)이란 말은 믿게 하기를 기필하지 않으며, 행실은 과단성 있게 하기를 기필하지 않고, 오직 의(義)가 있는 데로 하는 것이다.(大人者, 言不必信, 行不必果, 惟義所在)"(『맹자 · 이루하(離婁下) · 11장』)라고 말한 것과는 분명한 차이가 있다. 맹자가 말하는 '대인'은 곧 이상적인 인격이었다. 조기가 맹자의 '대인'을 '국왕'으로 해석한 것은 확실히 일종의 과도한 정치적인 해석이다.

이처럼 당대의 정치적 관점으로 경전을 해석하는 경서 해석 방법은 송대(宋代) 지식인들이 맹자의 정치사상에 대한 논쟁에서 가장 구체적으로 나타나고 있다. 11세기 북송(北宋)의 왕안석(王安石, 1021~1086)이 신종(神宗) 희녕(熙寧) 2년(1069)부터 철종(哲宗) 원우(元祐) 원년(1086) 사이에 맹자를 높이게 되자, 사마광(司馬光, 1019~1086)의 맹자에 대한 비판을 시작으로, 왕안석의 신법 정책에 반대하는 정치집단의 심한 반발을 불러일으켰다. 또한 남송(南宋)에서는 여윤문(余允文, 1163년의 기록에 보임), 장식(張栻, 1133~1180) 및 주자(朱子)가 일어나 맹자를 위해서 변호했다. 사실 송나라 지식인들의 맹자에 대한 정치 사상적인 논쟁은 그 정치적인 배경과 맥락을 가지고 있다. 이에 대해서는 필자가 이미 고찰한 바 있으므로,[34] 여기서는 다시 부연하지 않겠다.

당대 정치적 입장에서 고전에 새로운 뜻을 부여한 것은 동아시아 유학

---

33) 같은 주.

34) 黃俊傑, 「宋儒對孟子政治思想的爭辯及其蘊涵的問題」, 『孟學思想史論(卷二)』, 129-190면.

자들의 일관된 경전 독서법으로, 사상사에서는 18세기 일본의 고문사학파(古文辭學派) 유학자인 오규 소라이(荻生徂徠, 1666～1728)가 대표적이다. 오규 소라이는 『논어』에 대한 재해석을 통해서 이토 진사이(伊藤仁齋, 1627～1705)의 고학(古學)적인 해석을 비판했으며, 또한 주자의 이학(理學)적인 사상세계를 해체시켰다. 오규 소라이의 『논어』학 중에서 공자의 '도(道)'는 요(堯)·순(舜)·우(禹)·탕(湯)·문(文)·무(武)·주공(周公) 등 일곱 명의 정치적 영수이면서 문화적 영웅이 세운 '선왕의 도(先王之道)'였으며, 공자가 평생 사모했던 '성인(聖人)' 또한 '법천(法天)'의 '선왕(先王)'이었다. '성인'은 곧 인간질서의 창조자이지만, 성인이 제작한 예의(禮義) 정형(政刑) 등의 정치적 제도는 오히려 천도(天道)나 우주론에 근거를 두고 있다. 이른바 '성인(聖人) 의 도(道)'(곧 '先王之道')는 주로 『육경(六經)』 속에 실려 있는데, 『육경』은 곧 공자가 학습한 경전으로, 그 지위가 『논어』보다 위에 있다는 것이다.[35] 오규 소라이는 또한 맹자의 '인심(仁心)'으로 '인정(仁政)'을 세운다는 설에 대해서도 매우 불만스럽게 여겼다. 그는 맹자의 설에 대해서 "단지 민심을 수습하는 정도였을 뿐이며, 민간의 제도에 대해서는 자세하게 언급하지 않았다.(僅以收民心, 而未詳及民間之制度.)"라고 비판했다.[36] 오규 소라이는 『논어』를 해석하면서, "예(禮)로 마음을 억제한다(以禮制心)"고 강조했으며,[37] 또한 공자가 말한 "자기를 이겨서 예(禮)로 복귀한다(克己復禮)"를 "예(禮)에 몸을 바친다(納身於禮)"로 해석했다.[38]

---

35) 荻生徂徠, 『論語徵』, 關儀一郎 編, 『日本名家四書註釋全書』(東京, 鳳出版, 1973年) 수록, 第7卷. 黃俊傑,
「作爲政治論述的經典詮釋學: 荻生徂徠」, 『德川日本「論語」詮釋史論』(臺北, 國立臺灣大學出版中心, 2006年) 수록, 145-178면 참조.

36) 荻生徂徠, 『孟子識』, 『甘雨亭叢書』(日本天保年間板倉氏刊本) 수록, 第4集, 11면.

37) 荻生徂徠, 『論語徵』, 辛卷, 304면.

오규 소라이의 『논어』에 대한 해석은 본래부터 주자학과 진사이학(仁齋學)에 반대하는 사상적 내재 요인을 가지고 있었다. 다만 여기서 중요한 사실은 오규 소라이가 18세기 일본의 정치·경제 현실의 기초 위에서 경전을 해석했다는 점이다. 오규 소라이는 일본의 원록(元祿) 9년(1696)에 막부의 장군 도쿠가와 쯔나요시(德川綱吉, 1680～1709 재위)의 총신인 야나기사와 요시야스(柳澤吉保, 1658～1714)를 알게 되면서 발탁되어 '15인부지(十五人扶持)'가 되었다.[39] 그리고 향보(享保) 12년(1727) 전후에 『정담(政談)』이라는 책을 편찬했는데, 여기서 그는 18세기 일본의 모든 정치·경제 현황에 대해서, "문제의 관건이 되는 곳은, 모든 사회의 '유랑민적인 생활'과 모든 일에 제도가 없다는 두 가지 점으로 귀납된다."라고 제기했다.[40] 오규 소라이는 자신이 처한 18세기 일본의 정치·경제의 현실 상황에서 출발하여 유가경전을 읽고 연구했으며, '예(禮)'와 '법(法)' 등의 제도 구축의 필요성을 강조하고, 송유(宋儒)와 같이 형상학 위에 윤리학을 건립하는 것에 대해서는 반대했다. 그의 사상적 풍격은 순자(荀子)의 학문에 가깝고 맹자(孟子)의 학문과는 거리가 있다.

또한 조선시대(1392～1910) 왕궁의 경연(經筵) 강론 중에 『논어』에 대한 국왕과 신하 사이의 대화를 보면, 조선의 군신(君臣) 사이에서도 『논어』를 당대의 정치적 관점에서 해석했다. 예를 들면, 중종(中宗, 1506～1544 재위) 15년(1520) 9월 13일의 『중종실록(中宗實錄)』의 기록을 보면, 유학자

---

38) 荻生徂徠, 『論語徵』, 己卷, 236면.

39) '十五人扶持'는 지위가 높지 않은 관직으로, 17세기 德川幕府 초기의 사무라이(武士)나 유관(儒官)의 후예들이 이 관직에 종사했다.

40) 荻生徂徠 著, 龔穎 譯, 『政談』(北京, 中央編譯出版社, 2004年), 229면. "問題的關鍵之處可以歸納爲, 整個社會的'旅宿境遇'和諸事沒有制度這兩點." 여기서 '旅宿境遇'라는 것은 백성들이 유랑하면서 정착하지 못하고 호적(戶籍)제도가 실현되지 못하는 것을 가리킨다.

김세필(金世弼, 1473~1533)이 『논어 · 자장(子張) · 21장』의 "군자의 과오이다(君子之過也)"를 해석하면서 중종(中宗)이 조광조(趙光祖, 1482~1519), 김식(金湜, 1482~1520)과 같은 사람을 임용한 것이 부당하다는 것을 풍자하였다. 또한 당시 조정의 많은 인물들에 대해서 비평하고, 중종이 즉각 인사 임용과 퇴출의 원인에 대해서 변석하도록 했던 것이다.[41]

여기서 우리가 다시 한 번 짚고 넘어갈 문제가 있다. 왜 동아시아 유학자들은 항상 '사회적 자아'나 '윤리적 자아'와는 상대되는 '정치적 자아'의 입장에서 경전을 해석했던 것일까?

이 문제는 동아시아의 정치적 전통과 유가경전의 사상적 내용이라는 두 가지 각도에서 탐구할 수 있을 것이다. 먼저, 동아시아의 정치적 전통은 국왕을 주체로 하는 정치 일원론적인 구조가 진(秦) · 한(漢) 이후부터 시작하여 한 · 중 · 일 각국의 정치현실이 되었다. 동아시아의 유학자들 대부분이 관직에 종사하므로, 그들이 경전을 읽고 암송할 때 마음속에 생각하는 것은 모두 나라를 다스리고 천하를 태평하게 한다는 거대한 포부였던 것이다. 다음으로는, 유가경전이 본래 자신을 다스려 성인의 경지에 도달하는 것을 강조하지만, 정치에 참여하는 것을 배제하지는 않았으므로, 공자는 "형제에게 효도하고 우애한다.(孝友於兄弟)"를 '정치를 행하는(爲政)' 단서라고 여긴 것이다. 따라서 동아시아 유학자들은 종종 그들의 '정치적 자아'로 성인(聖人)의 경지에 입문하고 다시 경전의 사상세계를 구축한 것이다.

이러한 각도에서 보면, 우리는 통일왕권 아래서 태어난 수많은 유학자들이 맹자(孟子)와 만나게 될 때 놀라서 정신을 잃고 손발을 어찌할 줄 몰

41) 『中宗大王實錄』, 卷40, 33면, 『朝鮮王朝實錄』(서울, 東國文化社, 1955-1958年) 수록, 第15册, 卷40, 十五年庚辰九月(1520), 689면a.

랐던 이유를 이해할 수 있을 것이다. 북송(北宋)의 유학자 장구성(張九成, 1092~1159)이 『맹자 · 양혜왕하(梁惠王下) · 8장』의 "일부(一夫)인 주왕(紂王)을 베었다는 말은 들었지만(聞誅一夫紂)" 이라는 구절을 읽을 때 긴장했다고 하는 일화가 가장 유명하다. 장구성은 다음과 같이 말했다.

내가 이 장을 읽고 맹자의 대화를 암송하면 머리카락이 우뚝 솟았으니, 어찌 강직하고 준엄하기가 이와 같은가? 자공(子貢)이 말한 "주왕(紂王)의 불선(不善)이 이처럼 심하지는 않았다. 이 때문에 군자는 하류(下流)에 처하는 것을 싫어하니, 천하의 악행(惡行)이 모두 모여들기 때문이다." 에 생각이 미쳤는데, 어찌 충직하고 용서함이 이와 같은가? 공자의 문하에서 주왕(紂王)을 용서함이 이와 같은데도, 맹자는 단지 일부(一夫)라고 부르고 다시 군신(君臣)으로 논하지 않았으니 괴이하구나.(余讀此章, 誦孟子之對, 毛髮森聳, 何其勁厲如此哉? 及思子貢之說曰, "紂之不善, 不如是之甚也. 是以君子惡居下流, 天下之惡皆歸焉." 何其忠恕若此哉? 夫孔門之恕紂如此, 而孟子直以一夫名之, 不復以君臣論, 其可怪也.)[42]

장구성이 『맹자』에 대해서 '성현(聖賢)의 책' 이라고 칭했는지는 심히 의심스럽다. 그는 또 말하기를,

내가 성현(聖賢)의 서적을 읽고 하나라도 마음에 합치되지 않음이 없었는데, 유독 여기에서 두려워하며 마치 마땅히 하지 말아야 할 것처럼 여겼다. 나 같은 어리석은 자가 어찌 무왕(武王) · 주공(周公) · 공자(孔子)의 중용(中庸)의 도(道)를 만분의 일이라도 능하겠는가? 그러나 유독 이와 같은 것은 어째서인가? 그

42) 張九成, 『孟子傳』, 『文淵閣四庫全書』(臺北, 臺灣商務印書館, 1983年) 수록, 第196册, 卷4, 271면.

러나 자공(子貢)의 설은 근거할 수 있으며 공자님 또한 일부(一夫)를 베었다는 말씀이 없었다. 이것이 내가 감히 시비(是非)를 결정하지 못하고, 세상의 도(道)가 있는 군자가 그것을 경계해 주기를 기다리는 까닭이다.(余讀聖賢之書, 無不一一合於心, 獨於此而慘慄, 若以爲不當爲者. 余一介鄙夫, 豈能望武王·周公·孔子中庸之道萬分之一乎? 而獨如此, 何哉? 然而有子貢之說爲之據, 而孔子又無誅一夫之說. 此余所以不敢決是非, 俟世之有道君子爲之開警也.)[43]

장구성의 의혹처럼, 왕권이 강했던 정치적 현실에서 태어난 일본과 조선의 수많은 유학자들 또한 곤혹스러워했다. 예를 들면, 조선의 유학자 신교선(申敎善, 1786~1858)도 또한 『맹자』를 읽을 때 다음과 같이 비슷한 문제를 제기하고 있다.

묻노니, 제선왕(齊宣王)은 탕왕(湯王)이 걸왕(桀王)을 추방하고, 무왕(武王)이 주왕(紂王)을 정벌하신 것을 신하가 군주를 시해한 것이라고 말했는데, 그르단 말인가? 맹자는 "일부(一夫)인 주왕(紂王)을 베었다는 말은 들었지만" 이라고 대답했는데, 너무 지나친 것이 아니겠는가? 주왕(紂王)이 비록 잔악했을지라도, 일찍이 천자(天子)의 나라의 군주였으니 이를 일부(一夫)라고 하고 베었다고 했는데, 너무 박절한 것이 아니겠는가?(問, 齊宣王之以湯放桀·武王伐紂謂臣弑其君者, 其非歟? 孟子以聞誅一夫紂爲對, 得無過歟? 紂雖殘賊, 曾爲萬乘之主, 則謂之一夫而加誅焉, 得無迫切歟?)[44]

신교선과 장구성의 문제는 모두 『맹자』라는 경전과 독자가 처한 시대의

43) 張九成, 『孟子傳』, 卷4, 272면.

44) 申敎善, 『讀孟庭訓』, 『韓國經學資料集成』(서울, 成均館大學大東文化硏究院, 1988年) 수록, 第45冊, 「孟子十一」, 62-63면.

'역사적 결렬'에 의해서 파생된 것으로, 경전 해석자가 정치적 권력이 일원화된 시대에 태어났기 때문에 정치적 권력이 다원화된 시대의 정치적 언론을 이해할 수 없었던 것이다. 이 때문에 후대의 경전 해석자는 고전에 대해서 새로운 뜻을 부여하면서 그들과 경전의 거리를 좁히려고 한다. 예를 들면, 신교선은 맹자가 말한 '천도(天道)'에 대해서 새로운 해석을 시도하면서 이것으로 그 자신의 의문에 대한 답을 찾고자 했던 것이다. 그는 다음과 같이 말했다.

> 내가 생각하건대, 왕도(王道)는 곧 요(堯)·순(舜)·우(禹)·탕(湯)·문(文)·무(武)·주공(周公)·공(孔)·맹(孟)이 서로 전수하는 도(道)로, 주공(周公)으로부터 그 이상은 군주의 지위에 오르고 공자로부터 그 아래로는 신하의 신분이 되었으니 실로 집집마다 그 도를 얻어 행할 수 있다. 탕왕(湯王)과 무왕(武王)은 때마침 걸왕(桀王)과 주왕(紂王)을 만났기 때문에 불행하게도 토벌하는 일이 있었으나, 만약 요(堯)·순(舜)시대였다면 어찌 왼쪽에 동정호(洞庭湖) 오른쪽에 팽려호(彭蠡湖)를 끼고 사납게 복종하지 않는 마음을 가졌겠는가?(愚謂王道卽堯·舜·禹·湯·文·武·周公·孔·孟相傳之道, 由周公而上, 上而爲君, 由孔子而下, 下而爲臣, 固家家可得而行矣. 湯武適遭桀紂, 故不幸而有征誅之事, 若生堯舜之時, 則豈將左洞庭右彭蠡而悍然有不服之心耶?)[45)]

신교선은 '도(道)'의 보편성을 가지고 '도(道)'가 지배계급으로부터 독점당하고 있는 정치 현상을 와해하여 그와 『맹자』와의 시대적 거리를 좁히고자 했던 것이다.

---

45) 申教善, 『讀孟庭訓』, 63-64면.

4. 결론

본 장은 동아시아 유가경전 해석사에서 보이는 실례를 기초로 경전 해석과 정치적 권력 사이의 복잡한 관계에 대해서 분석하였다. 본문에서는 유가경전이 모두 천하를 다스리고 태평하게 하는 것을 목표로 삼고 있기 때문에 강렬한 경세(經世)적 취향을 가지고 있음을 제기했다. 역대 동아시아 유학자들은 대부분 유학자인 동시에 관원이라는 이중적 신분을 가졌으므로, 왕권지상(王權至上)적 동아시아 각국 권력 구조 속에서 그들의 '정치적 자아'가 유난히 드러났으며, 그들의 경전 해석 사업은 결국 권력이라는 거대한 혼령과의 갈등을 면할 수 없었던 것이다.

동아시아 유가경전 해석과 정치권력의 관계는 세 가지 면이 있다. 첫째, 세상을 다스리는 경전의 내용과 경전을 해석하는 사람들의 정치적 관계로 인해서 둘 사이에는 서로 불가분의 관계를 맺는다. 경전 해석자가 경전을 읽고 경전을 해석하는 사업은 항상 그들의 정치적 사업과 하나가 된다. 둘째, 경전 해석과 정치권력은 또한 고도로 긴장된 경쟁 관계에 있다. 동아시아 각국의 유가경전 해석자는 항상 경전을 인용하여 뜻을 밝히고자 하며, 심지어는 경전 해석을 통해서 당대의 정치적 향방을 이끌고자 한다. 하지만 비교적 자주 접하는 상황은 유가경전 해석자가 정치권력의 압력 아래서 경전 중의 특정 문구, 예를 들면 '남면(南面)'이라는 단어나 민본주의적 정치사상 등에 대해서는 반드시 새로운 해석을 통해 권력 주재자의 현실 상황에 호응하는 것이다. 이와 같이 권력이 경전 해석을 지배하는 정황이 동아시아 역사에서 자주 나타나는 이유는 다름 아닌 유가경전에 기재된 하나의 가치와 이념이 이상적이고 유구한 내용을 갖추고 있기 때문이다. 다만 역대 정치권력은 현실성과 단기성을 구비하고 있는데, 후자가 상대적으로 단기간의 과정 내에서 전자를 지배할 수 있지만, 수천 년 동아시아 역사의 유구한 흐름 속에서 경전의 가치를 완전하게 제거할 수는 없는 것이다. 이것이 곧 명말(明末)의 대유학자 왕부지(王夫之, 1619~1692)가 '유학자의 통(統)'과 '제왕의 통(統)'으로 나누어지지만 '유학자의 통(統)'이 마침내 하늘과 땅에 드리워져 멸망하지 않는다고 말한 까닭이다.[46] 역사의 유구한 흐름 속에서 서로 다른 시대의 지음(知音)을 불러일으켜 경전과 대화하면서 새로운 해석을 엮어내는 것이다. 이 때문에 경전 해석과 정치권력 사이에는 제3종의 관계, 즉 해석자가 경전의 문구와 현실권력 사이에서 모든 힘을 다하면서 모종의 평형관계를 유지하여 양자 사이의 충돌을 격감시키는 것이다.

〈『臺大歷史學報』, 第40期(2007년 12월)〉

46) 王夫之, 『讀通鑑論』(臺北, 河洛圖書公司,1976年), 卷15, 「宋文帝」, 497면.

결론

제7장

결론

19세기 중엽 이전의 동아시아 문화교류권(文化交流圈)에서 '유가경전'과 '지식인' 및 '경전 중의 가치와 이념'이라는 세 가지 항목은 서로 불가분의 관계에 있었다. 또한 이 세 가지 항목은 상호 간에 영향을 주고받으면서 동아시아 문화교류사에서 가장 주목을 끄는 현상을 빚어내었던 것이다. 이 책의 최종 목적은 유가경전을 동아시아 문화교류의 역사적 맥락에서 '유가경전'과 '지식인' 및 '가치와 이념'이라는 삼자 간의 상호작용 및 변화와 융합이라는 복잡한 관계를 분석하는 것에 있다.

이상의 세 가지 항목 중에서 어느 한 항목부터 접근해 들어간다고 하더라도 모두 그 나머지 두 가지 항목과 통할 수 있다. 이 책의 제1장에서는 동아시아 문화교류사 연구의 첫 번째 문제의식으로서 '자아'와 '타자'의 상호작용을 제기했다. 이러한 문제의식에서 출발하여 이 책의 제2장에서는 중·일 문화교류사에서 '자아'와 '타자' 간의 네 가지 긴장관계의 유형을 분석했다. 그 결과 동아시아 유학자들 마음속에는 '자아', '타자', '문화적 정체성', '정치적 정체성' 네 가지 요소가 있는데, 이중에서 '문화자아'가 가장 중요하다는 사실을 제기했다. 한·중·일 각국이 문화적으로 '인(仁)'·'의(義)' 등과 같은 동일한 핵심적 가치와 이념을 향유하고 있기 때문에, 그들은 '자아'와 '타자'의 충돌을 드러내지 않으면서 해소시킬 수 있다고 여겼다. 18세기 조선 유학자 정약용(丁若鏞)은 일본에는 오규 소라이(荻生徂徠) 등의 대유학자가가 있어서 예의를 존중하고 문화를 빛나게 하기 때문에 다시는 조선을 침략하지 않을 것이라고 굳게 믿었다. 17세기 일본의 유학자 이토 진사이(伊藤仁齋)의 아들 이토 토가이(伊藤東涯) 또한 공자·맹자는 절대로 일본을 침략하지 않을 것이라 굳게 믿었다. 제2장의 고찰을 통해서 우리는 다음과 같은 사실을 발견할 수 있었다. 문화의 가치와 이념을 수록하고 있는 유가경전은 동아시아 문화교류 활동에서 각국 지식인들의 생명으로 전화되어 그들이 현실에서 직면하는 각종 충돌이나 긴장을 해결했던 것이다. 이러한 의의에서 '경전' 및 '가치'와 '인물'은 삼위일체로 분리할 수 없는 것이다.

그러나 동아시아 주변 국가의 주체의식이 발아하고 성숙한 이후에는, '동일한 유가의 핵심적 가치와 이념을 향유'한다고 하는 것에 대해서 다시 신중하게 생각해보아야 할 문제가 되었다. 이 책의 제3장에서는 18세기 동아시아 유학자들의 사상세계를 분석했다. 비록 18세기 한·중·일 유학자들이 모두 반주자학을 통과하여 도덕적 형이상학을 반대하고, 또한 '본질'은 오직 '존재'에서 탐색하기를 주장했던 사실은 볼 수 있지만, '인륜일용(人倫日用)'이라는 4자는 바로 이 시대의 동아시아 유학자들이 항상 사용했던 중요한 문구였다. 18세기 조선의 유학자들은 비록 여전히 모화(慕華) 및 사대(事大)사상을 가지고 있었지만, 그들의 주체의식은 이미 싹이 자라나고 있는 중이었다. 그리고 18세기 일본 유학자의 일본 주체의식은 더욱 이른 시기에 성숙했는데, 오규 소라이는 곧바로 중국을 가리켜 '이국(異國)'이라고 불렀던 것이다. 주체의식이 성숙한 배경 속에서 일본과 조선의 유학자들은 이른바 '동일한 유가의 핵심적 가치와 이념을 향유'하는 일에 대해서는, '(원래 중국에서 일어난)보편적 가치'와 '(한·일의)지역적 특색' 사이의 간극을 다 포용할 수 없었기 때문에 반드시 전화되고 더불어 그 사이에서 조화를 이루었다.

넓은 시야에서 동아시아 문화교류사의 발전을 보면, 우리는 '보편적 가치'와 '지역적 특색' 사이에서 상호작용과 전화 및 융합 현상을 발견할 수 있는데, 이것은 실로 매우 주목해야 할 현상이다. 일찍이 16세기 조선 주자학의 대가 이황(1502~1571)은 그의 시대가 주희(朱熹)보다 수백 년 뒤지므로, 주자의 책을 읽을 때는 반드시 그 속에서 '줄이고 요약'해서 읽어야 한다고 주장했다.[1] 18세기 일본의 고이 란슈(五井蘭洲, 1697~1762)[2] 및 이시다 바이간(石田梅岩, 1685~1744)[3]은 일본인으로 태어난 도쿠가와(德川) 유학자가 일본 신도(神道)를 받들지 않고 외래의 유학을 숭배하는 것은 국가를 배반한 것과 다를 것이 없다고 여겼다. 수많은 한일 사상가들에게는 이른바 '유가의 보편적 가치'는 사실 중국에서 기원하였으며, 중화제국의 패권이 동아시아 세계를 지배하게 됨에 따라 동아시아의 '보편적 가치'가 된 것이므로, 실로 그 '문화패권(文化霸權)'이라는 본질을 가릴 수는 없다. 따라서 한일 유학자들은 중국 산동반도에서 기원한 유가의 가치와 이념을 변화 또는 재해석하여 토착적·지역적 문화나 사상적 풍토 속에 용해하고자 모든 힘을 기울였다.

---

1) 李滉, 「朱子書節要序」, 『陶山全書』(서울, 退溪學硏究院, 1988年, 『退溪學叢書』), 第3冊, 卷59, 259면.

2) 五井蘭洲, 『雞肋篇』(大阪大學懷德堂文庫藏孤本), 卷1. 원래 책은 보이지 않으며, 이곳에 관련된 곳은 陶德民, 『懷德堂朱子學の硏究』(大阪, 大阪大學出版會, 1994年), 271면에서 재인용.

3) 石田梅岩, 「問云'遠鬼神'之事之段」, 『都鄙問答』, 柴田實 編, 『石田梅岩全集』(東京, 石門心學會, 1956年) 수록, 45-47면.

동아시아 유가사상 인물들은 경전 중의 핵심 가치와 이념을 재해석 또는 변화시킨 것으로, 가장 대표적인 것은 중국 경전에서 학습해오던 '중국'이라는 단어에 대한 호칭이다. 이 책 제4장에서 중국 경전 중의 '정치적 정체성'과 '문화적 정체성'을 합하여 하나가 된 '중국'이라는 단어의 호칭에 대해서 검토했는데, 도쿠가와시대의 일본 유학자들에 의해 정치적인 함의는 제거하고 문화적인 함의가 취해지면서 '중국'이라는 단어는 전용되어 일본을 가리키게 되었으니 독특한 혜안을 가지고서 독보적인 경지에 이르렀다고 말할 수 있겠다. '중국'이라는 단어는 토쿠가와시대 일본 유학자들의 수중에서 '맥락화 탈피(de-contextualization)' 및 '재맥락화(re-contextualization)'의 발전을 경험하게 되는데, 이는 우리에게 다음과 같은 사실을 알려준다. 동아시아 문화교류 활동 중의 '인물', '경전', '가치' 삼자 중에서 '인물'이 가장 두드러지며 가장 중요한 지위를 점하고 있다. 한일 유학자들의 주체의식 반영은 중국 유가경전 및 그 가치와 이념(예를 들면 '중국'이라는 단어의 칭호)의 새로운 뜻을 가지며, 또한 한일 각지의 문화풍토 속에 융해되었다. 『육조단경(六祖壇經)』에서 말하길, "모든 경서는 사람의 말로 인해서 존재한다.(一切經書, 因人說有)"라고 하였는데, 여기에 딱 부합되는 논리이다. 다만 경전을 읽는 자라야만 문화교류 활동 중에 새로운 해석을 시도하여 경전이 다른 지역에서 새로운 생명과 활력을 얻게 할 수 있을 것이다!

그러나 유학자와 경전 사이는 결코 단선의 지배관계가 아니며, 쌍방향적·변증적 순환관계에 있다. 동아시아 유가경전은 단지 하나의 순수 지식성의 '논술(discourse)'이 아니고 하나의 신심성명(身心性命)의 학문이다. 이 책의 제1장에서 제기한 두 가지 문제의식은 '지식'과 '권력'의 상호작용이므로 제6장에서 동아시아 유학자가 경전을 읽는 것에 대해서 분석했다. 그들은 '체지(體知)'를 수단으로 하고 '체현(體現, embodiment)'에 도달하는 것을 목적으로 하여, 안으로는 자기의 신심상태의 변화를 가져오며, 밖으로는 나라를 다스리고 천하를 편안하게 하는 사업을 완성하고자 했다. 따라서 동아시아 유가의 경전 해석은 필연적으로 정치권력과 모종의 상호 침투하는 관계를 유지하고 있다. 이 책 제6장은 동아시아 유가경전 해석과 한·중·일 각국의 권력 구조 사이에 이미 불가분의 관계에 있으면서 또한 서로 긴장을 유지하고, 연합할 뿐만이 아니라 또한 투쟁하는 관계에 있음을 제기했다. 다만 한·일 유학자가 중국 전국시대(463~222 B.C.)의 『맹자』라는 경전을 해독할 때는 모두 그들이 처한 시공간의 상황과 서로 맞추려고 노력하였다. 20세기 프랑스 철학자 폴 리꾀르(Paul Ricoeur, 1913~2005)가 말하길, "모든 해석학의 목적은 경전이 속한 과거 문화시대와 해석자 본인 사이의 거리를 정복하는 데 있다."[4]라고 했는데, 동아시아 문화교류 맥락 중의 유가경전 및 그 해석에서 보자면 지극히 합당한 논리이다.

4) Paul Ricoeur 著, 林宏濤 等 譯, 『詮釋的衝突』(臺北, 桂冠圖書公司, 1995年), 14면.

■역자 후기

이 책은 대만대학교 인문사회고등연구원(人文社會高等硏究院) 원장으로 계시는 황쥔제(黃俊傑) 선생님의 『동아시아 문화교류에서 유가경전과 이념-상호작용 및 변화와 융합(東亞文化交流中的儒家經典與理念: 互動碎·轉化與融合)』을 번역한 것이다. 여기에 수록된 논문 대부분은 '동아시아 문화교류'에 대한 문제의식과 그 주제에 대한 분석을 주로 하고 있다. 그래서 그 연구방법론을 중시하여 황 선생님의 동의하에 『동아시아학 연구방법론』이라고 고쳐 출간하게 되었다. 이 책에서 제안하는 동아시아학의 연구방법론은 음미할 만한 내용이 적지 않다. 번역하면서 종종 학문적 개안(開眼)의 기쁨을 맛보았는데 그 감동과 즐거움이 이 책을 읽는 독자들에게도 전달되기를 기대한다.

뒤늦은 고백이지만 저자 황 선생님은 내게 적지 않은 가르침과 도움을 주셨던 학문과 인생의 스승이다. 황 선생님과의 인연은 그의 제자 장쿤쟝(張崑將) 교수(현 대만사범대학 동아시아학과 교수)와의 만남을 통해 시작되었다. 장 교수는 2002년 즈음에 에도(江戶)시대의 유학 연구를 위해 자료조사차 몇 개월간 내가 다니고 있던 교토대학을 방문한 적이 있다. 그때의 만남이 인연이 되어 2007년 여름 대만대학에서 개최하는 국제학술회의에

참가하게 되었고 장 교수의 주선으로 황 선생님을 만나 뵐 수 있었다.

당시 황 선생님은 대만대학교 인문사회고등연구원 원장으로 재직하면서 동아시아 유학 연구에 정열을 쏟고 계셨다. 선생님의 학문적 열정에 깊은 감명을 받은 나는 교토대학에서 박사학위를 마치고 대만대학에서 직접 지도를 받기를 희망했다. 황 선생님은 흔쾌히 승낙하시고 인문사회고등연구원의 방문학자 자격으로 초청해 주시고 개인 연구실도 마련해 주셨다. 그 덕분에 2008년 7월부터 일 년 동안 대만대학 인문사회고등연구원에 머무르면서 대만학계 연구자들뿐만 아니라 대만대학을 방문하신 세계적인 석학들과도 교류할 수 있었다. 이러한 기회를 통해 최신의 연구 동향을 파악하고 학문적 시야를 넓힐 수 있었다. 내게는 큰 행운이었다.

황 선생님은 1990년대 후반부터 대만의 우수한 유학 연구자들과 함께 '동아시아 경전과 문화(東亞經典與文化)'라는 연구 프로젝트를 추진하여, 그 연구 성과를 80여 책의 【동아문명연구총서(東亞文明硏究叢書)】로 출판하였고, 그 성과는 학계의 적지 않은 주목을 받았다. 그리고 2005년에 인문사회고등연구원이 설립되자 원장에 취임하여 인문·사회과학뿐만 아니라 학문 분과를 초월한 다양한 연구자들이 공동으로 추진하는 새로운 프로젝트를 주도하는 등 대만 인문학 연구를 선도해 나가고 있다. 이러한 연구 성과물은 고등연구원에서 발행하는 학술지 『대만동아문명학간(臺灣東亞文明硏究學刊 *Taiwan Journal of East Asian Studies*)』뿐만 아니라 【동아문명연구자료총간(東亞文明硏究資料叢刊)】, 【동아유학연구총서(東亞儒學硏究叢書)】 등을 통해서 학계에 꾸준히 소개되고 있다.

번역한 이 책 또한 저자가 최근 몇 년간 발표한 논문 중에서, 동아시아 유학의 연구방법론에 관한 내용을 하나로 엮어 2010년 11월에 【동아유학연구총서】의 하나로 출간한 신간이다.

저자가 서문에서 제기했던 것처럼, "21세기 세계적인 변화에 동반하여,

유가 전통을 동아시아 문화교류라는 맥락 속에 놓고서 고찰하고 그 가치를 평가하는 것" 이야말로 새로운 시대 인문학 연구의 새로운 방향이며, 또한 우리가 노력해 나아갈 가치가 충분히 있는 것이다. 21세기 동아시아학 연구는 다른 어떤 관점이 아니라 동아시아로부터 출발하여 사고할 필요가 있다. 동아시아의 선학들이 자신의 학문을 정초하면서 제출한 경전 해석에 내재한 가치와 이념은 그 핵심적인 연구의 주제가 될 수 있다. 문화에 대한 연구는 좀 더 근원적이고 보편적인 입장에서 동아시아학이 세계 학술계에 자리 잡는데 기여할 것이다. 문화교류의 분야에서 경전과 문화와 관련한 주제와 연구시야는 동아시아학의 부흥과 함께 점차 정립되어 가는 과정에 있다. 황쥔졔 교수의 폭넓은 시각은 한국에서의 동아시아학 연구, 특히 동아시아를 시야에 둔 한국학의 연구 발전에 적지 않은 보탬이 될 것으로 확신한다.

끝으로 한국어 출판을 흔쾌히 허락해 주신 심산 가족에게 심심한 감사의 인사를 올린다.

중국 청도 중국해양대학교 연구실에서 역자는 삼가 쓴다.

참고 문헌

1. 고대문헌

〔漢〕班固, 『漢書』(北京, 中華書局, 2002年).

〔漢〕劉向, 『說苑』, 『四部叢刊 · 初編 · 子部』(臺北, 臺灣商務印書館, 1965年景印宋刊本).

〔魏〕何晏 集解, 〔梁〕皇侃 義疏, 〔淸〕鮑廷博 校, 『論語集解義疏』(臺北, 藝文印書館景印知不足齋叢書本, 1966年).

〔魏〕王弼 注, 〔唐〕孔穎達 疏, 『周易注疏』(臺北, 藝文印書館, 1955年影印淸嘉慶二十年江西南昌府學刊本).

〔魏〕何晏, 『論語集解』, 『四部叢刊 · 三編』(臺北, 臺灣商務印書館, 1975年).

〔魏〕何晏 注, 〔宋〕邢昺 疏, 『論語注疏』(臺北, 藝文印書館, 1955年影印淸嘉慶二十年江西南昌府學刊本).

〔晉〕郭璞 注, 『山海經』(『四部叢刊 · 初編』縮本).

〔後晉〕劉昫, 『舊唐書』(北京, 中華書局, 2002年).

〔宋〕陸九淵, 『陸九淵集』(臺北, 里仁書局, 1981年).

〔宋〕陸九淵, 『象山全集』(北京, 中華書局, 1992年).

〔宋〕張九成, 『孟子傳』, 『文淵閣四庫全書』(臺北, 臺灣商務印書館, 1983年).

〔宋〕朱熹, 『晦庵先生朱文公文集』, 『朱子全書』(上海與合肥, 上海古籍出版社與安徽教育出版社, 2002年).

〔宋〕朱熹, 『論語集注』, 『朱子全書』(上海與合肥, 上海古籍出版社與安徽教育出版社, 2002年).

〔宋〕黎靖德 編, 『朱子語類』, 『朱子全書』(上海與合肥, 上海古籍出版社與安徽教育出版社, 2002年).

〔明〕王守仁, 『王陽明全集』(上海, 上海古籍出版社, 1992年).

〔明〕劉三吾, 「孟子節文題辭」, 轉引自黃俊傑, 『孟學思想史論(卷二)』.

〔〔明〕劉三吾 輯, 『孟子節文』(洪武二十七年年刊本).

〔明〕張載, 『張載集』(臺北, 里仁書局, 1981年).

〔明〕淩樞等 編, 『弘治二年山東鄕試錄一卷』(明弘治間刊本), 臺灣學生書局編輯部彙輯, 『明代登科錄彙編』(臺北, 臺灣學生書局, 1969年), 第3册.

〔明〕吳寬等 編, 『弘治十五年會試錄一卷』(明弘治間刊本), 臺灣學生書局編輯部彙輯, 『明代登科錄彙編』(臺北, 臺灣學生書局, 1969年), 第5册.

〔明〕陳迪等 編, 『建文二年會試錄一卷殿試登科錄一卷』(明烏絲闌鈔本), 臺灣學生書局編輯部彙輯, 『明代登科錄彙編』(臺北, 臺灣學生書局, 1969年), 第1册.

〔明〕賀復徵, 『文章辨體彙選』(臺北, 臺灣商務印書館, 1983年景印『文淵閣四庫全書』本).
〔淸〕王夫之, 『讀通鑑論』(臺北, 河洛圖書公司, 1976年).
〔淸〕黃宗羲, 『孟子師說』, 『黃宗羲全集』(杭州, 浙江古籍出版社, 1985年).
〔淸〕王引之, 『經義述聞』(臺北, 廣文書局, 1979年).
〔淸〕全祖望, 『鮚埼亭集』, 『四部叢刊 · 正編』(臺北, 臺灣商務印書館, 1979年景印上海涵芬樓刊本).
〔淸〕劉寶楠, 『論語正義』(北京, 中華書局, 1990年), 上册.
〔淸〕戴震, 『孟子字義疏證』, 『戴震全集』(北京, 淸華大學出版社, 1991年), 第1册.
〔淸〕阮元, 『揅經室集(一)』(『四部叢刊 · 初編』縮本).
〔淸〕孫詒讓, 『墨子閒詁』(北京, 中華書局, 1986年).
〔淸〕郭慶藩 集釋, 王孝魚 點校, 『莊子集釋』(北京, 中華書局, 1982年).
〔淸〕淩廷堪 著, 彭林點 校, 『禮經釋例』(臺北, 中央研究院中國文哲研究所, 2002年).
〔淸〕焦循, 『雕菰集』(『百部叢書集成』本).
〔淸〕黃遵憲, 『日本國志』(天津, 天津人民出版社, 2005年).
〔淸〕章炳麟, 「臺灣通史序」(1927年), 『章氏叢書三編 · 太炎文錄續編』(蘇州, 章氏國學講習會, 1938年).
〔淸〕蔡廷蘭, 『海南雜著』(臺北, 臺灣銀行經濟研究室, 1959年『臺灣文獻叢刊』第42種).
〔淸〕連橫, 「致林子超先生書」, 臺灣銀行經濟研究室編, 『雅堂文集』(臺北, 臺灣銀行經濟研究室, 1964年).
〔淸〕連橫, 「與林子超先生書」, 『雅堂文集』(南投, 臺灣省文獻委員會, 1964年, 『臺灣文獻叢刊』第208種).
〔日〕上月專庵, 『徂徠學則辨』, 關儀一郎 編, 『日本儒林叢書』, 第4卷(東京, 鳳出版, 1978年).
〔日〕大鹽中齋, 『洗心洞箚記』, 相良亨 等 校注, 『佐藤一齋 · 大鹽中齋』, 『日本思想大系』, 第46卷(東京, 岩波書店, 1980年).
〔日〕山田球, 『孟子養氣章或向圖解』(大阪, 惟明堂大阪支店據東京弘道書院藏版刊印, 1902年).
〔日〕山鹿素行, 『中朝事實』, 廣瀨豐 編, 『山鹿素行全集』, 第13卷(東京, 岩波書店, 1942年).
〔日〕中江藤樹, 『雜著』, 『藤樹先生全集』(東京, 岩波書店, 1940年).
〔日〕五井蘭洲, 『雞肋篇』(大阪大學懷德堂文庫藏孤本).
〔日〕內藤湖南, 『支那上古史』, 『內藤湖南全集』(東京, 筑摩書房, 1969-1976年).
〔日〕內藤湖南, 『燕山楚水』, 『內藤湖南全集』, 第2卷(東京, 筑摩書房, 1971年).
〔日〕石田梅岩, 『都鄙問答』, 柴田實 編, 『石田梅岩全集』(東京, 石門心學會, 1956年).
〔日〕伊藤仁齋, 『同志會筆記』, 『古學先生詩文集』, 相良亨 等 編, 『近世儒家文集集成』(東京, ぺりかん社, 1985年).
〔日〕伊藤仁齋, 『孟子古義』, 關儀一郎 編, 『日本名家四書註釋全書』(東京, 鳳出版, 1973年).
〔日〕伊藤仁齋, 『童子問』, 家永三郎 等 校注, 『近世思想家文集』(東京, 岩波書店, 1966年,

1988年).
〔日〕伊藤仁齋,『語孟字義』,『日本儒林叢書』(東京, 鳳出版, 1978年).
〔日〕伊藤仁齋,『語孟字義』, 井上哲次郎 · 蟹江義丸 編,『日本倫理彙編』(東京, 育成會, 1901-1903年).
〔日〕伊藤仁齋,『論語古義』, 關儀一郎 編,『日本名家四書註釋全書』(東京, 鳳出版, 1973年), 第3卷.
〔日〕佐久間太華,『和漢明辨』, 關儀一郎 編,『日本儒林叢書』, 第4卷, 論辨部(東京, 鳳出版, 1978年).
〔日〕佐藤一齋,『言志錄』, 相良亨 等 校注,『佐藤一齋 · 大鹽中齋』,『日本思想大系』, 第46卷(東京, 岩波書店, 1980年).
〔日〕尾藤二洲,「靜寄餘筆」,『日本儒林叢書』(東京, 鳳出版, 1971年), 第2卷.
〔日〕林羅山,「四書跋,論語」, 京都史蹟會 編纂,『林羅山文集』(東京, ぺりかん社, 1979年).
〔日〕松宮觀山,『學論二編』,『日本儒林叢書』(東京, 鳳出版, 1971年), 第5卷.
〔日〕冢田虎,『聖道合語』,『日本儒林叢書』(東京, 鳳出版, 1971年), 第11卷.
〔日〕原念齋,『先哲叢談』(文化十三年刊本), 第3卷(江戶, 慶元堂 · 擁萬堂, 1816年).
〔日〕淺見絅齋,「中國辨」, 西順藏 等 校注,『山崎闇齋學派』,『日本思想大系』, 第34卷(東京, 岩波書店, 1982年).
〔日〕荻生徂徠,『中庸解』,『日本名家四書註釋全書』(東京, 鳳出版, 1973年), 第1卷, 學庸部.
〔日〕荻生徂徠,『孟子識』,『甘雨亭叢書』(日本天保間板倉氏刊本), 第4集.
〔日〕荻生徂徠,『論語徵』, 關儀一郎 編,『日本名家四書註釋全書』(東京, 鳳出版, 1973年), 第7卷.
〔日〕荻生徂徠,『論語徵』, 關儀一郎 編,『日本名家四書註釋全書』(東京, 鳳出版, 1973年), 第7卷.
〔日〕荻生徂徠,『論語徵』, 關儀一郎 編,『日本名家四書註釋全書』(東京, 鳳出版, 1973年), 第7卷.
〔日〕荻生徂徠,『辨名』,『荻生徂徠』,『日本思想大系』, 第36卷(東京, 岩波書店, 1982年).
〔日〕荻生徂徠,『辨道』,『荻生徂徠』,『日本思想大系』, 第36卷(東京, 岩波書店, 1982年).
〔日〕荻生徂徠 著, 龔穎 譯,『政談』(北京, 中央編譯出版社, 2004年).
〔日〕葛山壽 述, 片山兼山 遺教,『論語一貫』(京都, 青藜館, 未載刊行年代, 京都大學圖書館藏善本).
〔日〕藤井貞幹,『衝口發』,〔日〕本居宣長,『鉗狂人』, 鷲尾順敬 編,『日本思想鬪諍史料』(東京, 名著刊行會, 1964-1970年), 第4卷.
〔韓〕丁若鏞,『與猶堂全書』(서울, 民族文化文庫, 2001年).
〔韓〕丁若鏞,「日本論一」,『與猶堂全書』(서울, 民族文化文庫, 2001年), 第2册.
〔韓〕丁若鏞,「示二兒」,『與猶堂全書』(서울, 民族文化文庫, 2001年), 第3册.
〔韓〕申敎善,『讀孟庭訓』,『韓國經學資料集成』(서울, 成均館大學大東文化硏究院, 1988

年), 第45册.
〔韓〕李珥, 『擊蒙要訣』, 魏常海 主編, 『韓國哲學思想資料選輯』(北京, 國際文化出版公司, 2000年).
〔韓〕李滉, 「朱子書節要序」, 『陶山全書』(서울, 退溪學硏究院, 1988年, 『退溪學叢書』), 第3册.
〔韓〕鄭齊斗, 『霞谷集』, 『韓國文集叢刊』, 第160輯(서울, 景仁文化社, 1995年).
〔韓〕國史編纂委員會 編, 『朝鮮王朝實錄』(서울, 東國文化社, 1955-1958年).
〔韓〕民族文化推進會 編, 『海行摠載』(서울, 民族文化文庫刊行會, 1986再版). (http://www. minchu.or.kr.)

2. 저서

甘懷眞, 『皇權 · 禮儀與經典詮釋: 中國古代政治史研究』(臺北, 臺大出版中心, 2004年).
甘懷眞, 『東亞王權論: 從天下到國家』(臺北, 三民書局, 2010年).
高明士, 『隋唐貢擧制度』(臺北, 文津出版社, 1999年).
高明士, 『戰後日本的中國史研究』(臺北, 明文書局, 1996年修訂版).
勞思光, 『新編中國哲學史』(三上)(臺北, 三民書局, 1983年, 2001年).
唐君毅, 『說中華民族之花果飄零』(臺北, 三民書局, 1989年).
戴君仁, 『梅園論學集』(臺北, 臺灣開明書局, 1970年).
臺灣銀行經濟研究室 編, 『臺灣遊記』(臺北, 臺灣銀行經濟研究室, 1960年, 『臺灣文獻叢刊』第89種).
臺灣學生書局編輯部 彙輯, 『明代登科錄彙編』(臺北, 臺灣學生書局, 1969年).
牟宗三, 『中國文化的省察』(臺北, 聯經出版事業公司, 1983年).
馬超等 譯, 『靈肉探微: 神祕的東方身心觀』(北京, 中國友誼出版社, 1990年).
北京編譯社 譯, 『文明論概略』(北京, 商務印書館, 1995年).
史景遷 著, 溫洽溢 譯, 『追尋現代中國』(臺北, 時報文化出版社, 2001年).
徐興慶 編, 『東亞文化交流與經典詮釋』(臺北, 臺大出版中心, 2008年).
蕭公權, 『中國政治思想史』(臺北, 聯經出版事業公司, 1982年).
孫衛國, 『大明旗號與小中華意識: 朝鮮王朝尊周思明問題研究, 1637-1800』(北京, 商務印書館, 2007年).
楊儒賓, 『儒家身體觀』(臺北, 中央研究院中國文哲研究所籌備處, 1996年).
王勇, 『中日'書籍之路'研究』(北京, 北京圖書館出版社, 2003年).
王業偉 · 趙國新 譯, 『身體思想』(瀋陽, 春風文藝出版社, 1999年).
王爾敏, 『中國近代思想史論』(臺北, 作者自印, 1977年).
嚴紹璗 編撰, 『日本藏宋人文集善本鉤沉』(杭州, 杭州大學出版社, 1996年).
李明輝 等 編, 『李春生著作集』(臺北, 南天書局, 2004年).
李春生, 『東遊六十四日隨筆』(福州, 美華書局, 1896年).

李春生, 『主津新集』, 李明輝 等 編, 『李春生著作集(2)』(臺北, 南天書局, 2004年).
李春生, 『民教冤獄解』, 李明輝 等 編, 『李春生著作集(3)』(臺北, 南天書局, 2004年).
李春生, 『東遊六十四日隨筆』, 李明輝 等 編, 『李春生著作集(4)』(臺北, 南天書局, 2004年).
張崑將, 『日本德川時代古學派之王道政治論: 以伊藤仁齋・荻生徂徠爲中心』(臺北, 臺大出版中心, 2004年).
張學鋒 譯, 『中國文明記』(北京, 光明日報出版社, 1999年).
程樹德, 『論語集釋』(北京, 中華書局, 1990年).
陳芳明 等 編, 『張深切全集』(臺北, 文經社, 1998年).
陳榮捷, 『王陽明傳習錄詳註集評』(臺北, 臺灣學生書局, 1983年).
陳益源, 『蔡廷蘭及其海南雜著』(臺北, 里仁書局, 2006年).
蔡振豐, 『朝鮮儒者丁若鏞的四書學: 以東亞爲視野的討論』(臺北, 臺大出版中心, 2010年).
荊門市博物館 編, 『郭店楚墓竹簡』(北京, 文物出版社, 1998年).
黃俊傑, 『孟子思想史論(卷二)』(臺北, 中央硏究院中國文哲硏究所, 1997年, 2001年).
黃俊傑, 『德川日本論語詮釋史論』(臺北, 臺大出版中心, 2006年初版, 2007年修訂新版).
黃俊傑, 『東亞儒學視域中的徐復觀及其思想』(臺北, 臺大出版中心, 2009年).
侯外廬, 『中國古代社會史』(上海, 中國學術硏究所, 1948年).
關西大學アジア文化交涉硏究センタ 編, 『東アジア文化交流と經典詮釋』(大阪, 關西大學アジア文化交涉硏究センタ, 2009年).
溝口雄三, 『方法としての中國』(東京, 東京大學出版會, 1989年).
宮崎市定, 『論語の新硏究』(東京, 岩波書店, 1975年).
大庭脩 著, 戚印平・王勇・王寶平 譯, 『江戶時代中國典籍流播日本之硏究』(杭州, 杭州大學出版社, 1998年).
陶德民, 『懷德堂朱子學の硏究』(大阪, 大阪大學出版會, 1994年).
福澤諭吉, 『文明論の概略』(東京, 岩波書店, 1997年).
福澤諭吉, 『學問のすすめ』(東京, 中央公論新社, 2002年).
福澤諭吉, 『勸學篇』, 群力譯(北京, 商務印書館, 1996年).
福澤諭吉 著, 馬斌 譯, 『福澤諭吉自傳』(北京, 商務印書館, 1995年).
山根幸夫, 『大正時代における日本と中國のあいだ』(東京, 硏文出版, 1998年).
松浦章, 『江戶時代唐船による日中文化交流』(京都, 思文閣, 2007年).
遠山茂樹, 『戰後の歷史學と歷史意識』(東京, 岩波書店, 1968年).
宇野哲人, 『中國文明記』, 張學鋒 譯(北京, 光明日報出版社, 1999年).
宇野哲人, 『支那文明記』(東京, 大同館, 1912年), 小島晉治 編, 『幕末明治中國見聞錄集成』(東京, ゆまに書房, 1997年).
子安宣邦, 『方法としての江戶: 日本思想史と批判的視座』(東京, ぺりかん社, 2000年).
子安宣邦, 『漢字論: 不可避の他者』(東京, 岩波書店, 2003年).
井上順理, 『本邦中世までにおける孟子受容史の硏究』(東京, 風間書房, 1972年).

酒井三郎, 『日本西洋史學發達史』(東京, 吉川弘文館, 1969年).
湯淺泰雄, 『身體—東洋的身心論の試み』(東京, 創文社, 1977年, 1986年).
樺山紘一 等 編集, 『岩波講座世界歷史』(東京, 岩波書店, 1969-1980年).
和辻哲郎, 『風土: 人間學的考察』(東京, 岩波書店, 1935年, 1960年, 1979年).
黑住眞 等 譯, 『徳川イデオロギ』, ヘルマソ・オームス著(東京, ぺりかん社, 1990年).
姜周鎭, 『海行摠載 · 解題』, 『海行摠載』(서울, 民族文化文庫刊行會, 1986再版), 第1輯.
Ruth Benedict 著, 黃道琳 譯, 『文化模式』(臺北, 巨流圖書, 1976年).
Paul Ricoeur 著, 林宏濤 等 譯, 『詮釋的衝突』(臺北, 桂冠圖書公司, 1995年).
UlrichBeck 著, 孫治本 譯, 『全球化危機,全球化的形成 · 風險與機會』(臺北, 臺灣商務印書館, 1999年).

3. 논문

葛兆光, 「思想史研究視野中的圖像」, 『中國社會科學』, 2002年第4期.
甘懷眞, 「'天下' 觀念的再檢討」, 吳展良 編, 『東亞近世世界觀的形成』(臺北, 臺大出版中心, 2007年).
甘懷眞, 「重新思考東亞王權與世界權—以'天下' 與'中國' 爲關鍵詞」, 甘懷眞 編, 『東亞歷史上的天下與中國概念』(臺北, 臺大出版中心, 2007年).
戴君仁, 「涵養與察識」, 『梅園論學集』(臺北, 臺灣開明書局, 1970年).
羅麗馨, 「十九世紀以前日本人的朝鮮觀」, 『臺大歷史學報』, 第38期(2006年 12月).
徐復觀, 「心的文化」, 『中國思想史論集』(臺北, 臺灣學生書局, 1975年).
徐復觀, 「國史中人君尊嚴問題的商討」, 『儒家政治思想與民主自由人權』(臺北, 八十年代出版社, 1979年).
楊聯陞, 「中國文化的媒介人物」, 『大陸雜誌史學叢書』, 第1輯第1冊, 『史學通論』(臺北, 大陸雜誌社, 未著出版日期).
容肇祖, 「明太祖的『孟子節文』」, 『讀書與出版』, 第2年第4期(1947年, 上海).
張光直, 「中國人文社會科學該躋身世界主流」, 『亞洲週刊』(香港), 第8卷第27期(1994年 7月 10日).
張漢宜 · 辜樹仁, 「全球航空爭霸戰: 亞洲佔鰲頭」, 『天下雜誌』, 第378期(2007年 8月 15日).
陳逸雄 譯解, 「福澤諭吉的台灣論說」(全四篇), 『臺灣風物』, 第41卷第1期至第42卷第2期(1991年3月至1992年6月).
陳慧宏, 「文化相遇的方法論—評析中歐文化交流研究的新視野」, 『臺大歷史學報』, 第40期(2007年 12月).
邢義田, 「天下一家—傳統中國天下觀的形成」, 『秦漢史論稿』(臺北, 東大圖書公司, 1987年).
胡厚宣, 「論五方觀念與中國稱謂之起源」, 『甲骨學商史論叢 · 初集』(成都, 齊魯大學國學研究所, 1944年), 第2冊.

黃俊傑,「宋儒對孟子政治思想的爭辯及其蘊涵的問題」,『孟學思想史論(卷二)』(臺北, 中央研究院中國文哲研究所, 1997年, 2001年).
黃俊傑,「孟子運用經典的脈絡及其解經方法」,『臺大歷史學報』, 第28期(2001年, 臺北).
黃俊傑,「20世紀初頭の日本人漢學者の目に映った文化の中國と現實の中國」, 森岡ゆかり 譯, 楊儒賓·張寶三 合編,『日本漢學硏究初探』(東京, 勉誠出版, 2002年).
黃俊傑,「中國傳統歷史思想中的時間概念及其現代啓示」, 黃俊傑 編,『傳統中華文化與現代價値的激盪與調融』(臺北, 喜瑪拉雅硏究發展基金會, 2002年), 第2卷.
黃俊傑,「錢賓四史學中的'國史'觀,內涵·方法與意義」,『臺大歷史學報』, 第26期(2002年12月).
黃俊傑,「二十世紀初期日本漢學家眼中的文化中國與現實中國」,『東亞儒學史的新視野』(臺北, 臺大出版中心, 2004年).
黃俊傑,「日據時代臺灣知識份子的大陸經驗: '祖國意識'的形成·內涵及其轉變」,『臺灣意識與臺灣文化』(臺北, 臺大出版中心, 2006年增訂新版).
黃俊傑,「作爲政治論述的經典詮釋學: 荻生徂徠」,『德川日本『論語』詮釋史論』(臺北, 國立臺灣大學出版中心, 2006年).
黃俊傑,「東亞儒家思想傳統中的四種身體,類型與議題」,『法鼓人文學報』(臺北, 法鼓人文社會學院), 第2號(2006年),『東亞儒學: 經典與詮釋的辯證』(臺北, 臺大出版中心, 2007年).
黃俊傑,「論中國經典中'中國'概念的涵義及其在近世日本與現代臺灣的轉化」,『臺灣東亞文明硏究學刊』, 第3卷第2期(總第6期, 2006年 12月).
黃俊傑,「中日文化交流史に見られる'自我'と'他者'—相互作用の4種の類型とその含意」,『東アジア文化環流』(大阪, 關西大學アジア文化交流硏究センタ與浙江工商大學合作出版), 第1編第1號(2007年 12月).
黃俊傑,「中日文化交流史中'自我'與'他者'的互動: 類型及其涵義」,『臺灣東亞文明硏究學刊』, 第4卷第2期(總第8期, 2007年 12月).
黃俊傑,「孔子心學中潛藏的問題及其詮釋之發展: 以朱子對'吾道一以貫之'的詮釋爲中心」,『東亞儒學: 經典與詮釋的辯證』(臺北, 臺大出版中心, 2007年).
黃俊傑,「論東亞儒家經典詮釋與政治權力之關係: 以『論語』·『孟子』爲例」,『臺大歷史學報』, 第40期(2007年 12月).
黃俊傑,「論經典詮釋與哲學建構之關係: 以朱子對『四書』的解釋爲中心」,『東亞儒學,經典與詮釋的辯證』(臺北, 臺大出版中心, 2007年).
黃俊傑,「全球化時代朱子'理一分殊'的新意義與新挑戰」,『廈門大學國學硏究院集刊』第1輯(北京, 中華書局, 2008年).
黃俊傑·古偉瀛,「新恩與舊義之間—李春生的國家認同之分析」, 李明輝 編,『李春生的思想與時代』(臺北, 正中書局, 1995年) 수록.
黃俊傑 著, 森岡ゆかり 譯,「20世紀初頭の日本人漢學者の目に映った文化の中國と現實

の中國」, 楊儒賓 · 張寶三 合編, 『日本漢學硏究初探』(東京, 勉誠出版, 2002年).
黃俊傑 著, 吾妻重二 譯, 「經典解釋と哲學構築の關係―朱子の '四書' 解釋を中心に」, 『アジア文化交流硏究』(大阪, 日本關西大學アジア文化交流硏究センター), 第3號(2008年 3月).
黃俊傑 譯, 「從四書集註章句論朱子爲學的態度」, 『大陸雜誌』, 第60卷第6期(1980年 6月).
Roger Chartier 著, 楊尹瑄 譯, 「'新文化史' 存在嗎?」, 『臺灣東亞文明硏究學刊』, 第5卷第1期(總第9期, 2008年 6月).
橋本敬司, 「中國思想における身體―王陽明の身體知」, 『廣島大學文學部紀要』, 第59卷(1999年 12月).
吉川幸次郎, 「遊華記錄」, 『吉川幸次郎全集』, 第16卷(東京, 筑摩書房, 1980年).
吉川幸次郎, 「中國印象追記」, 『我的留學記』, 錢婉約 譯(北京, 光明日報出版社, 1999年).
大槻信良, 「四書集註章句に現れた朱子の態度」, 『日本中國學會報』5(1953年).
渡邊浩, 「儒者 · 讀書人 · 兩班―儒學的 '教養人' の存在形態」, 『東アヅアの王權と思想』(東京, 東京大學出版會, 1997年).
福澤諭吉, 「台灣騷動」, 『時事新報』1896年1月8日社論, 陳逸雄 譯解, 「福澤諭吉的台灣論說(二)」, 『臺灣風物』, 第41卷第2期(1991年 6月).
西嶋定生, 「總說」, 『岩波講座世界歷史』(東京, 岩波書店, 1969-1980年).
市川安司, 「朱晦庵の理一分殊解」, 『朱子哲學論考』(東京, 汲古書院, 1985年).
子安宣邦, 「朱子學與近代日本的形成」, 黃俊傑 · 林維杰 編, 『東亞朱子學的同調與異趣』(臺北,臺大出版中心, 2006年, 『東亞文明硏究叢書』65).
津田左右吉, 「シナ思想と日本」, 『津田左右吉全集』, 第20卷(東京, 岩波書店, 1965年).
湯淺泰雄, 「'氣之身體觀' 在東亞哲學與科學中的探討」, 楊儒賓 編, 『中國古代思想中的氣論及身體觀』(臺北, 巨流圖書公司, 1993年).
平勢隆郞, 「中國古代正統的系譜」, 中國史學會 編, 『第1回中國史學國際會議硏究報告集, 中國の歷史世界―統合のシステムと多元的發展』(東京, 東京都立大學出版會, 2002年).

영문논저

1. 저서

Appleby, Joyce, Lynn Hunt, and Margaret Jacob, *Telling the Truth about History* (New York: W. W. Norton &Company, 1994).
Barraclough, Geoffrey, *Main Trends in History* (New York and London: Holmes & Meier Publishers, Inc., 1979).
Berger, Stefan, Mark Donovan, and Kevin Passmore, eds., *Writing National*

Histories: Western Europe since 1800 (London: Routledge, 1999).

Berger, Stefan, ed., *Writing the Nation: A Global Perspective* (Basingstoke, UK: Palgrave Macmillan, 2007).

Brandauer, Frederick P., and Chun-chieh Huang(黃俊傑), eds., *Imperial Rulership and Cultural Change in Traditional China* (Seattle: University of Washington Press, 1994).

Chartier, Roger, *On the Edge of the Cliff: History, Language, and Practices*, Lydia G. Cochrane trans. (Baltimore: Johns Hopkins University Press, 1997).

Chin, Ann-ping(金安平), and Mansfield Freeman, trs., *Tai Chen on Mencius: Explorations in Words and Meaning: A Translation of the Meng Tzu tzu-ishu-cheng* (New Haven and London: Yale University Press, 1990).

Chung, Edward Y. J., *The Korean Neo-Confucianism of Yi T'oegye and Yi Yulgok: A Reappraisal of the "Four-Seven Thesis" and Its Practical Implications for Self-cultivation* (Albany: State University of New York Press, 1995).

Deuchler, Martina, *The Confucian Transformation of Korea: A Study of Society and Ideology* (Cambridge, Mass. and London: Council on East Asian Studies, Harvard University, 1992).

Fairbank, John K., ed., *The Chinese World Order: Traditional China's Foreign Relations* (Cambridge, Mass.: Harvard University Press, 1968).

Fischer, David H., *Historians' Fallacies: Towards a Logic of Historical Thought* (New York: Harper Colophon Books, 1970).

Geertz, Clifford, *The Interpretation of Cultures: Selected Essays* (New York: Basic Books, Inc., 1973).

Giddens, Anthony, *Beyond Left and Rights: The Future of Radical Politics* (Cambridge: Polity Press, 1994).

Hexter, Jack H., *Reappraisals in History* (Evanston, Ill.: Northwestern University Press, 1961).

Hirsch, E. D. Jr., *Validity in Interpretation* (New Haven: Yale University Press, 1967).

Huang, Chun-chieh(黃俊傑), and John B. Henderson, eds., *Notions of Time in Chinese Historical Thinking* (Hong Kong: The Chinese University Press, 2006).

Iggers, Georg G., *Historiography in the Twentieth Century: From Scientific Objectivity to the Postmodern Challenge* (Middletown, CT.: Wesleyan University Press, 2005)

________, Georg G., *New Directions in European Historiography* (Middletown, C.T.: Wesleyan University Press, 1984).

International Commission for a History of the Scientific and Cultural Development of Mankind, *History of Mankind: Cultural and Scientific Development* (New

York: Harper & Row, 1963).

Iriye, Akira, *Cultural Internationalism and World Order* (Baltimore, Md.: Johns Hopkins University Press, 1997)

Jansen, Marius B., *China in the Tokugawa World* (Cambridge, Mass.: Harvard University Press, 1992).

Kant, Immanuel, *Immanuel Kant's Critique of Pure Reason*, translated by Norman K. Smith (New York: St. Martin's Press, 1965, c1929).

Mair, Victor H., ed., *Contact and Exchange in the Ancient World* (Honolulu: University of Hawaii Press, 2006).

Merleau-Ponty, Maurice, tr. by Colin Smith, *Phenomenology of Perception* (London: Routledge & Kegan Paul, 1962)

Ooms, Herman, *Tokugawa Ideology: Early Constructs, 1570-1680* (Princeton: Princeton University Press, 1984).

Pratt, Mary L., *Imperial Eyes: Travel Writing and Transculturation* (London: Routledge, 2000, c1992).

Spence, Jonathan D., *The Search for Modern China* (New York and London: W. W. Norton& Company, 1990).

Stavrianos, L. S., *The World to 1500: A Global History* (Englewood Cliffs, N.J.: Prentice-Hall, 1975).

Stowe, William W., *Going Abroad: European Travel in Nineteenth-Century American Culture* (Princeton: Princeton University Press, 1994).

Strathern, Andrew J., *Body Thoughts* (Ann Arbor: University of Michigan Press, 1996).

Tucker, John Allen, *Itō Jinsai's Gom Jigi and the Philosophical Definition of Early Modern Japan* (Leiden: E. J. Brill, 1998).

Van Zoeren, Steven, *Poetry and Personality: Reading Exegesis, and Hermeneutics in Traditional China* (Stanford, Calif.: Standford University Press, 1991).

Wu, Kuang-ming(吳光明), *On Chinese Body Thinking: A Cultural Hermeneutic* (Leiden: E. J. Brill, 1997).

Yuasa, Yasuo, *The Body: Toward an Eastern Mind-body Theory*, edited by Thomas P. Kasulis; translated by Nagatomo Shigenori, Thomas P. Kasulis (Albany: State University of New York Press, 1987).

2. 논문

Ames, Roger T., "The Meaning of Body in Classical Chinese Philosophy," in Thomas P. Kasulis with Roger T. Ames and Wimal Dissanayake eds., *Self as*

Body in Asian Theory and Practice (Albany, N.Y.: State University of New York Press, 1993).

Ankersmit, Frank, "What is Wrong with World History from a Cosmopolitical Point of View?" paper presented at International Conference on "New Orientations in Historiography: Regional History and Global History."

Biersack, Aletta, "Local Knowledge, Local History: Geertz and Beyond," in *The New Cultural History*, ed. by Lynn Hunt (Berkeley: University of California Press, 1989).

Chan, Wing-tsit(陳榮捷), "Chu Hsi's Completion of Neo- Confucianism," in *Études Song in Memoriam Étienne Balazs*, Editées par Françoise Aubin, Série II, #I (Paris: Mouton &Co. and École Practique de Haute Études, 1973).

Clayton, D., "Critical Imperial and Colonial Geographies," in K. Anderson et. al. eds., *Handbook of Cultural Geography* (London: Sage Publications, 2003).

Csordas, Thomas J., "Embodiment as a Paradigm for Anthropology," *Ethos*, Vol. 18, No. 1 (March, 1990).

________, Thomas J., "Introduction: the Body as Representation and Being-in-the-world," in Thomas J. Csordas ed., *Embodiment and Experience: The Existential Ground of Culture and Self* (Cambridge: Cambridge University Press, 1994).

Dewald, Jonathan, "Roger Chartier and the Fate of Cultural History," *French Historical Studies*, Vol. 21,No. 2 (Spring, 1998).

Drucker, Peter F., "The Global Economy and the Nation State," *Foreign Affairs*, Vol. 76, No. 5(Sept.-Oct., 1997).

Eno, Robert, "Towards a History of Confucian Classical Studies," *Early China*, No. 17 (1992).

Fairbank, John K., "Introduction: the Old Order," in John K. Fairbank ed., *The Cambridge History of China*, Volume 10: Late Ch'ing, 1800-1911 (Cambridge and London: Cambridge University Press, 1978).

Fogel, Joshua A., "Confucian Pilgrim: Uno Tetsuto's Travels in China, 1906," *The Cultural Dimension of Sino-Japanese Relations: Essays on the Nineteenth and Twentieth Centuries* (New York: M. E. Sharp, 1995).

Herman, Jonathan R., "To Know the Sages Better than They Knew Themselves: Chu Hsi's 'Romantic Hermeneutics'," in Ching-I Tu(涂經詒) ed., *Classics and Interpretations: The Hermeneutic Traditions in Chinese Culture* (New Brunswick and London: Transaction Publishers, 2000).

Huang, Chun-chieh(黃俊傑), and Erik Zürcher, "Cultural Notions of Space and Time in China," in Chun-chieh Huang and Erik Zürcher eds., *Time and Space in Chinese Culture* (Leiden: E. J. Brill, 1995).

________, "The Idea of 'Zhongguo' and Its Transformation in Early Modern Japan and Contemporary Taiwan," *The Journal of KanbunStudies in Japan*, 2 (Mar., 2007).

________, "Historical Thinking as a Form of New Humanism for the Twentieth-century China: Qian Mu's View of History," paper presented at International Conference on "New Orientations in Historiography: Regional History and Global History" (Shanghai: East China Normal University, 3-5, Nov., 2007).

________, "Mencius' Hermeneutics of Classics," *Dao: A Journalof Comparative Philosophy*, Vol. 1, No. 1 (2001, New York).

________, "On the Contextual Turn in the Tokugawa Japanese Interpretation of the Confucian Classics: Types and Problems," *Dao: A Journal of Comparative Philosophy*, Vol. 9, No. 2 (June, 2010).

________, "On the Relationship between Interpretations of the Confucian Classics and Political Power in East Asia: An Inquiry Focusing upon the Analects and Mencius," *The Medieval History Journal*, Vol. 11, No. 1 (Jan.-June, 2008).

________, "The Idea of 'Zhongguo' and Its Transformation in Early Modern Japan and Contemporary Taiwan", 『日本漢文學研究』, 第2號(東京: 二松學舍大學21世紀COEプログラム, 2007年3月).

Iggers, Georg G., and Q. Edward Wang (王晴佳), "The Globalization of History and Historiography: Characteristics and Challenges, from the 1990s to the Present," paper presented at International Conference on "New Orientations in Historiography: Regional History and Global History."

Iggers, Georg G., "The Historians and the World of the Twentieth Century," *Daedalus* (Spring, 1971).

Iriye, Akira, "The International: Zation of History," American Historical Association Presidential Address, 1988 [2].
(http://www.historians.org/info/AHA_History/airiye.htm)

Loewe, Michael, "The Heritage Left to the Empires," in Michael Loewe, Edward I. Shaughnessy eds., *The Cambridge History of Ancient China: From the Origins of Civilization to 221 B.C.* (Cambridge: Cambridge University Press, 1999).

Megill, Allan, "Regional History and the Future of Historical Writing," paper presented at International Conference on "New Orientations in Historiography: Regional History and Global History."

Nosco, Peter, "The Place of China in the Construction of Japan's Early Modern World

View," *Taiwan Journal of East Asian Studies*, Vol. 4, No.1 (June, 2007).

Sato, Masayuki(佐藤正幸), "East Asian Historiography and Historical Thought," in the *International Encyclopedia of the Social and Behavioral Sciences* (Pergamon Press, 2002).

Sewell, William H. Jr., "The Concept(s) of Culture," in *Beyond the Cultural Turn*, Victoria E. Bonnell and Lynn Hunt eds. (Berkeley: University of California Press, 1999).

Shun, Kwong-loi(信廣來), "Conception of the Person in Early Confucian Thought," in Kwong-loi Shun and David B. Wong eds., *Confucian Ethics: A Comparative Study of Self, Autonomy, and Community* (Cambridge: Cambridge University Press, 2004).

Sorabji, Richard, "The Self: Is There Such A Thing?" in his *Self: Ancient and Modern Insights About Individuality, Life and Death* (Chicago: University of Chicago Press, 2006).

Tortarolo, Edoardo, "Universal/World History: Its Past, Present and Future," paper presented at International Conference on "New Orientations in Historiography: Regional History and Global History."

Watababe, Hiroshi, "Jusha, Literati and Yangban: Confucianists in Japan, China and Korea," in Tadao Umesao, Catherine C. Lewis and YasuyukiKurita eds., *Japanese Civilization in the Modern World V: Culturedness* (Senri Ethnological Studies 28) (Osaka: National Museum of Ethnology, 1990).

White, Hayden, "Topics for Discussion of Global History," paper presented at International Conference on "New Orientations in Historiography: Regional History and Global History."

Yang, Lien-sheng(楊聯陞), "Historical Notes on the Chinese World Order," in Fair bank ed., *The Chinese World Order* (Cambridge, Mass.: Harvard University Press, 1968).

Yu, Ying-shih(余英時), "Clio's New Cultural Turn and the Rediscovery of Tradition in Asia," *Dao: A Journal of Comparative Philosophy*, Vol. 6, No. 1 (March, 2007).

찾아보기

인명

ㅇ

ㅊ

ㅋ

ㅌ

ㅍ

ㅎ

서명

ㅊ

ㅎ